石井菊次郎

戦争の時代を駆け抜けた外交官の生涯

渡邉公太

吉田書店

石井菊次郎——戦争の時代を駆け抜けた外交官の生涯

目次

第4章　第一次世界大戦期の外交 II——新外交への対応——123

【凡例】

一、文献の引用に際しては、旧字体の一部を新字体に改め、片仮名を平仮名化し、適宜句読点を付すなどの変更を施している。また特別の断りがない限り、引用文中の〔 〕は引用者による注であり、〔…〕は省略を意味し、傍点、ルビも引用者による。

二、評伝という性質上、引用文献の明記は最小限にとどめた。

なお本書中で頻繁に利用した文献については、以下の略称を用いている。

・『餘録』→石井菊次郎『外交餘録』岩波書店、一九三〇年
・『回想斷片』→石井菊次郎述『外交回想斷片』金星堂、一九三九年
・『外交随想』→鹿島平和研究所編『石井菊次郎遺稿 外交随想』鹿島研究所出版会、一九六七年
・『日外』→外務省編『日本外交文書』各巻
・『外交年表』→外務省編『日本外交年表竝主要文書』上下、原書房、一九六五～一九六六年
・TIJM→Carnegie Endowment for International Peace. *The Imperial Japanese Mission, 1917: A Record of the Reception throughout the United States of the Special Mission Headed by Viscount Ishii.*
・FRUS→Department of State. *Foreign Relations of the United States*. each volume.
・PWW→Arthur S. Link, ed. *The Papers of Woodrow Wilson*. each volume.
・BDFA→Ann Trotter, ed. *British Documents on Foreign Affairs*. each volume.

三、漢字圏以外の外国人名は、初出の際に日本語表記の直後に英語もしくはフランス語による原文表記を記している。

はじめに

石井菊次郎の位置

石井菊次郎は、明治後期から昭和初期にかけ、帝国として発展する日本を支えた外交家である。第一次世界大戦期には外相を務めており、また日米間に相互の利益を承認し合う石井・ランシング協定を結んだことでも知られる。さらに大戦後は、発足した国際連盟の日本全権および理事会議長を務めるなど、常に外交の最前線にあった。一九二七年に外務省を退官した後も、枢密顧問官や日本国際連盟協会会長として、終始外交問題に関与し続けた。こうした石井の外交家としての軌跡は、日清・日露戦争、第一次世界大戦、そして満洲事変から支那事変、大東亜戦争へと至る戦争の歴史でもある。いわば石井とは、大日本帝国の興亡を体現する存在でもあった。

石井菊次郎〔肖像画、大和久家所蔵〕

その石井は、生前には国内外から高い評価を受けていた。国内では子爵の爵位を、国外ではコロンビア大学やプリンストン大学などの名門校から名誉博士号を授与されたり、

陸奥宗光

小村寿太郎

多数の国家から勲章を授与されている事実はその一端を物語っている。戦前から戦後にかけて、外交官や政治家・実業家として活動した鹿島守之助は、石井の功績を次のように高く評価している。

> 陸奥〔宗光〕伯、小村〔寿太郎〕侯を以て、日本を国際社会の一流国に引き上げるために苦闘せられた霞ヶ関の長老とすれば、石井子は、そのあとを承けて、第一次大戦によって世界五大国の一員となった日本の代表として、国際連盟の檜舞台に最も華々しく活躍した長老であった（『外交随想』序）

この鹿島の石井評にはいささか顕彰的な意味合いが含まれているとはいえ、陸奥や小村といった明治日本を代表する外交家たちが第一線を退いたあと、世界的な一等国へ成長する日本外交を支えた一人に石井が数えられるべきであることもまた否定しえない事実である。その意味では、陸奥や小村に比肩しうる外交家であったとする鹿島の石井評にも一定の妥当性があろう。

本書の目指すところは、石井が欧米列国の主要な政治家や外交官らと真っ向から渡り合うことのできた優れた折衝家だったと同時に、外交史や国際法の体系的な理解を有した理論家でもあったことを明らかにすることにある。さほど知られていまいが、石井とはその長年に及ぶ外交官としての豊富な国際経験に加え、たゆまぬ自己研鑽で当代一流の実践家かつ理論家に昇り詰めた人物だった。その人となりを知る欧米人からも、勇敢さと智慧を讃えられるほどに、石井は世界的にも稀有な外交家だったのである。いつの時代も国際的に活躍する人材の不足に悩む日本において、石井のような国際人の足跡から学ぶことは多々あるのではなかろうか。

こうした問題意識のもと、本書は明治後期から大東亜戦争期にかけての石井の外交家としての活動を論じる。果たして石井は、陸奥・小村の亡きあと、第一次世界大戦という総力戦の中でいかに帝国日本の発展を目指したのか。そして大戦後のいわゆる新外交が提唱される戦間期において、創設されたばかりの国際連盟という機構にいかなる役割を期待し、その内部でいかなる活動を展開したのか。さらに外務省退官後は、満洲事変から大東亜戦争へと突き進む日本の姿を目前にし、実践家かつ理論家の立場からいかなる認識を有し、行動したのか。これらの問いに挑む本書は、帝国日本の発展と崩壊のプロセスを、石井という稀有な外交家の目線から追跡するものとなろう。

外交における「経綸」と「折衝」

そもそも、近代国際関係における外交とは何か。

かつてイギリスの外交官であったニコルソン（Harold G. Nicholson）は、その古典的名著『外交』（一九三九年刊）の中で、外交には「政策」と「交渉」という二重の意味合いが含まれていることを指摘した。ニコルソンによれば、「政策」とは民主主義の制度において、内閣が国民の代表者の承認を得て決定すべき対外政策を指すものであり、「交渉」は玄人の手によってこの政策の遂行を行うことを指す（ニコルソン『外交』四～五頁）。イギリス流議会政治の確立を目指した近代日本を観察するうえでも、このニコルソンによる外交の定義は示唆に富む。

一方の石井は、ニコルソンの著書以前に出版した『外交餘録』（一九三〇年刊）において、独自の視点から外交について論じている。そこでは外交指導者の有する特徴が二種類に大別されているのだが、その一つは「経綸外交家」と称するものであり、外交の大計を立てて名案を抽出する人物を指している。もう一つは、経綸外交家の創出する政策案を実現するために手腕を有する「折衝外交家」である（『餘録』三五七～三五八頁）。ニコルソンにおける「政策」と「交渉」と、石井における「経綸」と「折衝」が完全に一致するわけではないが、外交の現場を熟知する両者の分析に類似性があることはおそらく偶然ではなかろう。第一次大戦後の国際秩序の変化を体感した両者による外交の分析には、同時期に国際社会で活躍した人物ならではの共通認識があったと考えられるのである。

ただし、民主制下において「政策」と「交渉」の峻別こそが重要と論じたニコルソンに対し、ニコルソンより二〇歳年長であり、外交指導者そのものに重点を置いた石井の分析では、「経綸」と「折衡」は明確に区分されるわけではない。むしろヨーロッパ外交史を概観すれば、しばしばこの両者を具備した優れた外交指導者――ビスマルク、タレーラン、メッテルニヒなど――が存在することを石井は指摘する。近代日本の指導者たちの間でビスマルクら欧米の優れた指導者に敬慕の念が寄せられたことはつとに知られているが、石井は彼らの外交面における天才性を、経綸と折衝の双方を兼ねそろえた卓越さに見出したのだった。ただし、ビスマルクらのような卓越した能力を有する外交家は歴史的にも稀有であり、常にこうした人物が国家指導者の地位にあるとは限らないことを石井は認める。日本の近代史においても、経綸と折衝を兼ねた外交家は、陸奥や小村（あるいは加藤高明）に限られるともいう。それゆえ石井は、外交に携わる立場の者は国家百年の大計などといった幻想を捨て去り、十年二十年の近未来を見据え、国民をリードしなければならないという結論を導いた。こうした安易な将来予測を排したリアリズムに基づく経綸と折衝こそが、石井の理想とする外交家の姿だった（『餘録』三四四～三四五頁）。

その石井が外交官として経綸や折衝を展開するうえで重視したのが、外交史（ヨーロッパ史）の習熟であった。学生時代から石井は外交史や国際法に強い関心を有していたが、外交官になってからも多忙な合間を縫って英語やフランス語の文献を渉猟し、独自の外交史研究を継続した。そうした地道な研究の積み重ねの中で、石井は「歴史は繰り返す」ことを確信するようになり、歴史こそが外交の「指南車」であることを終生の持論とした。ゆえに石井の執筆した公記録や文献、公的発言などを概観すると、その国際政治分析や政策提言が膨大な外交史の知見に裏打ちされたものであることが看取されるのである。本書でもしばしばこうした石井の外交史研究の知見に基づく政策論を紹介するが、その背後には石井の長年に及ぶ不断の努力があったことが理解できるだろう。

「石井外交」への接近――視角と方法

このように、本書が石井の外交家としての生涯を追跡する理由は、単に石井の関与した様々な外交問題の重要性のみにあるわけではなく、外交とは何か、平和とはいかにして構築され、維持されるかといった、人類にとって普遍的な問題に対する一つの見方を提示してくれると考えられるからである。そうした「石井外交」の実態に迫るためにも、本書では以下の三点を主な視角として論を進めていく。

第一の視角は、小村外交の継承という点である。先の鹿島の評価にあるように、石井は陸奥・小村という、近代日本外交の礎をつくった外交家たちのあとを受け、帝国日本の発展を支えた。石井は少壮官僚時代、上司である小村の下で様々な外交問題に取り組んだ経験から、小村に対して多大なる敬意を寄せていたが、それは終生変わることがなかった。そして小村の築いた帝国日本の礎をさらに発展させていくことを自身の任務とした。すなわち、日本が明治期に獲得した在外権益の維持や拡張という大きな外交目標を、石井は欧米列国との協調のもとで実現しなければならなかったのである。もちろん、石井は小村外交を継承しながらも、現実に変化していく国際環境にうまく適応しつつ、自国権益の維持・拡張を行わなければならなかった。時には列国との摩擦を惹起しながらも、総体として帝国日本の地位向上をもたらそうとした石井の苦闘を本書は描く。

第二の視角は、前述した理論家としての一面である。豊富な外交史や国際法の知見に裏打ちされた石井の外交論は、それぞれの場面であるべき外交政策を導くことが目指されていた。歴史を外交の

「指南車」とした石井の理論家としての側面からは、日本が直面する様々な外交問題を歴史に照らしつつ、最善の（あるいはよりマシな）政策を追い求めようとした姿が見えてくるだろう。

最後に、外交における世論ないし民主主義という視角である。石井が外交官として活動した時期、国際社会は本格的に外交の民主化へと転換しようとする過渡期だった。特に第一次大戦を機に、いわゆる新外交理念に見られるような、従来のエリート主義的な外交に対する批判が強まるようになっており、前述のニコルソンによる『外交』もそうした風潮のもとで執筆された。時勢の変化に敏感な石井は、随所で世論を利用した外交を展開する。それは石井の敬慕する小村が世論を軽視したこととは対照的でさえあった。本書はこうした石井の世論や民主主義への見方についても言及していく。

以上のように、本書は石井の国際関係の分析、同時代の帝国主義や反帝国主義に対する認識、そして危機へ向かう日本外交への様々な処方箋について論じる。ただし、特定の人物の生涯を描くうえで、その人物や周辺の一次史料の存在は欠かせないものの、石井の個人史料は東京大空襲の際にほとんどが焼失されたとされていて、現在ではそれらを利用することができないのが大きな障害になっている。これまでに本格的な石井研究や評伝が書かれなかった原因には、おそらくこうした石井の個人史料の不足も影響しているのであろう。

だが石井が生前に様々な場面で遺した記録は断片的ながら遺されており、本書ではそれらを可能な限り活用している。また石井の活躍した明治後期から昭和初期の日本外交史・国際関係史研究は、現在まで多くの蓄積がある。これら先行研究や国内外の一次史料を用いながら、石井の足跡を辿ることとしたい。

第1章　千葉の庄屋から世界の舞台へ

第一節　立身

幼年時代

本書の主人公石井菊次郎（旧姓・大和久）は、幕末の一八六六年四月二四日、父大和久市作と母くりの間に生誕した。長男亀太郎、長女尾上に次ぐ三番目の子である。

菊次郎の出生地、上総国長柄郡二宮本郷村（現・千葉県茂原市）は、千葉県のほぼ中央に位置する。二宮本郷町は一六〇一年に定期市の開催が認められて以来、活気ある在郷町として栄えてきた。九十九里浜まで直線距離で一〇km程度、町の中心部周辺に大きな山地はほとんどなく、よく開けた地形である。江戸の中心部からもさほど離れておらず、交通の便が良好なことから、同地は江戸の衛星市となり、徳川時代を通じ商業地として発展を遂げてきた。

父の市作は、村の中心部からやや離れた真名に居を構える百姓だった。真名は戸数約七〇の小部落の寒村だったが、大和久家は比較的裕福だった。菊次郎の生家は山裾の一段高い場所に位置しており、母屋は大きく、土蔵や瓦葺（かわらぶき）の堂々たる門もあった。

　明治維新で幕藩体制が終結すると、明治新政府のもとで一八八八年に町村合併に関する訓令が発せられ、翌年四月に新たな町村制が敷かれることになった。これに伴い、真名は二宮本郷村に組み込まれ、さらに一八九七年には茂原市の行政区画に編入された（茂原市史編さん委員会編『茂原市史』一一～一二、四六八頁）。

　裕福な庄屋に生まれ育った菊次郎は、三人兄弟の末っ子ということもあり、両親に殊の外可愛がられた。生育は良好で、体は他の子供よりもよほど大きかったらしい。

茂原の位置

だが菊次郎が三歳になったとき、実母のくりが病で他界するという不運に見舞われる。幼い菊次郎にとって実母の死はさぞかし大きな衝撃だったことだろう。

直後、市作はちかを後妻に娶った。善良な性格のちかは、三人の子供を実の子のように可愛がった。幼い菊次郎もちかによく懐いた。さらに六歳年長の兄亀太郎も弟の面倒見がよく、菊次郎がふとしたことで泣き出すと、独楽（こま）を回してやったり、絵本を読み聞かせてやるなどしてあやした。家族の深い愛情を受けながら、菊次郎は順調に成長していった。

一八七三年三月から菊次郎は、真名の隣に位置する庄吉区の中央部にある顕本法華宗福荘寺の寺子屋に通い始めた。この寺子屋は完全な自由教育を特徴としており、筆子を年齢で区別せず、学力によって一級から八級までに分け、成績の良い者はどんどん上級に進ませた。授業料は菊次郎の入った時期に玄米二升宛だったが、のちに家庭環境に応じて一カ月当たり二銭、三銭、四銭に区別した。ここで菊次郎は、校長格の儒学者高吉佐一郎から四書五経を中心とする漢学や算盤などを学んだ。

寺子屋時代の菊次郎は、大人しく素直な子供だった。当初の成績は中位であり、学習面ではさほど目立った存在ではなかった。その一方、兄亀太郎の影響もあり相撲に対しては人一倍に熱心だった。元来体が大きく、相手の足をかっさらうことの得意だった菊次郎は、成長するにつれ周囲の評判を呼ぶほどの実力を身につけていった。時には亀太郎に連れられて、茂原町で開催される相撲大会に出場することもあった。大会での菊次郎は常に大一番をとってみせ、喜び勇んで帰宅するのが定番だった。

相撲の成績が菊次郎に自信を与えたかのように、肝心の学業のほうも次第に向上を見せるようになっていく。中でも算術と歴史を好んだが、歴史は各時代に活躍した英雄たちの名前をすっかり覚えるほどだった。外交官となってから歴史を「外交の指南車」とした菊次郎の素地は、すでにこの頃に形成されていたのだろう。そして福荘寺に学び始めて八年後の一八七九年、優等生として寺子屋を卒業した。卒業証書授与の際には、褒美として漢史一班と三冊揃いの支那征史を授かっている。

菊次郎が優等生にまで成長したのは、純粋にその学力のみに起因するわけではなかった。師の高吉によると、菊次郎の学業上のライバルたちは、平生は菊次郎以上に優れた成績を残したが、いざ試験になるといつも菊次郎に敗れていたらしい。常に冷静沈着な子供だった菊次郎は、たとえ試験でわからない問題に出くわしても、慌てる素振りを見せることもなく、知らないことは知らないとして要領よく解答していた。本番で冷静さを保ち、自らの持つ能力を最大限に発揮することができたことは、後年に外交官として国際舞台で活躍するうえでの重要な条件をすでに備えていたといえる。

なお菊次郎は寺子屋卒業の直前、将来の進路を決定づける重要な体験をしていた。それは兄亀太郎と友人の及川三郎（のちに憲政会員）との三人で、成田山まで子供だけの旅行をしたことである。三人は馬車や旅籠などを使わず、徒歩で成田山まで旅した。菊次郎にとって生まれて初めて地元から離れる旅行だった。

三人は早朝五時に家を出発し、千葉街道を道なりに進んでいった。何分にも道路の舗装などほとんどされていない時代である。子供たちにとっては決して快適な旅ではなかっただろう。道中、菊次郎たちは足にマメをつくったり、大雨に見舞われたりするなど、苦労をともにしながら初めての子供だけの旅行を楽しんだ。

千葉町（現・千葉市）に到着した三人は、地元とは異なる都会の様子に圧倒された。そこで偶然に立ち寄った千葉中学校（現・県立千葉高等学校）は、幼い菊次郎に強烈なインパクトを与えた。

当時の千葉中学校は、千葉県師範学校の構内に創設されて間もない新設校だった。菊次郎たちは校内を見学しようと試みるが、遇々立ち寄っただけの三人に、適切な案内者や紹介者などいようはずもない。恐る恐る校内を覗き込んだり、表正門から裏門までの間を何度も行ったり来たりするしかなかった。完成して間もないその立派な施設は、当然ながら自分たちの通う田舎の寺子屋とは歴然の差がある。「おら同じ勉強するならこんな大きな立派な学校で一生懸命やりたいなあ」。こうした感懐を抱いた菊次郎は、千葉中学校に入学してさらに研鑽を積むという、明確な目標を見出したのだった。

旅を終えて帰宅した菊次郎は、早速父親に千葉中学校への進学を許可してくれるよう頼んだ。子煩悩だった市作ではあるが、菊次郎が地元から離れた学校へ進学することには強く反対した。確かに当時の大和久家の家計状態からして、無理をして進学せずとも、家にいれば少なくとも日常の生活に困ることはなかったのである。

頑固な市作を説得し、翻意させたのが、菊次郎の隣家に住む医師の内田如球（じょきゅう）だった。村でも有数の資産家でありながら、漢学や洋学に長けた開明派知識人の内田は、学問の重要さをよく理解していた。ゆえに内田は菊次郎の将来のためにも、高いレベルの教育を受けさせるよう市作へ何度も説いた。内田の度重なる説得に市作はようやく菊次郎の進学を認めることになった。こうして寺子屋卒業後の一八七九年三月三日、菊次郎の千葉行が決定したのである。

12歳ころの石井菊次郎（中央）

千葉中学校時代

真名を離れ、千葉に到着した菊次郎は、まず同郷出身の平賀荘六の家に下宿した。かつて内田如球から漢学を学んだ平賀は、千葉で私塾を開き、師範として習字の教師をしていた。おそらく平賀と菊次郎を仲介したのは内田であろう。平賀宅で過ごす間に千葉中学校入学が認められたため、菊次郎は同宅を出て、千葉中学校の寄宿舎に入った。ここでも菊次郎は寺子屋時代と同様、あるいはそれ以上に学業に励み、真面目な学生生活を送ることになる。

菊次郎が千葉中学校在学中、明治新政府による近代化政策や、それに対抗する自由民権運動などが全国規模で盛んに展開されていた。西洋文明の影響を受けつつ、急激に国内の政治体制や社会が変化していく様子は、日本全土の若者たちにとって救国の念を抱かせると同時に、立身出世の好機でもあった。もちろん菊次郎もその一人に数えられよう。そして菊次郎とともに学生生活を送った仲間たちの中にも、のちに様々な分野で国を背負う人材が多く存在しており、切磋琢磨し合った。

千葉中学時代の同級の一人に、のちに日本を代表する東洋史学者として名を馳せる白鳥庫吉（くらきち）がいた。白鳥は菊次郎と同郷という共通点もあり、学生時代から長く親しい関係にあった。将来的に二人は異なる職業を選択するものの、ともに地元を代表する人材という自負もあったのだろう、互いに才覚を認め合いつつ、良き友人関係を築いた。その白鳥は、後年に菊次郎の学生時代の様子を次のように回顧している。


私が始めて石井〔菊次郎〕を知ったのは明治十二年の春だ。〔…〕石井は中学時代から天下国家を論じて居た。〔…〕石井は演説がなかなか上手だ。だからその頃から政治家にならふとする気があつたのだ。学科は実に何でもよく出来た（髙吉編『世界の外交家石井菊次郎翁』一〇頁）

菊次郎と白鳥の関係は、単なる学友にとどまらない。後年、白鳥の実兄斧藏と菊次郎の姉尾上が結婚したため、二人は親戚関係になる。そして斧藏と尾上の間に生まれた敏夫は、叔父菊次郎の影響を受け、一九一三年に外務省に入省し外交官の道を歩む。その敏夫は一九三〇年代になると、日本国内の政治情勢に同調するかのように、軍部の青年将校らと連携し、外務省内で革新派と呼ばれるグループの中心的存在となる。ナチス・ドイツとの同盟問題などをめぐり、叔父の菊次郎とは異なる認識を有した敏夫は、一九四〇年の日独伊三国同盟締結にも尽力するのだった。

千葉中学の教員に三宅米吉（よねきち）がいたことも、菊次郎にとって少なからぬ意義があった。ただ千葉中学校での三宅は主に物理や化学を教えていたため、菊次郎の関心と異なっており、在学中には三宅から直接薫陶を受けたわけではない。ところが千葉中学校卒業後、大学予備門（のちの旧制第一高等学校）に入った時分、菊次郎は同じく帝国大学への進学を目指す白鳥や木内重四郎（きうちじゅうしろう）ら千葉中学の同窓とともに、傳通院（でんづういん）に付属する貞照庵に下宿していた。このとき、三宅も千葉中学から東京師範学校の教諭に転じており、菊次郎らと同じ貞照庵の一室に下宿していたのである。奇しくも元教師と学生が同居することになった。が、菊次郎らと三宅とは年齢も立場も異なるため、ほとんど会話や行動をともにすることがなかった。ただ菊次郎が眼にする三宅とは、毎日黙々と自室で勉強ばかりする姿だった。あまりに熱心な三宅の勉強ぶりには菊次郎も大いに刺激を受けた。身を立てるには三宅のように地道な勉学を継続しなければなら

中学時代の石井菊次郎

ない。そう確信した菊次郎は、自身を奮い立たせて勉学に励むようになった（茗溪会編『文学博士三宅米吉先生追悼録』九三頁）。三宅から間接的に教示を受けた学業への取り組みは、外交官として多忙な日々を送るようになっても変わることがなかった。

帝国大学時代

大学予備門を経て、菊次郎は帝国大学法科大学（現・東京大学法学部）に進学し、英法を専攻した。同学を卒業する一八九〇年までの間は、ちょうど明治政府による高等教育の大幅な改革と並行していたことになる。つまり菊次郎が帝国大学へ入学するほぼ同時期の一八八六年三月、帝国大学令発布により大学予備門は第一高等学校となり、従来の東京大学が工部大学校を併合し、五つの分科大学と大学院を有する帝国大学に改編された（一八九七年に東京帝国大学へと改称）。なお帝国大学令と同時に公布された師範学校令・中学校令・小学校令に基づき、尋常小学校・高等小学校・尋常中学校・高等学校・帝国大学が出来上がり、近代日本教育制度の基本体系が整備されている（牧原『民権と憲法』一三四〜一三五頁）。

帝国大学令以前には、大学予備門の学生数は限られていたものの、その中で有望な学生は東京大学へ進学の際、主に工科、理科、医科などへ進学していた。しかし菊次郎の代になると、大学予備門の学生数が大幅に増加するようになっていたため、優秀な学生であっても上記三科以外へ進学しなければならなくなった。それゆえ菊次郎の代は予備門の俊英の多くが法科へ進み、多方面で活躍する著名人を多く輩出する年代でもあった。実際に菊次郎と同年の法科卒業生の中には、原嘉道（よしみち）（英法科）、柴

田家門（同）、小山温（同）、伊集院彦吉（同）、秋山雅之介（同）、秋山定輔（同）、佃一豫（政治科）、床次竹二郎（同）、橋本圭三郎（同）、山之内一次（同）、白仁武（同）、畑良太郎（独法科）、らがいた。

菊次郎が進んだ英法科では、原嘉道（のちに司法大臣など）が予備門時代以来のずば抜けた成績で首席の座にあった。その原に接近していたのが秋山定輔（のちに二六新報社社長など）である。菊次郎は入学時に体調を崩したことと、入学直後の一八八五年に父市作の訃報に接したことで、彼らに遅れをとっていた。

父の死は入学間もない菊次郎にとって学業を継続するうえで大きな問題となった。かつての大和久家は裕福だったものの、次第に家計が悪化し、菊次郎の学費や生活費を捻出することが困難になっていた。そのため、菊次郎は父の死に接して学業を継続することの困難さを痛感し、一時は中退も覚悟した。だが市作の死後に家業を継いだ兄亀太郎が弟を説得し、学費や生活費を支援し続けることを約束した。当時の高等教育に必要な費用は決して少額ではなかったにもかかわらず、亀太郎は弟を励まし、卒業まで経済的な援助を絶やすことがなかった。そのため、菊次郎は晩年になっても、兄から受けた学生時代の支援への恩義を忘れることはなかった。

こうして大学での修業に取り組む環境ができた菊次郎は、持ち前の勤勉さで従来以上に熱心に学業に取り組んだ。その成果もあり、次第に原や秋山とともに英法科の首席を競うまでになった。大学時代の菊次郎をよく知る伊集院彦吉（のちに外務大臣）は、後年に次のように回顧している。

兎に角真面目で、才に任せて遣るといふ方ではない。才が無いのではなく、才有つて真面目に勉

強し努力して行くといふのが、あの人〔菊次郎〕の一生を通じての遺方(やりかた)である（伊集院「眞摯、穏健、明断」七〇頁）

このように、頭脳明晰で几帳面、職務に精励し、秘密事も厳守するといった菊次郎の性格は周囲からも一目置かれていた。父の死に接しながらも、兄の支援を得ながら努力を重ねたことで、菊次郎は自然と官吏としての理想的な資質を育んでいたのだった。

東大在学中の菊次郎に大きな影響を与えたのが、当時法科大学教授兼外務省取調局長の鳩山和夫だった。鳩山は大学南校を首席で卒業し、アメリカ東部の名門イェール大学で博士号を取得したエリートであり、菊次郎在学時は主に国際公法の講座を担当、とりわけ条約論を講じていた（石井ほか「外交座談會」第二回）。菊次郎は鳩山の条約論に関する高水準の講義を受けていた。時折鳩山は受講生の菊次郎らに向かって、現在の日本に有能な外交官が少ない状況への憂慮を吐露していた。菊次郎とともに鳩山の授業を受講した秋山雅之介によると、菊次郎は鳩山の教えを受けるにつれて、将来の進路を明確にしていったらしい（秋山雅之介伝記編纂会編『秋山雅之介伝』三〇九頁）。疑いなく鳩山も菊次郎の人生に大きな影響を与えた恩師の一人だった。

もっとも、学生時代の菊次郎が鳩山の講義をすべて正確に理解できたわけではなく、むしろ国際法の難解さに頭を抱えることがほとんどだった。それでも菊次郎は鳩山の教えに従い、真面目に国際法と外交史（ヨーロッパ史）に関する重点的な学修を継続していった。当時の学問風潮からして、国際法（条約論）と外交史とは切っても切り離せない密接な関係にあった。そのことをいち早く鳩山から学んだ菊次郎にとって、歴史を学ぶことは単なるディレッタンティズムではなく、自らの将来を踏まえての実学になっていった。菊次郎が終生歴史を学ぶことへの意欲を失わなかった理由は、大学時代のこうした体験からも見出せるのである。

第二節　外務省入省

就職と養子縁組

鳩山の影響もあり、菊次郎は世界で活躍する外交官になることを志す。だが外交官にとって不可欠な語学力や留学経験を欠いていることを自覚した菊次郎は、卒業後の数年間は海外留学を行い、これらの素養を身につけようと考えていた。

そこにチャンスが到来した。それは卒業直前、学友の木内重四郎を介して、元老院議官の石井邦猷（くにみち）からなされた婿養子の要請だった。老年の石井邦猷は息子を持たず、優秀な学生を養子に迎え入れようとしていた。当時において、成績優等で将来性ある若者が社会的地位ある人物の養子になることは決して珍しくはない。先述したように、すでに実父を亡くしていた菊次郎にとっても、元老院議員の家系に入り、社会的・経済的な後押しを受けられることは望ましいことである。さらに石井邦猷からは養子に入るうえで、学資と卒業後の三年間の留学を支援するという条件も提示された。外交官になるために海外留学を希望していた菊次郎にとって、この申し出は願ってもないものだった。そこで菊次郎は石井の申し出を受け入れ、卒業を間近に控えた一八九〇年七月二三日に石井家の婿養子になっ

石井邦猷

た（永島編『木内重四郎伝』七二頁）。以後は苗字を石井に改めるため、本書でも以下「石井」と表記する。

大学を卒業した石井は、外務省試補として入省することになった。採用にあたってはまだ筆記試験が課されておらず、大学の成績に応じて面接が行われたのみだった。同期入省には本野一郎（翻訳官試補、リヨン大学卒）、秋山雅之介（外務省試補）、伊集院彦吉（同）、畑良太郎（同）、大鳥富士太郎（同）、林曾登吉（同）がいた（『外務省の百年』上、一九八頁）。このうち、秋山と伊集院は石井と帝大時代の学友でもあり、年俸も同じ六〇〇円とされた（『官報』二二一八号）。ただ石井の回顧では、実際には初年度の給与は石井が年六〇〇円、秋山が五五〇円、伊集院が五〇〇円となっており、大学時代の成績が影響していたのではないかとされている（『外交随想』一一七頁）。

こうして石井は大学卒業後すぐに外務省へ入ることができたため、義父との約束だった留学は打ち消しとなった。そして石井邦猷もこの三年後に他界しており、両者の間に個人的な強い関係性は生まれなかったと思われる。さらに石井は妻樂子との間に二子を儲けたものの、のちに離縁している。それでも終生石井姓を棄てることはなく、義父への義理を守り続けた。なお樂子との離縁直後には、駿河台山龍堂病院院長樫村清徳の次女玉子と再婚しており、二人は終生仲睦まじく暮らした。

その石井が外務省内で頭角を現すにはさほど時間はかからなかった。石井は入省間もなくして、有能な官僚としての片鱗を示すことになる。

小村寿太郎との出会い

石井が外務省に入省した一八九〇年の日本とは、国内諸制度の整備を概ね完了した重要な時期に相当する。すなわち、第一回衆議院議員総選挙（七月）、大日本帝国憲法の施行（一一月）、第一回帝国議会の開催（一一月から翌年三月）など、近代立憲国家としての新たな出発点がこの年だった。

なお第一回帝国議会では、山県有朋首相が注目すべき安全保障政策論について述べている。それは日本の領土である「主権線」を守るためには、これと密接に関連する朝鮮半島、すなわち「利益線」を保護することが、日本の国防政策の必須課題であるという内容だった。山県は「利益線」を防衛するための軍拡の必要性を訴えたのである（佐々木『明治人の力量』一二～一三頁）。

その一方、日本と欧米列国との間には依然として多くの難題が残されていた。幕末以来続く日本国内の攘夷論や対外硬派の勢力は、列国との安定した関係を築くうえでしばしば障害となっていたが、こうした民間の対外強硬論が具体的な形として現れたのが、一八九一年五月に発生した大津事件だった。

これは訪日中のロシア皇太子ニコライ・アレクサンドロヴィッチ（Nikolai II Alexandrovich　のちのニコライ二世）が、滋賀県大津町（現・大津市）で津田三蔵（さんぞう）巡査に襲撃されるという事件である。時の松方正義内閣は、ロシアとの関係悪化を回避するため、津田を死刑に処するよう大審院へ圧力をかけた。このとき、大審院院長の児島惟謙（これかた）が司法の独立を守るために政府の圧力を跳ね返した事実はよく知られるが、他方で国内にはロシアからの報復を恐れ、全国から謝罪使節が京都を訪問したり、あるいは切腹する者まで現れる事態になっていた（北岡『日本政治史』一〇四〜一〇五頁）。

ややもすれば日露開戦に陥る危険性さえあったこの事件に、当然ながら外務省としてはロシア外交当局との間で穏便な解決を導かねばならなかった。当時の外相は青木周蔵だったが、実際の解決策を模索し、対露交渉を行ったのは、小村寿太郎翻訳課長を中心とする外務省内のチームだった。

大津事件発生直後から、外務省内には各国の公使館や領事館からひっきりなしに電信類が舞い込んでいた。膨大な量の書類の処理に煩わされていた省内では、宿電班を設置し、入省間もない石井もこれに加わった。外務官僚としての実績を持たない石井が加わった理由は定かではない。だが何よりも若き石井にとって、これが小村との初の接触となったことの意味は大きかった。

後年、日露戦争や条約改正を主導し、近代日本外交史に不滅の功績を遺した小村は、この時期にはまだ中堅官僚の一人にすぎなかった。さらに小村は私生活では貧窮に喘いでいたのだが、石井もこの時期の小村の貧困ぶりを目の当たりにしていた。若き日の石井が目にした小村課長は、他の局長や課長と異なり、食堂で昼食をとることもなく、省内の人付き合いは決して良好とはいえなかった（『外交随想』一〇九頁）。また給料日になると自宅に高利貸がうるさく取り立てにやって来るため、出勤することができないこともしばしばだった。石井は外交家としての小村の唯一の欠点として、国家財政問題に疎いことと指摘しているが（石井「小村侯薨去三十周年追憶」七二頁）、こうした石井の小村イメージは、若き日に目撃した小村の金銭に無頓着な私生活に由来していたのかもしれない。

話を戻すと、大津事件の頃の小村を中心とするチームには、高平小五郎（たかひらこごろう）政務課長や河上謹一（きんいち）通商局長ら当時の外務省の精鋭たちが名を連ねていた。しかしこれら精鋭の中でも特別な輝きを放ち、若き石井の目に鮮烈な印象を残したのは、やはり小村であった。小村は会合の席上、数多くの電信類に目を通すと、瞬時にそれらの真意を見抜き、諸外国の意向を言い当てるという離れ業を見せつけた（外務省編『小村外交史』二四頁）。圧倒的な存在感を放つ小村を前に、他のエリートたちも沈黙するしかなかった。石井はこのとき、小村の天性の洞察力を間近で観察することで、小村への尊敬の念を抱いた。

そして大津事件後も、石井は引き続き小村の下で有能な官吏として八面六臂の働きを見せることになる。小村外交という近代日本外交史に名を遺す辣腕の外交指導者の背後には、石井のような能吏の存在があったことも忘れてはなるまい。その石井は後年に小村を回顧する際、しばしばプロイセンの宰相ビスマルクを比較対象に挙げ、両者の経綸家および折衝家としての共通点を、「機先を制する」、「小の虫を殺して大の虫を活かす」、「事を成すの機会は瞬間に在る」、といった特質に見出していた（『外交随想』一一四～一一五頁）。石井の人物を観察する力もまた非凡だったのだろう。

「不平等条約」の分析

先述したように、石井が外務省に入省した一八九〇年代においても、依然として幕末以来の攘夷論や対外硬派の勢力が日本国内で一定の勢力を有していた。かつて明治新政府は、これら勢力を抑制するための手段として、不平等条約の改正を国是とし、新日本の出発を謳い上げた。だが一八九〇年になってもいまだ条約改正は実現していなかった。すでに憲法を制定し、議会を開設した明治政府にとって、条約改正は早期に達成すべき重要な国家目標の一つとして迫っていた。

入省直後の石井が学生時代の恩師である鳩山和夫から依頼されたのは、列国との条約問題に関する現状の調査研究であった。取調局長などの経験もあり、外務省との太いパイプを有する鳩山は、教え子の石井へ国際法（条約）に関する綿密な調査を命じた。鳩山から与えられた課題に石井は、片務的最恵国待遇とこれに対する日本国内の批判的論調を分析することとした。

最恵国待遇条項については、一般的に領事裁判権や関税自主権の喪失とともに不平等条約を構成する要素として知られる。その主意は、通商条約においてある特定の国家が他国との比較上、現在および将来を通じて最も有利な待遇を受けることにある。例えば一八五四年の日米和親条約第九条では、アメリカ側のみに最恵国待遇が認められていた。以後、日本は二〇カ国に及ぶ国々との間に同様の取り決めを交わしていった。これらはいずれも日本が相手側のみに与えた片務的な条項であるため、不平等条約の根拠として明治時代の日本国内で激しい批判を呼んでいたのである。

こうした状況を踏まえて、石井は幕末に列国との間に取り交わした最恵国待遇条項を改めて検討することとした。その結果、石井は日本国内の最恵国待遇に対する批判は、「誤解」もしくは「誤解せざるも之を乱用」しているとの結論を導いた。その根拠は、古今東西あらゆる国家間の修好条約は、一方のみが利益を得て、他方が損ばかりをするといった真の意味での不平等は存在しない。最恵国待遇条項に関しても、当時の情勢からして当事国間の優劣を反映して締結されたものではなく、あくまで修好を前提としており、そこに不正が含まれていたわけではない。日本は裁判権や関税自主権でも他国に権限を譲与しているものの、それによって日本が得ている利益は計り知れず、アメリカの保護貿易政策などと比較すれば、決して不平等にはなっていないとする。すなわち、最恵国待遇をめぐる日本と関係各国との関係を客観的に測れば、結果として相互に利益が及んでおり、友好関係が成立しているというのが石井の解釈だったのである（石井「最恵國條欵辨」五九～六六頁）。

こうして見ると、入省間もない時期の石井においては、当時の列国との条約に対して積極的な評価が与えられていることがわかる。巷間知られるように、幕末の一連の列国との通商条約が、いわゆる「不平等条約」として改正の必要性が強く認識されるようになったのは明治期に入ってからであり、幕末当時は「不平等」との認識は国民の間にほとんど存在しなかった。

ただここで留意すべきは、この後の日本の成長とそれを取り巻く国際情勢の変化に伴い、石井も条約改正の必要性を認めるようになることである。これは石井に限ることではないが、列国との対等な条約を結び直すことなくして、帝国日本の完成はありえないというコンセンサスが日本国内に形成されるようになったためである。

シドニー号事件

一八九四年七月、近代日本にとって初の本格的対外戦争である日清戦争が勃発した（宣戦布告は八月一日）。韓国における優越な地位を争う日本と清国との決戦は、開戦前の大方の予想を裏切り、終始日本に有利のうちに展開していった。

石井は開戦以前の一八九一年一〇月、初となる海外駐在を任じられた。交際官試補としてパリへ赴いた石井は、約五年間にわたり同地に勤務した。当時の外務省において、ヨーロッパの大国フランスの公使館職員に任じられたことは出世コースといえよう。そしてパリ在勤中に日清戦争が勃発し、石井に条約改正の必要性を痛感させる、シドニー号事件が発生したのである。

日清戦争中の一八九四年一〇月、アメリカ人二名が清国の在米公使館員とともに汽船ゲーリック号で横浜へ寄港した。このとき、アメリカ人の両名が水雷の製造者であり、日本海軍へ攻撃を仕掛けるべく清国へ渡ろうとしているとの情報が日本側へ入った。彼らはすでにフランスの郵船シドニー号で神戸港を経由し、清国へ渡ろうとする寸前だった。そこで一一月五日、軍艦筑波艦艦長の黒岡帯刀大佐が神戸で同船を臨検し、証拠物件を発見したことから三名を拘引したうえで、シドニー号を解放した。これにフランス公使のアルマン（Jules Harmand）は、事前の許可を得ずしてシドニー号を臨検したことは通商条約違反であると林董外務次官に抗議した。

この事件は、日清戦争を文明国（日本）と非文明国（清国）の対決と位置づけた日本にとって少なくない意義を有した。つまり問題は、欧米諸国のメディアがこの事件をもってして、日本のシドニー号臨検を領事裁判権に反する違法行為と非難したことにあった。国際条約遵守は文明国として当然の行為である。もしシドニー号事件が日本の条約違反と判断されれば、国際社会に日本が非文明国であることを表明することになりかねなかった。

事件発生時、パリ公使館に勤務する石井は本事件の処理を直接担当したわけではない。しかし事件が煽動的に欧米各国で報じられ、日本の行為が違法とみなされれば、文明国であるはずの日本にとって大きな損失となる。そこで石井は、当時パリ大学教授で国際法の世界的権威であったルノー（Louis Renault）の見解を引き合いに出し、日本の行為の正当性を立証しようとした。

ルノーの見解とは、シドニー号の目的地が日本の敵国であったこと、そして拘束された乗員が水雷技師であったことからして、同船の中立性を主張することは困難であるというものだった。さらに、領事裁判権は平時に日本に居住する外国人に関する裁判権であって、戦時における日本の海上臨検や捜索等を妨げるものではないとも加えた（石井「シドニヰ號事件ニ付巴里法科大學教授ルノゥ氏ノ意見」五四三～五四七頁）。このルノーの分析を伝え聞いた石井は、その内容を曾禰荒助（そねあらすけ）駐仏公使へ伝え、本省にも伝達するよう要請した（『回想斷片』二七二～二七三頁）。

事件はその後、陸奥宗光外相がフランス政府へ経緯説明を行い、アルマン公使も日本の措置の合法性を認めたため解決に至った（『日外』第二七巻第二冊、五九四～五九五頁）。この過程で、石井のルノー発言の紹介がどれほど解決に貢献したかは不明であるが、現地の情報や動向をいち早く察知するという、インテリジェンス・オフィサーとしての石井の一面を垣間見ることができよう。

さて、日清戦争に勝利した日本は、実質的にアジア最強の国家となった。だがそれは日本の国家安全保障が完全になったことを意味したわけではない。日清戦争後、複雑化する東アジア国際政治により、日本は欧米列国とのさらなる激しいパワー・ポリティクスの渦中に置かれることになったのである。

第2章　帝国日本の台頭

第一節　日清戦争後の東アジア情勢

三国干渉と黄禍論

開戦前の日清両国は、朝鮮半島の覇権をめぐって激しい権力闘争を繰り広げていたものの、敗北した清国の同地におけるプレゼンスは著しく低下した。一方の勝利した日本は、それまでの極東の小国という立場から、国際社会のフル・メンバーへ成長した。

ところが日清戦争後の日本の前に、不凍港を求めて南下政策をとる北の大国ロシアの存在が新たな脅威として現れた。強大な軍事力と強引な外交手法を駆使し、満洲や朝鮮半島へ勢力拡大を図るロシアを相手とする日本は、慎重に外交政策と国家安全保障政策を遂行していかなければならなかった。

実際に日清戦争の講和条約である下関条約に含まれていた遼東半島の対日譲渡をめぐり、ロシアが仏独とともに日本へ、これを清国に還付するよう圧力をかける（三国干渉）と、日本国内ではロシアの横暴な要求に批判が高まったが、当時の陸奥宗光外相はロシアら列国との対立を回避すべく遼東半島還付に踏み切った。

石井はこの三国干渉の背景に、ドイツ皇帝ヴィルヘルム二世（Wilhelm II）の黄禍論があることに注目した。日本へ対する人種差別的な感情を有していたヴィルヘルム二世は、ロシアの関心をヨーロッパ方面から逸らすためにも黄禍論を利用し、日本の大陸進出を抑制しようとしたのだと石井はいう。またアジアへ南下政策をとるロシアにとっても、日本が遼東半島を領有することは決して望ましいことではない。こうしたドイツの対日差別感情とロシアの野心とが融合したことで、日本が獲得するはずの遼東半島を放棄させられる三国干渉が行われた（『餘録』二四〜二五頁）。石井が若き日に三国干渉という辛酸を舐めさせられたことは、終生にわたり独露両国へ不信を抱かせる原因の一つとなった。

対露脅威への対応

遼東半島獲得はならなかったものの、石井は日清戦争が日本にとって重大な外交・安全保障政策上の変化をもたらしたと実感した。それは日本の国家安全保障政策の対象範囲の拡大であった。石井はかつて山県有朋が主張したように、日清戦争前までの日本の「利益線」――石井自身はこの用語を使用していない――は朝鮮半島を指したが、戦後にはこれが満洲にまで広がったため、相対として朝鮮半島の意義はほぼ失われたとする。それゆえ日本の「主権線」を防衛するためには、「利益線」としての満洲をロシアの手中に収められることは可能な限り回避せねばならない。それは石井が満洲と朝鮮半島の地政学上の重要性を見出していたことを意味しよう。

とはいえ、日清戦争を終えたばかりの日本には、大国ロシアと正面から対峙するほどの準備はない。

現実的にはむしろ東アジアへ進出を狙うロシアと協調を図ることで、「利益線」である朝鮮半島を保護する他に手はなかった。そこで日本は、満洲・朝鮮半島における両国の勢力をバランスさせるべく、一八九六年五月に小村・ウェーバー覚書、同年六月に山県・ロバノフ協定、一八九八年四月に西・ローゼン協定と、相次いでロシアとの間に取り決めを交わした。これら一連の協定の目的は、満洲を

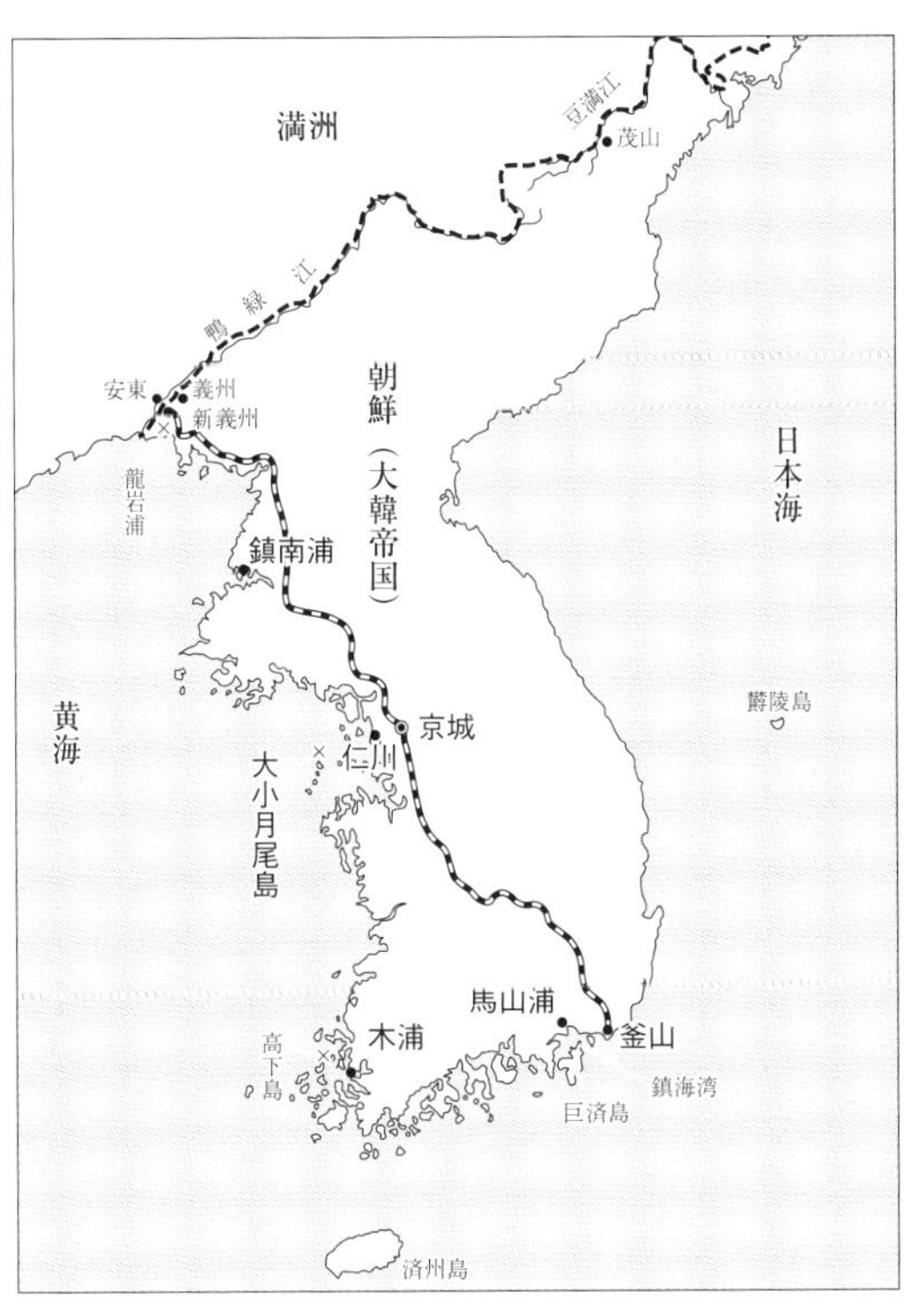

朝鮮半島地図

狙うロシアと朝鮮半島を保護したい日本との棲み分けであった。

だがロシアの東アジアに対する野心をこれらの協定で抑制することはできなかった。ロシアは日本との各種協定と並行しながら、一八九六年六月に清国との間で第一次露清密約を結び、満洲における東清鉄道建設の権利などを獲得した。またこの密約でロシアは、戦時と平時を問わず、満洲地域での軍隊や軍事物資の輸送が可能となった。さらにその二年後、ロシアは清国に遼東半島南端の租借権と、ハルビンから大連・旅順へ至る鉄道の敷設権を承認させた。日本が下関条約で得るはずだった遼東半島がロシアの手に渡ったことで、東アジアにおけるロシア脅威は悪化の一途を辿った。

ロシアが満洲へ積極的な進出を図っていたことは、日本のみならず他の列国との摩擦をも惹起した。とりわけ東・東南アジアやインドに広く権益を有するイギリスは、ロシアの南下を深刻な脅威と解していた。そのためイギリスは、一八八五年に巨文島を占領（一八八七年に撤退）したことに続き、一八九八年には山東半島威海衛を租借した。その背景には、南満洲や遼東半島にまで手を伸ばしていたロシアの南下を牽制するという、イギリスの東アジア政策の基本方針があった（尾崎「一九世紀末の東アジアにおける戦略拠点の獲得とイギリス」一二二頁）。こうして日清戦争後の東アジア国際政治は、激しい英露対立が鮮明化するようになった。ゆえに日本としても、これら列国との関係性を改めて構築し直す必要性が生じるようになった。

さて日清戦争後にパリの地を離れた石井は、一八九六年から韓国の仁川領事館に転じ、約一年間同地に駐在することになる。奇しくも上述したロシアの南下政策が急速に推し進められていた時期でもあり、日本にとっての「利益線」である朝鮮半島の地で、石井はロシアの触手に呑まれる恐怖と正面から向き合わなければならなかった。

韓国をめぐる日露対立

ロシアの勢力が南満洲や遼東半島にまで伸長するようになると、日本にとっての「利益線」である朝鮮半島の安全は危機に瀕するようになった。仁川領事館に勤務する石井は、ロシアの野心が朝鮮半島にまで及ぼうとする状況を前に、これへの危機感を募らせていた。

ロシアは一八九六年三月中旬、海軍用炭庫や病院等の敷地用として、仁川港大月尾(げつび)南面および小月尾島全土（合計約四万四三一六㎡）を租借したが、続く六月に閔種黙(びんしゅもく)外部大臣とヴェーバー（Karl Ivanovich Weber）駐韓公使との間で月尾島借地条約を締結した。同条約に基づき、ロシアは月尾島に水管敷設および石炭積卸用桟橋の建設を開始した。これらはいずれもロシアの大規模な海軍基地建設の基礎となりうるものだった。ロシアの積極的な行動を現地視察することになった石井は、一八九七年一月に本国の小村寿太郎外務次官へ調査結果を報告し、注意を喚起している（『日外』第三〇巻、三八七～三八九頁）。

だがこの後もロシアの行動は激化の一途を辿る。一一月に石井のもとへ、ロシアのロスポポフ（Nikolai A. Rospopoff）領事が鎮南浦(ちんなんぽ)に領事館敷地として約一〇万坪の土地を韓国政府へ要求しているとの情報が寄せられた。さらにこの翌月にも、久水三郎駐木浦(もっぽ)領事から、ロシア軍艦が次々と木浦に入港しており、ロシア領事館設置のための広大な敷地を調査しているとの報告が送られた。直後、ロシア公使館付武官ストレベツキー（Ivan Afanasevich Strelbitsky）は、韓国政府へ正式に木浦に約八万坪もの借地を要求した。ロシアが鎮南浦と木浦にそれぞれ要求した借地は広大で、日本の領事館用地の数倍にもあたる規模だった（『日外』第三〇巻、一一一九、一一二四〜一一二五頁）。また朝鮮半島南部の釜山港にも、ロシア太平洋艦隊が訓練地や軍事物資貯蔵地の視察のために入港しており、ロシアの軍事的脅威は急速な勢いで日本を刺激するようになっていた。

これに焦った本国の松方正義内閣は、林董駐露公使と加藤増雄（ますお）駐韓公使に対し、それぞれ赴任国の政府へ抗議するよう命じた。抗議を受けたロシアは要求を減じ、鎮南浦で約七五六〇坪の敷地を借り入れるにとどまった（英『明治外交史』一三九〜一四〇頁）。が、これでロシアの朝鮮半島への野心が消滅したわけではないのは明らかだった。

日本と同様、ロシアの南下政策へ脅威の念を抱いていたイギリスも、こうした事態を深刻視した。そして対露脅威を共有する日英両国は協議を重ね、徐々に関係を深めていった（尾崎「一九世紀末の東アジア国際政治とイギリス」一三〜一八頁）。そして一九〇〇年に清国で発生した義和団事件（北清事変）を契機として、日英は同盟関係を構築することの必要性を認識するに至るのだった。

第二節　北清事変との遭遇

一九世紀末の清国情勢

一八九七年九月、石井は北京公使館に異動となった。石井を北京公使館へ推薦したのは、外務省の三年先輩にあたる林権助（ごんすけ）だった。林は『郵便報知新聞』社長の矢野文雄（龍渓（りゅうけい））が駐清公使に就任するにあたり、石井をこれ以上ない有能な人材として一等書記官に推薦した（石井ほか「外交座談會」第一〇回）。こうして列国がひしめく清国へ任地が変わった石井は、同地でその後の外交官人生を大きく左右する出来事に遭遇することになる。それが義和団事件（北清事変）である。

一九世紀を通じて、アジアの大国清国は、日本とは異なる形で西洋の衝撃に直面していた。中華文明圏に属さない化外の地であるヨーロッパ諸国が相次いで東アジアへ進出したことで、清国は異文明と真正面から対峙することとなった。清国の伝統である「平行之礼」の概念からすれば、西洋流の主権国家間関係は、「大朝の体制」に反することになる。ゆえに清朝政府は、西洋文明の流入を可能な限り回避し、中華文明の維持を図ろうとしていた。

一方で西洋人にとっては、こうした清国の守旧的かつ閉鎖的態度は、国際法を解さない野蛮な対応と判断された。こうした文明観の相違から、清国と欧米列国はその出会いの時点からすでに対立の様相を帯びていたのだった。

義和団事件頃の石井菊次郎〔石井「北京籠城記」175頁〕

だが軍事的な劣位にある清国にとって、列国との交際を全面的に拒絶することは不可能だった。特に一八五六年の第二次アヘン戦争（アロー戦争）での敗北は、清国に西洋文明の本格的な流入をもたらす分岐点となった。これ以降、非文明的とみなしていた西洋諸国に対する評価が見直される兆しが現れ、清国の近代化が内部から要請されるようになっていく。こうした近代化の要請は、とりわけ軍隊の強化に向けられた。それゆえ、第二次アヘン戦争後の「同治中興」の時期には、清朝政府の指導者たちの中に欧米列国の技術支援を得つつ、近代的な兵器工場や造船所を創設し、軍隊組織の合理化や効率的な訓練方法の導入に努めようとする動きが活発化した。いわゆる洋務運動である。

外交の領域においても、清朝政府は周辺国との関係を再建するため、伝統的な朝貢制度を復活させる一方で、西洋諸国との関係を扱う新たな組織を創設することになる。一八六一年に設置された総理各国事務衙門（総理衙門）は、この後の西洋諸国や日本との外交関係において重要な役割を果たすことになった。こうして、清朝政府は旧態依然たる内治・外交制度を維持しながらも、西洋文明の部分的な受容を試みるようになっていった。

西洋文明との接触が深まる一方で、清国内部には異質な西洋文明に対する反感が強まってもおり、各地で排外主義を標榜する民衆が勢力を拡大させるようになっていた。幕末の日本でも攘夷派の勢力が在日外国人との間に紛争を起こすことがあったが、清国ではより過激な形で排外主義運動が展開されていた。こうした清国内の排外主義団体の一つに、華北地域を活動拠点とする民間宗教団体の義和団（義和拳）があった。

第二次アヘン戦争後、清朝政府は英仏米露各国との間に天津条約（一八五八年）を締結したが、ここでは清国内におけるキリスト教宣教師による布教権が認められた。それゆえ、一九世紀後半には西洋から来た多くの宣教師たちが清国内の各地で布教活動を行うようになっていた。だが西洋の宗教であるキリスト教は、現地の宗教団体からすると異教でしかない。キリスト教徒と土着宗教団体との相次ぐ摩擦は、次第に清朝政府と欧米列国との間の外交問題にまで発展するようになった。

清朝政府は列国との関係悪化を避けるため、一八六〇年以降は天津条約を厳格に遵守することを何度も公言していた。だがこの公約にはほとんど実効性がなかった。その大きな原因は、公約実行のために不可欠な地方官の協力が得られなかったことにあった。地方行政を担う地方官は、地元の郷紳層との間に密接な関係を有しており、現地の既得権益を優先させたため、必然的にキリスト教宣教師たちと対立するようになっていた。また宣教師やその母国政府は、条約を根拠とした特権的地位を利用して、時に砲艦の派遣も辞さない強硬な態度を示したり、清国内の裁判への干渉を行うことなどもしばしば見られた。地方官たちの体面や権威に挑戦する宣教師たちの活動は、彼らの反感を買うには十分だったのである。

北清事変の発生と展開

こうした緊張を抱えた中、一八九九年一二月三〇日に山東省でイギリス人牧師が殺害されるという事件が発生した。翌年一月四日、イギリスのマクドナルド（Claude M. MacDonald）駐清公使は、仏独米の各国公使とともに清朝政府に対し激しい抗議を行った。清朝政府は官報『京報』を通じて直ちに上諭を発し、国内の「匪」を取り締まることを表明した。だが各国公使はこれに満足せず、清国人キリスト教徒に暴行を繰り返していた民間団体の義和団と大刀会の活動厳禁を要求した。清朝政府はこの要求に従い、直隷（ちょくれい）・山東両省における義和団の活動禁止を公布した。

だが政府の禁止令にもかかわらず、義和団による暴動は激しさを増していった。この状況に公使団は、清朝政府の対応に不満の意を表明すると同時に、イタリアを加えた五カ国公使団でもってさらに強硬な取り締まりの上諭を『京報』紙に発表するよう要求した。これに清朝政府が難色を示したため、公使団は清国内における軍事行動発動を辞さない旨を表明することになった。そしてマクドナルド公使が本国政府へ大沽への軍艦派遣を要請すると、三月二三日にイギリス軍艦二隻が大沽沖に到着した。軍艦による圧力を背景に、四月六日にはイタリアを除く四カ国の公使が再び義和団鎮圧の強行を清朝政府へ要求した。ここで公使団は、もし清朝政府による義和団鎮圧が不可能となれば、四カ国が直隷・山東両省に陸海軍を派遣し、義和団の掃討・平定を行うと通告したのだった（斎藤『北清事変と日本軍』一七頁）。

日本はこうした列国の共同勧告に加わっていなかったが、清国内の治安悪化は現地公使館に在勤中の石井も強く憂慮するところだった。ただし石井は義和団の暴動が発生した時点では、いささか楽観的な見通しをもっていたようである。古来より中国各地には秘密結社や民間宗教団体が無数に存在しており、それらによる暴動もこれまで多々発生していたことからして、石井は今回の義和団を中心とする暴動も、取るに足らない小さな暴動の一つにすぎないと見込んでいたのだった（『餘録』二七頁）。ところが現実は石井の観測を裏切り、五月末以降にはさらに深刻な事態へ発展していった。義和団による暴動は、列国の清国内への進出に不満を抱えていた民間人をも巻き込んだ。その勢いは北京郊外の鉄道の占拠や破壊ばかりか、北京市内にまで波及するようになったのである。列国の代表団や在留外国人が居住する北京市街での過激な排外活動によって市内は混乱に陥った。この過程で、ドイツのケッテラー（Clements Frhr. V. Ketteler）駐清公使が殺害されるという事件まで発生した。

紫禁城への攻撃を仕掛ける連合国軍〔アメリカ議会図書館所蔵〕

北京市内での暴動が過激化する中、六月一九日に開かれた清朝政府の御前会議にて、暴徒たちとともに列国に対する開戦の決定がなされた。直後、清朝政府は各国へ二四時間以内の公使館立ち退きを要求した。続く二一日、国内の大官へ向けた宣戦上諭がなされたことで、義和団を中心とした暴徒は清朝政府の対列国宣戦布告へと至り、北清事変へと発展したのである。

清朝政府の宣戦布告を受け、北京在住の各国代表たちは急遽本国政府へ救助を要請した。だが多くの欧米各国にとって、自国から極東の北京に軍隊を派遣するには相当の日数がかかってしまう。日本の西徳二郎（にしとくじろう）公使も本国への救助を要請したが、軍隊が到着するまでの間、各国代表団は不十分な防備でもって暴徒に対処しなければならなかった。そこで彼らは限られた人員や武器、食糧などを結集して対処すべく、マクドナルド公使を総指揮官とする共闘体制を敷き、公使館内に立て籠ることとなった。

日本公使館では、陸軍歩兵大尉の安藤辰五郎を隊長とする三三名から成る義勇隊が組織された。軍人ではない石井も、過酷な状況下でこの隊の一員として激闘に耐えるべく奮闘した（大山編『北京籠城記他』一三四〜一三六頁）。もっとも日本団の持ち合わせの武器は甚だ貧しく、刀剣や棍棒を振り回す者もあった。石井も日本刀を常備することしかできず、苦しい防戦を強いられていた。だが日が経つと、敵側が遺棄した衣服や銃剣や銃弾を集め、他国代表団と引けを取らない装備を得るようになった（石井「北京籠城記」一七七頁）。

その一方、石井は外交官らしく、各国代表らと積極的な交流を図り、協同して事態を乗り切るべく奔走していた。とりわけ暴徒の鬨の声に混乱する欧米各国の婦人たちを慮り、彼女らの恐怖を取り除くよう様々な配慮に工夫を凝らしたことは、彼女たちからの好評を得ることになった。また食糧調達のために他国代表らと協同した石井は、各国公使館の飼育する馬が敵弾で倒れた際、これを集めて籠城人員へ分配する役割も担っていた（馬場『政界人物評論』二九三〜二九四頁）。このように、石井はいわば後方支援の分野で積極的な貢献を果たし、外交官としての知名度と評価を高めたのだった。

このときの各国義勇軍の粘り強い抵抗は、八月に八カ国連合軍が北京に到着するまで続いた。連合軍が到着したあとにはようやく状況が好転し、同月一六日に北京城内の平定が完了した。なお連合軍中で最も活躍した日本軍は、その軍備の充実と規律の厳格さにおいて、列国代表たちを驚嘆させた。その日本軍にも本国政府から九月に撤退命令が出され、同軍は年内に撤退完了した（櫻井『華北駐屯日本軍』一六〜二一頁）。こうして北清事変は一応の収束を見るに至った。

事後処理

事変終息後、連合国と清朝政府は事後処理のための交渉を行うことになった。日本からは新たに駐清公使になったばかりの小村寿太郎が全権代表となり、一〇月二六日、他の連合国代表とともに和議条件に関する交渉を開始した。それまで二国間協議が一般的だった外交スタイルと異なり、日本にとって初めて主要列国を交えた多国間協議となった。

この会議で日本側が重視したのは、事変の後処理もさることながら、事変前から続いていたロシアの南下政策への対処であった。一九〇一年一月二八日に珍田捨巳駐露公使が上申した文書からも、今回の講和会議における日本の対露脅威認識を看取することができる。ここで珍田は満韓問題を同時に処理する可能性を模索しているのだが、その内容は韓国の保護中立化協議に関するものであり、ロシア軍の満洲からの撤兵を前提としていた。これはロシアが満洲をその保護領域とすることを決して許してはならないという珍田の対露強硬姿勢を示したものであり、北清事変をめぐる一連の日本側の対応の成功を背景としていた（斎藤『北清事変と日本軍』三一一頁）。

講和会議で列国の代表たちは、事変の賠償や、今後の清国内の排外的行動の禁止などを清朝政府に認めさせるべく、協同して要求内容を固めていった。そして一九〇〇年一二月二二日に「連名高書一二カ条」が確定し、清朝政府はこれを受諾した。翌年九月七日、細目を定めた北京議定書（辛丑条約）が調印され、ここに北清事変は正式に終結を見ることになった。北京議定書の主な内容とは、謝罪使節の派遣、総額四億五〇〇〇万両（約六億三〇〇〇万円）の賠償金支払い、北京における外国軍の駐兵権の承認、清朝政府内の外務部設置、などである。これら諸条件は、その後の清朝政府を「洋人朝廷」へと衰頽させる性質を有しており、最終的には清朝崩壊へ至らしめる要因となった。

石井はこの議定書の内容について、最大の問題は清朝政府の責任問題と、賠償金額の設定にあると考えていた。前者については、事変が拡大した要因は義和団の暴動のみでなく、清朝政府の対列国宣戦布告があったことは疑いなかった。ゆえに西太后は事変後、朝廷を率いて一時的に西安へと逃れることになり、その実権の多くを失うことになった。

後者の賠償金問題をめぐっては、列国代表は各々希望する金額を提示したのだが、中には不当とも思えるほどの多額を要求する国もあった。事変の鎮圧に最も貢献した日本は、当然ながら多額の金額を要求できたはずである。だが石井によると、日本の小村代表は良心的に、穏当な要求を提示するにとどまった。結果として清朝政府が支払う賠償金の総額四億五〇〇〇万両のうち、日本が受け取る金額は三四〇〇万両（約四七〇〇万円）となった。

石井の目からすると、英米両国はその貢献の度合いからして、要求金額も決して不当だったわけではない。だが露独仏の三カ国は、その兵力数に比して要求金額は不当に多額であると思われた。このとき石井は、英米両国は他の列国に比して良心的で穏当な性質を有する国家であるが、ロシアやドイツは不当かつ強圧的な国民性を有するとの負のイメージを抱くようになった。こうして北清事変をめぐる国際政治は、英米への信頼と独露への不信という、石井の基本的な国際認識が形成される原体験の一つでもあった。

清国にとっての北清事変の歴史的意義とは、何より本格的な近代化改革の必要性を痛感させた点にあろう。すでに先の日清戦争で露呈していた清朝政府の脆弱さは、戦後の列国による分割統治を招いてしまっていた。それゆえ清国は、在華権益を奪い合う列国たちの激しい利害対立を反映する国際政治の舞台となっていった。北清事変とはまさしく清国内の動乱や治安悪化が深刻な国際問題に発展することを証明したのである。

そして北清事変後の清国を舞台とした国際政治は、それまでとは異なる新たな手法が採用されるようになった。それは列国が競争的に在華権益を獲得するのではなく、清国の分割を相互に抑制し合い、清朝政府の命脈を保ちながらその近代化を推進し、財政面でも借款返済が順調に行われるような形で適宜関与をしていくというものであった。例えば一九〇二年九月に英清間で通商条約（マッケイ条約）が締結されるが、同条約には清国内地課税（釐金（りきん））の撤廃や、清国内の近代的法体系の整備などを目指していくといった内容が含まれていた。それは清朝政府の自治能力の低さを露呈するとともに、列国が背後から清国の内政改革を操ることをも意味していた。

こうして、北清事変という「攘夷戦争」に踏み切った清朝政府の決断は、結果的に国家を崩壊の間際まで追いつめ、その国際的立場を決定的に失わせてしまうことになった。ゆえに事変後の清朝政府の内部では、西太后を中心とした光緒新政へと移行していく。この改革で清朝政府は列国との条約改正を目指しつつ、国内の「変法」に邁進しながら、近代的な主権国家としての再建に乗り出していくことになった（斎藤『北清事変と日本軍』三五二頁）。

一方、隣国日本にとっても北清事変の意義は小さくはなかった。表面的に見れば、事変鎮圧の貢献に見合わないほどの些少な賠償金を獲得した程度でしかなかったものの、欧米列国に明治維新以来の「富国強兵」政策の成功をアピールするには十分な効果をもつ事件だった。特に在華権益を有し、ロシアの南下政策を警戒するイギリスなどからは、日本が東アジア国際秩序の安定を維持するための「極東の憲兵」の役割を担うことが期待されるようになった。

石井もまたこの事変を通じて日本の国際的なイメージが好転したことを敏感に察知していた。石井によれば、日本は北清事変をめぐって外交的に「正義一点張を発揮」したがゆえに、国際的に正義人道に基づく国家であることを承認されたのであった（『餘録』三二一〜三二三頁）。欧米列国に比して後進的な地位を強いられてきた日本だからこそ、北清事変時のように「正義」ある外交を貫くことが重要であると石井は確信していたのである。これは石井が、清国内の動乱を主要列国とともに解決するという経験を通じて得た教訓であった。つまり、中国の内政問題はすぐさま日本にも重大な影響を及ぼすということと、中国問題の処理には中国の政府当局ではなく、欧米列国との協議が不可欠であるとの教訓である。石井が籠城経験で得たこの教訓は、この後も石井が列国との関係を最重要視した一方で、中国そのものに対しては深い関心を寄せなかった理由となる。

このように、外交における正義を重視する石井にとって、逆に正義を有さない国家に対しては毅然とした態度で向き合わなければならないという認識へつながっていく。この意味で、北清事変後の石井――あるいは日本外交全体――にとって、ロシアの東アジアへの南下政策にさらなる強い関心が集まったことは必然であった。実際に、ロシアは北清事変を利用して満洲への野心をさらに露骨に示すようになっており、石井にとってそれは日本の安全保障上の重要地域である朝鮮半島の独立を脅かすものと解されたのである（石井ほか「外交座談會」第九回）。

前節でも触れたように、石井は日清戦争後に日本の安全保障の関心が朝鮮半島から満洲へ拡大したと考えており、ロシアが満洲を掌中に収める事態をいかに防止するかが重要な外交課題であることを認識していた。この対露脅威への対応という問題は、北清事変後にさらに深刻さを増し、日露二国間の問題にとどまらず、他の列国や東アジア諸国をも巻き込む国際政治上の重大なイシューとなるのだった。

第三節　日露対立と小村外交

日英同盟の構想

北清事変後の一九〇〇年一二月、石井は電信課長（のちに人事課長と取調課長を兼任）に昇進し、本省へ戻ることになった。同年一〇月に中国をめぐる英独協商が締結された直後だった。この英独協商は、中国における門戸開放・領土保全を保障し合うという主旨の取り決めであり、東アジアへ南下政策を進めるロシア脅威への対抗策でもあった。また英独協商は、同年七月にアメリカのヘイ（John M. Hay）国務長官が発した第二次ヘイ宣言と類似の性質を有してもいた。英独接近と中国における門戸開放・機会均等原則の主唱は、東アジア国際政治の大幅な転換を予兆した。ゆえに日本もまた、対露包囲のための重要な手段として日英接近の必要性を感じるようになっていく。

翌年の北京議定書の規定に基づき、各国は清国から軍隊を引き揚げていたものの、ロシアのみが満洲に駐留し続けていたことがイギリスや日本を刺激した。当時世界的な大帝国として、アジア各地に植民地を有し、清国内にも多くの権益を有していたイギリスにとって、ロシアの南下政策は看過しうるものではなかった。もしロシアが満洲を通過し、清国本土へ侵入すれば、北京から揚子江に有するイギリスの権益が脅かされることになり、中長期的には東南アジアやインドの植民地にまでその触手が伸びる危険性があった。

しかしイギリスはこの時期、南アフリカでのボーア戦争に注力していたため、アジア方面に強力な軍隊を常備することはできず、東アジアの地でロシアと正面から対峙することは困難だった。英独協商を交わしたとはいえ、その規定は満洲を適用範囲外としており、少なくとも満洲においてロシアとの対立を望まないドイツとの提携のみでは、対露牽制の効果には自ずと限界があった。そこでイギリスは、北清事変時に目覚ましい活躍を見せ、地理的にも満洲に隣接する日本に「極東の憲兵」の役割を期待するようになった。

こうしたイギリスの思惑は、日本の指導者たちにとっても好都合だった。ロシアの満洲への南下政策は、日本の「利益線」である朝鮮半島はもちろんのこと、日本本土に対する脅威でもあった。本章第一節で論じたように、ロシアが一八九六年三月に仁川沖月尾島を租借し、続く翌年に釜山沖の絶影島に貯炭庫用地を要求したことは、日本の対露不信を急速に高めていた。

こうしたロシアの南下政策への脅威に敏感だったのが、当時新世代として日本の政治・外交の舵取りをしていた指導者たちだった。特に一九〇一年六月に発足した第一次桂太郎内閣で曾禰荒助のあとを受けて外相に就任した小村寿太郎は、日英同盟実現による対露政策の転換を図ることに熱心だった。

かつてのヴィクトリア朝時代の栄光を失い始めていたとはいえ、依然としてイギリスは世界の超大国である。東アジアにおけるロシアの南下政策を抑止するため、小村は超大国イギリスとの同盟条約実現に積極的に乗り出した。小村においては、東アジアの秩序を脅かすロシアとは対照的に、イギリスこそが日本にとって信頼の置ける真のパートナーと解されていたのである。

石井もこうした小村の対英認識を共有していた。両者にとって、同盟相手とは必ず信頼に足る国家でなくてはならなかった。その条件は、同盟相手国が条約を厳格に遵守することがまずもって欠かせない。石井はこの条件を満たすか否かについて、歴史的観点から同盟相手国が約束事を堅く守る国民性を有すること、そして相手国の重大なる利害が同盟義務の履行に懸っていること、という二点から判断されると考えた。そこで電信課長の石井は、イギリスの国民性に関する歴史的な分析を独自に行うようになった。結果、石井はイギリスの国民性が上記二点を有した、日本にとってこの上ない理想的な同盟相手であると判断するに至ったのである（『餘録』四〇～四一頁）。

なお石井がイギリスを同盟相手として評価したのは、単なる机上の研究調査の結果からだけではなかった。北清事変時の籠城期間中、石井は共闘していたイギリス人たちとの間で積極的な意見交換を行っていたが、その中で石井は、イギリスが日本と同様にロシアの南下政策に大きな警戒感を有していることを知った（石井ほか「外交座談會」第八回）。籠城中の石井は、イギリスの対露脅威の高まりと日英同盟構想についての具体的な情報を得ていたものと思われる。

さらに遡れば、石井は北清事変以前にすでにイギリスの国民性を高く評価していた。この頃、ドイツのヴィルヘルム二世がボーア戦争をめぐるイギリスの対応を強く非難していた。この状況を受けて、石井は海外からイギリス憲法史やアングロ・サクソン民族論に関する文献を渉猟し、同じヨーロッパの他民族との比較を検討するようになっていた。とりわけ石井が関心を寄せたのが、フランスの教育学者として知られるドモラン（Edmond Demolins）の『アングロ・サクソン優勝論（À Quoi Tient la Supériorité des Anglo-Saxons?）』と題する一書であった。同書はアングロ・サクソン民族の特性をラテン民族やゲルマン民族らとの比較から説き起こしたものであり、石井は同書に大いに感銘を受けていた。

石井が同書から学んだアングロ・サクソン民族の特性とは、その個人主義にあった。すなわち、「個人制度の下に養成されたアングロ・サクソンの壮年は家長たる父兄より放任せられて干渉を受けざる代りに自己の運命は自己に依りて開拓せざるを得ざる破目に置かるるが故に独立心を起さざるを得ない。独立するが故に責任感を起さざるを得ない。責任感を抱いて行動するが故に其行動は有効的である」。こうしたイギリス国民に根づいた責任感は、一方で社会全体の利益との調和と両立することが可能であるという。この個人の利益と集団の利益を両立させる点こそが、アングロ・サクソン民族が他民族に優越するポイントとなるというのが石井の理解だった（『外交随想』二二三～二二五頁）。

他方でイギリス以外の列国を見ると、北清事変以降にロシアが東アジアへの野心を一層あらわにする中、ドイツやフランスなどはロシアを掣肘しようとするどころか、ロシアと共同歩調をとって清国の主要地に独自の閉鎖的な勢力圏を確立しようとしていた。こうした仏独のスタンスは、清国における列国間の紛争を避け、現状維持をもって門戸開放・領土保全を貫徹しようとする意思を有するイギリスとは対極的であると石井の目に映った。したがって日本としては、露仏独三国よりも、イギリスとの利害が一致するとの結論が導かれたのだった（『日外』第三四巻、六二一頁）。

イギリスのような優れた民族との同盟は、日本に有利に機能するはずである。この時期の石井が日英同盟推進派であったこと、そしてのちにアメリカとの協調を志向するようになった根拠は、アングロ・サクソン民族優勝論への確信があったためと考えられる。こうした石井の認識は、小村の主導で日英同盟交渉を推進するうえで欠かせない要素となるのであった。

日英同盟交渉と二六新報事件

日英同盟交渉の直接の発端は、一九〇一年四月にドイツのエッカルドシュタイン（Hermann von Eckardstein）駐英代理大使が林董駐英公使に私見として日英独三国同盟を提案したことである。林からこの提案を聞いた加藤高明外相は、イギリス政府の意向を確かめるよう訓令したものの、イギリス側からは日独との同盟に対する好意的な反応を引き出すことができなかった（『日外』第三五巻、六三一〜六四四頁）。

しかし七月一五日、今度は本国に一時帰国していたマクドナルド駐日公使が林と会談し、日英同盟に関する打診がなされた。これを受けて、林はランズダウン（5th Marquess of Lansdowne）外相との協議の中で日英同盟問題を取り上げた。ランズダウンから満洲に対する日本側の認識を尋ねられた林は、もし満洲がロシアに奪われれば、次は韓国が併呑されることになる、ゆえに日本としてはロシアをできる限り満洲から遠ざけたいと回答した。これにランズダウンは、イギリスは韓国に利害を有さないものの、この地がロシアの手に落ちることは望んでおらず、清国に対しては門戸開放・領土保全の原則を基本としているため、日本の思惑とも一致すると発言した。こうして東アジアにおける互いの利害が一致したことを確認した日英両国は、相互防衛を盛り込む同盟条約締結の必要性を悟ったのだった。

正式な日英同盟交渉は、九月に外相に就任した小村寿太郎のイニシアティブによって始動した。小村外相は自身の下に、珍田捨巳次官、山座円次郎政務局長をそれぞれ据え、さらに幕下に石井、加藤恒忠、小池張造、本多熊太郎らといった人材を集め、外務省内に「小村内閣」と呼ばれる布陣を形成した（菊池編『伯爵珍田捨己傳』九一頁）。小村を筆頭とする外務省の中枢は、日英同盟実現のための共同行動をとるのであり、石井もまた小村のもとで奔走することになった。その石井が日英同盟実現に果たした功績といえば、やはり交渉中に問題となりかけた二六新報事件への対処であろう。

日英間の本格的な同盟交渉が進展し、いよいよ条約締結が迫った一九〇一年一二月二五日、当時秋山定輔が社長をする日刊新聞『二六新報』が、「公使の姦通」と題する記事を掲載した。同記事は、マクドナルド駐日英国公使が日本人の某女性とただならぬ関係にあるというスキャンダルだった（『二六新報』一九〇一年一二月二五日付）。もっとも記事中では相手女性のことなど詳細は述べられていなかったが、記者はマクドナルドが毎週末に葉山の別荘で侍女と関係をもっているとの情報を得ていたらしく、この内容を数度の連載記事とし、徐々に全容を明らかにすることが予定されていた。記事の信憑性は高く、もし連載が続けば日本国民の反英感情が高まる恐れがあった。そのため政府や外交当局としては、同盟交渉中のイギリスへの配慮のためにも、直ちに連載を中止させる必要があった。

だが相手はこれまでにも政府を糾弾する厳しい記事を掲載し、三井財閥攻撃をめぐる内務省の圧力にも屈することのなかった『二六新報』である。発禁処分を受けることも厭わないスタンスをとる新聞社が相手では、一筋縄では行かないことは容易に想像された。そこで同社社長の秋山と大学時代の同期生である石井が小村外相へ、自らがこの問題について二六新報社と協議したいと持ち掛けた。小村も石井に一縷の望みを託したのだろう。直ちに石井の申し出を了承すると、石井は早速秋山社長との直接交渉に向かったのだった。

　石井がこの問題の解決に積極的な姿勢を示したのは、目下進行中の日英同盟交渉にとって障害になりかねないという理由だけではなかった。マクドナルド公使と石井とは、かつて北清事変の際に北京に駐在しており、籠城体験をともにした同志であった。このとき列国団の代表であり、軍隊経験も有していたマクドナルドは、籠城中に日本の駐在武官柴五郎らと粘り強く闘った戦士であり、疑いなく事件解決の立役者の一人であった。そして何よりも、マクドナルドは「日本狂と呼ばる程の日本贔屓」である。そのマクドナルドの私生活を日本のメディアがスキャンダラスに報道することを放置すれば、イギリスの日本に対する信頼が失われ、同盟交渉どころか日英関係そのものに大きな傷を与えかねないと考えられた。こうして石井は旧知のマクドナルドを救出するため、そして日英同盟実現のため、自ら二六新報社との交渉役を買って出たのである（石井稿「日英同盟談判中二六新報事件」二〇〇頁）。

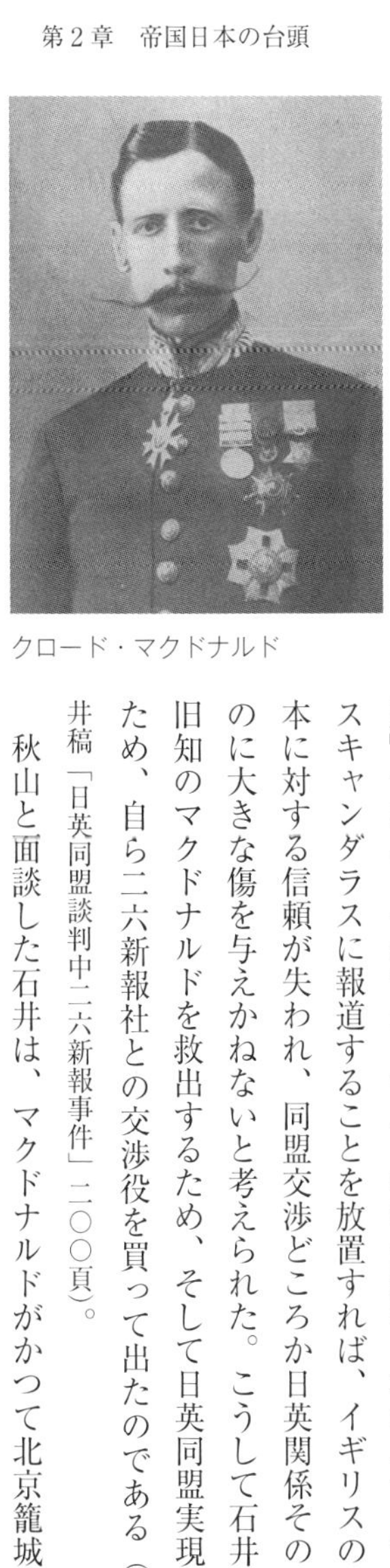
クロード・マクドナルド

　秋山と面談した石井は、マクドナルドがかつて北京籠城をともに体験した戦友であること、そしてこうした外国公使のスキャンダルを公にすることは、日本の国際的評判を悪化させかねないことを強調し、連載記事の中止を要請した。石井の熱意に秋山は困惑しつつも、水面下で進行中と噂される日英同盟交渉の情報を自社に流すことを条件に、マクドナルド記事の掲載中止をしてもよいと回答した。石井は同盟交渉が秘密裏に行われているにもかかわらず、秋山がこの情報を得ていることを訝しがった。いくら旧知の仲とはいえ、電信課長として同盟交渉に関与していた石井としては、国家のトップ・シークレットをメディアに易々と漏洩するなどできようはずもない。石井は秋山に、日英間に同盟交渉が行われている事実はないと白を切り続け、何とか秋山から妥協を引き出そうと粘り強く説得した。その結果、秋山は最終的に記事の掲載中止を確約した。内心歓喜する石井は、掲載中止の引き換えに金銭の支払いを提案したが、秋山は自身と石井との関係において金銭授受は不要と断った。石井は秋山の潔い態度に感謝を述べ、その足で外務省へ戻り、小村外相に事の次第を伝えた。石井から最善の結果報告を聞いた小村は大いに沸き、石井の活躍を褒め称えた。

そして二七日の『二六新報』には、石井が秋山社長へ記事連載中止を申し出たこと、これを受けて社として国家利益のために記事連載を見合わせる決定をした旨が読者への弁明として報じられた（『二六新報』一九〇一年一二月二七日付。また同日の紙上には日英同盟交渉が秘密裏に進展しているとの記事も掲載されている）。こうしてマクドナルド公使のスキャンダル問題はうやむやになり、日英同盟交渉は無事に継続されることになった。

一九〇二年一月三〇日、日英同盟条約は無事に成立に至った。条約調印直後、イギリス東洋艦隊が来日することとなったため、日本側は山本権兵衛海相の主催で盛大な午餐会が催し、日英友好をアピールすることとした。この会には石井も招待された。散会に差し掛かった頃合いになると、山本は石井の手を取って松方正義、東郷平八郎、伊東祐亨のもとへと連れて行き、日英同盟談判中の石井の活躍を彼らに聞かせ、讃えたのだった（石井稿「日英同盟談判中二六新報事件」一八七頁）。こうして石井の情報収集力と交渉力の高さは、外務省以外にも知れ渡るようになったのだった。

さて、こうして日英同盟そのものは無事に成立を見たのだったが、果たして秘密裏に行われていた日英同盟交渉を二六新報社へ漏洩した犯人は誰だったのか。後年になってではあるが、秋山は東京帝国大学英法科同窓生の集まりの場で、日英同盟交渉に関する情報を提供したのは当時元老の伊藤博文だったと語っている。もっとも、最初の記事が掲載された時期、伊藤は外遊中であった。おそらく伊藤が離日する前の一九〇一年八月頃、葉山で桂首相と伊藤とが日英同盟問題について協議したあと、伊藤が秋山にその内容を漏らしたものと思われる（『外務省の百年』上、四三一〜四三五頁）。また秋山の告白とは別に、同記事を執筆した二六新報社記者の林正亨は、石井が秋山のもとへマクドナルドの記事の中止依頼をした際、目下日英同盟交渉が進行中であるとの情報が伝えられたと語っている（石井稿「日英同盟談判中二六新報事件」二三七頁）。もしそうであれば、日英同盟交渉の情報を漏洩したのは石井ということになる。確かに記事が掲載されたのが石井の秋山訪問の直後であり、マクドナルド記事連載の中止と同時であったことからして林の証言には説得力があるのだが、真相を知る秋山は上述のように別の証言をしているため、おそらく林の勘違いであろう。いずれにせよ、結果的にマクドナルドのスキャンダルも同盟交渉情報の漏洩も石井の根回しがあり、大きな問題となることはなかった。

日英同盟の意義

周知のように、日英同盟はこの後の帝国日本の軍事安全保障政策のみならず、経済通商政策や、文化的側面に至るまで大きな影響を及ぼした。二度の改定を経ながら一九二三年に失効するまでの間、日英同盟は小村が形容するように、日本外交の「骨髄」となったのである(『外交年表』上、二〇五～二一一頁)。

石井もまた、日英同盟が成立したことで、東アジアにおいて日英が共同でロシアを孤立させることが可能になったと考えた。かつての三国干渉で得た教訓として、東アジアにおける露仏独三国の関係を断ち切ることこそが、同地での日本の優位を確保することになる。日英同盟はまさしく、東アジアの従来の対立構造を劇的に変化させたのである。これを石井はのちに「名誉ある同盟」と表現し、次のように絶賛するのだった。

> 日本としては外交始つて以来前例なき国際同盟であり、英国に取つても永き光輝ある孤立の伝統を破り〔…〕両国のために賀すべきのみならず、世界平和の見地よりも満足に堪へざる所である
>
> (『餘録』四二頁)

つまり石井は、日英同盟でもってロシアの南下政策を阻止すれば、満洲および清国がロシアの侵略から守られると同時に、朝鮮半島も守られ、ひいては日本本土の防衛が可能になると考えた。また他の列国にとっても、ロシアの南下政策阻止は各国の有する在アジア権益の保護につながり、満洲を含

めた東アジア地域の門戸開放・機会均等を実現することが可能になると期待されたのだった。

他方でロシアからすれば、日英同盟は自国の南下政策を阻む深刻な障害であった。ゆえに同年四月にロシアは清国との間に満洲還附条約を取り交わし、従来の積極的な南下政策からの転換を図った。同条約でロシアは、在満ロシア軍を三期（計一年半）に分けて撤兵することを確約した。これが実行されれば、日本にとって最大の懸案事項であるロシアの朝鮮半島進出は阻止できるはずだった。

これほどの劇的効果を生み出した日英同盟締結の功労者として、石井は一九〇四年一一月に通商局長に昇進した。小村外相からのさらなる信頼を得た石井は、続く日露戦争においてもその能力を遺憾なく発揮することになる。

日露開戦への道

イギリスという後ろ楯を得たことで、東アジアにおけるパワー・ポリティクスは日本に優位なものへ変わると期待された。しかしロシアは、前述した満洲還附条約で定められた第二次撤兵の時期（一九〇三年四月）になってもこれを実行しなかった。それどころか、一九〇三年五月にロシア軍が鴨緑江（おうりょくこう）を越え、韓国領内の龍巌浦に軍事根拠地の建設を開始したのである。これは明らかにロシアによる国際協定の不履行であった。

さらに八月になると、ロシアは黒龍江省と関東州を統括するために極東総督府を設置し、総督に対日強硬派のアレクセーエフ（Yevgeni Ivanovich Alekseyev）を任命した。時を同じくして本国政府内でも強硬派が勢力を拡張させており、皇帝統括の極東問題委員会事務局長アバザ（Aleksei Mikhailovich

Abaza）提督が実権を握るようになった。一方、対日宥和派の代表格であるヴィッテ（Sergei Witte）蔵相は、九月にその座を退いた。こうしたロシア国内の対日強硬派の台頭について、石井は「武断派〔対日強硬派〕」の「文治派〔対日穏健派〕」に対する勝利であり、ロシア国内は武断派の専横状態になっていると観察した（『餘録』七五頁）。こうして日本としては、ロシアのさらなる強硬姿勢に対処すべく、対露政策を見直さなければならなくなった。

従来、日本国内にはロシアとの間に協商を取り交わし、満洲をロシア、韓国を日本の勢力下に置くという「満韓交換論」と、満洲と朝鮮半島を切り離すことはできないとする「満韓不可分論」との間の政策論対立が存在していた。前者は伊藤博文や井上馨ら元老クラスが主な提唱者で、後者は桂首相や小村外相ら現役の指導者たちが代表していた。そして小村のもとにいた石井もまた、対露不信と満韓不可分論の認識を有していた。石井は自らと認識を共有する陸海軍の少壮幹部と連絡を取り合い、対露政策について議論を重ねた。そして、一九〇三年五月二九日以降、外務省（山座円次郎、石井、落合謙太郎、坂田重次郎、本多熊太郎）、陸軍（井口省吾、松川敏胤、木下宇三郎、田中義一、福田雅太郎、西川虎次郎）、海軍（富岡定恭、八代六郎、松井健吉、上泉徳弥、山下源太郎、秋山真之、財部彪）の面々は、新橋烏森の料亭「湖月」で会合を繰り返した。外務省からの出席者はいずれも小村直系の官僚たちである。陸海軍と外務省の要人たちはここで、「戦闘を賭して露国の横暴を抑制する」という内容の対露強硬姿勢で一致を見たのだった（『外務省の百年』上、四〇二頁）。

ここでの対露強硬姿勢に象徴されるように、日英同盟成立と露清間の満洲還附条約によって一時的に東アジアのロシア脅威は減退するかに思えた状況は、ロシアの条約不履行で改めて日本側に対露脅威のイメージを強烈に植えつけていた。一八九〇年代後半に相次いで締結された日露間の各種協定も、結果的にロシアの野心を抑制することにはつながらず、むしろ南下政策を加速させるロシアの軍事行動や鉄道建設の進行などは、小村らに時間の猶予がないことを確信させた。このうえ、ロシアとの間で何らかの協定を取り交わしたところで、果たしてその行動をどれほど抑止できようか。日本はもはや戦争をも辞さない覚悟でもってロシアとの交渉に乗り出さざるをえない状況に追い込まれていた。

それでも日本政府としては、極限まで対露開戦回避のオプションを模索していた。たとえ日英同盟があろうとも、いざ大国ロシアとの戦争が始まれば、その勝敗は日清戦争のように日本の圧倒的有利になるとは考えられなかった。そこで桂首相や小村外相らは、上述のロシアによる第二次撤兵不履行を受け、元老山県有朋の別邸無鄰菴で山県や伊藤ら元老と協議し、韓国における日本の優位をロシアに承認させる内容の対露交渉方針を定めた。そして六月の御前会議では、満洲と韓国に関する日露協商締結に向けた対露交渉を行うことも決定した。

この決定に基づき、政府は栗野慎一郎(くりのしんいちろう)駐露公使を介し、ロシア側へ日露協商案を提示した。だが一〇月にロシア側から出された対案は、満洲における日本の関与を一切認めず、韓国における日本の行動も制限するという内容に大幅修正されていた。日本政府は妥協的な修正案を再提示するものの、一二月のロシア側の返答ではやはり満洲における日本の関与が認められておらず、また日本の修正案に盛り込まれていた満韓国境地帯の中立化については、ロシアの当初の案である韓国側のみの中立化に戻された。こうしたロシア政府の頑なな交渉姿勢は、対露開戦回避を模索していた日本側にとって絶望的ともいえた。最終的に一九〇四年一月一二日、極東ロシア軍の増強が続く状況において、桂内閣は対露交渉の最終方針を閣議決定した。そして二月四日の御前会議において、内閣と元老との間で一致した対露開戦決定がなされた。これにより、日本政府内の対露交渉方針をめぐる政治対立も収束を迎えた（千葉「日清・日露戦争」一四〇頁）。八日、栗野公使からロシア政府へ国交断絶の通知がなされ、日本の命運をかけた大戦争（「明治三十七八年戦役」）がついに火蓋を切って落とされた。

講和会議

日本は外交的には日英同盟を利用して独仏の対露後方支援を遮断し、軍事的には戦場を極東に限定しながら激しい戦闘を繰り広げた。大国ロシアとの戦闘は、現地軍の奮闘もあり、日本に有利な戦局で進展していった。帝国陸軍は児玉源太郎参謀次長の指揮下、黒木為楨（ためもと）の第一軍が鴨緑江会戦で勝利、奥保鞏（おくやすかた）の第二軍も南山の戦いで勝利を収めた。陸軍の輝かしい戦果は、一九〇五年二月末からの奉天会戦勝利でピークに達する。一方、帝国海軍も東郷平八郎率いる連合艦隊が、当時世界最強とも謳われたロシアのバルチック艦隊を日本海海戦（五月）で打ち破り、世界を驚愕させた。これら日本軍の快進撃は、ロシアとの講和へ向けたムードを醸成するに十分だった。

すでにロシア国内では、一九〇五年一月二二日に首都ペテルブルグで「血の日曜日事件」が発生して以来、国民の中で厭戦機運が急速に高まっていた。日本側も奉天会戦の勝利などがありながらも、実際には軍事物資の不足や膨れ上がる戦債に悩まされており、これ以上の継戦は困難な状況だった。そのため桂首相や小村外相ら政治指導者を中心として早期講和による終戦を目指し、政府は日本海海戦直後の五月三一日、高平小五郎駐米公使にアメリカへ講和仲介依頼を申し出るよう訓令した。これを受け、セオドア・ローズヴェルト（Theodore Roosevelt）大統領は日露両国へ和平勧告をなすと、両政府はそれぞれ受諾した。そして日本政府は六月三〇日に対露講和条件を閣議決定し、小村外相を全権とする代表団をアメリカへ派遣することとなった。

日本側の講和条件では、まず「絶対的必要条件」として、①日本の韓国における優越権の承認、②満洲からの日露両軍の撤退、③遼東半島租借権と東清鉄道南満洲支線（ハルビン－旅順間）の対日譲与が定められた。また「比較的重要条件」として、戦費賠償や樺太の割譲などがあった。加えて「希望条件」も策定されたが、ここには東アジアでのロシア海軍の制限や、ウラジオストック港の武装解除など、ロシア側が受諾不可能と思われる要求が盛り込まれた。これら諸条件を引っ提げ、小村ら全権団は日本を発ち、八月九日からアメリカのニューハンプシャー州ポーツマスでの講和会議に臨むことになった。

セオドア・ローズヴェルト

ポーツマスでの日露交渉は、講和条件の内容をめぐっての激しい論戦となった。韓国および満洲に関する日本側の要求については、戦局からしてロシア側も受け入れざるをえない一方、日本国内の世論を受けていた小村全権としては、「比較的重要条件」である賠償金と領土という目に見える成果を持って帰国する必要があった。だがロシア側はこの二条件については全面的に拒絶するのみだった。現地アメリカのメディアも巧みに利用し、対日交渉を有利に進めようとするヴィッテらに対し、日本側は苦戦を強いられた。このままでは講和会議の中断もありうると判断した仲介役のローズヴェルト大統領は、日本へは賠償金の減額を、ロシアへは日本の要求に応じて平和を回復することは人道上の義務である旨を勧告した。日本はアメリカの勧告に従い、態度を緩和させたものの、ロシアは依然として賠償金と領土をめぐって動こうとはしなかった。

同時期、東京でも連日御前会議が開催され、講和条件の妥協策が練られていた。講和会議におけるロシア側の強硬姿勢を知った政府は、講和会議散会を何よりも恐れ、止む無くば賠償金と領土獲得を断念してでも講和条約成立を優先させるべきとの決定を行った。この決定は、八月二八日に予定されていた最終会談の前に全権団へ伝える必要があったため、すぐさま電訓が送られることになった。

全権団のメンバーに加わらなかった石井は、珍田次官のもとで本国にとどまり、ポーツマスの交渉の様子を観察していた。だが東京にいながらも、石井は講和会議が日本に不利な方向へ向かいつつある状況を打開する方策を模索していた。『外交餘録』で石井はそのときの活動を回顧しているが、要約すると次のようになる。

上述の政府訓令が全権団へ送られた直後、石井はイギリスのマクドナルド公使から急遽呼び出しを受けたという。マクドナルドが石井を呼んだ理由は、ペテルブルグにおけるニコライ二世とマイヤー(George L. Meyer)駐露米国大使との会談内容を極秘に伝えることだった。その内容とは、ニコライ二世が南樺太の対日譲与に前向きな姿勢を示したというものだった。これが事実であれば、日本にとっては領土獲得という条件での講和が達成されることになる。マクドナルドからこの情報を得た石井は、その足ですぐさま桂首相のもとを訪れた。桂へマクドナルドとの会談内容を伝えると、桂も喜色満面となり、直ちに全権団へ修正版の訓令を送るよう指示した。深夜にもかかわらず石井は再び車を飛ばし、珍田次官へ報告したあと、全権団へ宛てて二つの電報を送った。

第一電は、二八日の日露会議を二九日に引き延ばすことと、講和条件の詳細は追って第二電で知らせるというものだった。第一電を受けた小村は、体調不良を理由に二八日の会議を延期するようロシア側へ申し入れ、本国からの第二電を待った。そして遅れて到着した第二電には、日本政府は樺太全島割譲の要求を断念し、最後の譲歩としてその南半分の割譲でもって満足するという内容が盛り込まれていた。ロシアが領土の割譲に踏み切ったことを知った小村たちは、二九日の会議で北緯五〇度以南の樺太の割譲を要求し、これを認めさせることに成功した。そして九月五日、日露間にポーツマス講和条約は成立を見ることとなったというのである（『餘録』八二～八三頁、Esthus, *Double Eagles and Rising Sun*, 157-158）。

この石井の回顧は、講和会議を大逆転劇に導いたかのように思わせるが、石井本人による誇張も含まれているとの指摘もある。栗原健の検証によれば、特に最終会議を二九日に引き延ばすべきと訓令した第一電（原史料は存在しない）については石井の認識の誤りであり、二九日の会議は第一電とは無関係に開かれたという（『外務省の百年』上、四六八～四六九頁）。さらに当時電信課長の地位にあった幣原喜重郎は、会議延期は幣原自身の独断で全権団へ送ったものと語っており、ここでも石井の回顧との齟齬がある（幣原『外交五十年』二九頁）。

いずれの説が正確かは現時点で判断しえないものの、南樺太割譲を講和条約に盛り込ませることに成功したことに対する石井の功績を否定することにはなるまい。にもかかわらず、ポーツマスから帰国した小村は、横浜港の船上で全権団帰国を迎えた石井を前にしても、南樺太の件で何ら言葉をかけることがなかったという。石井はこれにやや意外の感を受けたと愚痴をこぼしているが、これは石井が自らの功績をやや大仰に表現するための逸話なのかもしれない。

だが小村は断じて石井の貢献を軽んじていたわけではなかった。一九一三年に石井は小村の奏薦で男爵の爵位を受けるのだが、その理由はポーツマス会議での樺太問題が大きな理由だったようである。小村は樺太問題で直接石井へ謝意を表することはなかったようだが、「他人の功績は功績として之に酬ゆるの機会だにあれば快く之を認識するに躊躇する者ではなかつた」という小村の性格からして、石井の功績を間接的に讃えたと思われる（『外交随想』一一二～一一三頁）。こうしたエピソードからも小村の社交下手がうかがわれるのだが、石井はそうした小村の性格を十分に理解しており、終生小村への尊敬の念を棄てることはなかった。

日露戦争の遺産

ポーツマス条約でロシアは韓国における日本の優越な地位を認め、関東州租借権や長春－旅順間の鉄道権益を日本へ譲渡すること、そして南樺太の譲渡などを確約した。日本国民の念願である賠償金獲得は実現しなかったものの、開戦前の日露交渉の主な争点だった韓国における優越権を獲得した時点で、日本の勝利は明らかだった。

一方、ロシアから譲渡された南満洲の権益については、当初は日本および朝鮮半島の安全保障上の緩衝地と位置づけられた。だがこの後、日本の同地への関心が高まるにつれて、次第に満洲は日本にとって安全保障上の生命線であるとの認識が高まり、死活的利益へと変化していく。いわば満洲とは、日露戦争という大戦争での犠牲を引き換えとして獲得した在外権益であり、決して他国の干渉を受けてはならないという情緒論が含まれるようになっていった。こうしたセンチメンタリズムは、冷静な実務家であるはずの石井においてさえ例外ではない。日露戦争からおよそ三〇年を経て発生する大東亜戦争（日中・太平洋戦争）に際し、石井はこの満洲権益を日本の領土的野心ではなく、アジアの共存共栄、すなわち「東亜共栄圏」の基礎とならなければならないとまで述べるようになったことはその証左である（石井「小村侯薨去三十周年追憶」七三頁）。少壮官僚時代に小村のもとで奔走した石井にとって、満洲という地は日本にとっての新たな「利益線」へと変貌を遂げるようになっていた。

また日露戦争での日本の勝利は、東アジアをめぐる国際関係にも重大な変化をもたらした。変化の第一は、日本に勝利をもたらしたはずの日英同盟が不要の長物と化していくことである。日露戦争後のイギリスは、満洲問題や在米日本人移民問題をめぐって対立の様相を帯びていく日米関係を横目に、日本よりもアメリカへの配慮を示すようになる。そして英米間に包括的仲裁裁判条約締結が浮上すると、イギリスはより積極的な対米協調を志向していった。それは必然的に、日英同盟の適用対象からアメリカを除外することを意味し、一九一一年の第三次日英同盟第四条で実行に移された。石井はこうしたイギリスの態度をもって、日本としてもはや日英同盟は飾り物の条約に成り下がったとみなすようになる。日英同盟が第一次世界大戦後まで一応の存続を見せたのは、その必要性からではなく、世界平和への心理的貢献という立場からにすぎないと石井は観察するのだった（『外交随想』七〇～七一頁）。

第四節　日米協調の試み

日露戦後外交の始動

日露戦争前後の時期、日本国内では世代交代に伴う様々な変化が起こった。明治維新を主導した元老クラスの政治家が第一線を退き、代わって明治期の教育を受けた新世代のリーダーたちが台頭するようになった。桂首相や小村外相らもさることながら、彼らのもとで実務を担う世代にとっても、次のステップへと進むことになるのが日露戦後期（日露戦争終結から第一次世界大戦勃発までの期間）であった。

同時期の外務省を例にとると、小村の薫陶を受けた人材が中枢を占めるようになっていた。終戦の翌年、小村外相以下の省内の陣容は、次官に珍田捨巳、政務局長に山座円次郎、通商局長に石井というものだった。小村の懐刀と呼ばれた山座を中心とする政務局は、政策面を担当する部局であり、省内では「機密室」と称されていた。一方、石井の属した通商局は、より幅広い対外問題を扱っていた。その通商局内には石井局長以下、書記官に中村巍（たかし）、秘書官に本多熊太郎、電信課長に幣原喜重郎という、当時の俊英たちが集まっていた（幣原平和財團編『幣原喜重郎』四八頁）。彼らは小村外交以後の日本外交を実務面のみならず、外政指導の面でもリードしていくことになる重要人物たちである。

また列国との外交関係においても、日本がこれまで以上に対等な関係に近づいたことを象徴したのが、一九〇五年一二月に駐英公使館を大使館へ昇格したことである。当時の国際慣例上、国家間の大使交換は対等の関係を示すための身分証明であった。さらにイギリス以外の主要列国にも、日本は一九〇八年五月までに次々と大使館を設置していった（『日外』第三八巻第二冊、二六〜二七、四一〜四二頁）。

そして日露戦争時に小村のもとでその能力を遺憾なく発揮した石井は、さらにその評価を高め、一九〇八年六月には珍田のあとを受けて外務次官に就任した。これは同期入省の伊集院彦吉や小村側近の山座ら、周囲の並み居る俊英を押しのけての出世であった。次官としての石井は、一九一二年に駐仏大使として再びヨーロッパの地へ赴任するまでの間、本省で日露戦後期の外交問題に取り組むことになるのだが、この異例の出世に対しては、当時としては必ずしも好意的な世評ばかりではなかった。それは石井の有する西洋流の合理主義的な性格が、メディアからすれば面白味のない人物と映ったことも一因だろう。時に石井を評して「当り屋」、「八方向のお人柄」といった皮肉が寄せられることさえあった。

ともあれ、省内の重要ポストに就いた石井は、日露戦争後の日本外交をより安定的かつ発展させるためにさらなる活躍を繰り広げていくことになる。多様な外交問題に関与しなければならない通商局長や外務次官を務めた石井にとって、日露戦後期にはとりわけ太平洋を隔てた隣国アメリカとの協調関係を確実にすることこそが重要と解されていた。

石井がそのアメリカとの外交に初めて関与したのは、日露戦争勃発に先立つ一九〇二年のことである。当時電信課長の地位にあった石井は、いわゆる南鳥島事件をめぐって対米折衝にあたった。日露戦争以降の石井は、一貫して対米協調のために労力を注ぎながらも、その困難さを痛感するようになっていくのだが、南鳥島事件はその原体験ともいうべき事件だった。

南鳥島事件

南鳥島事件とは、現在は小笠原諸島の一部で日本の最東端に位置する面積一・五㎢程度の小島の領有権をめぐる日米間の諍いである。南鳥島は一八九八年六月、当時の第一次大隈重信内閣によって小笠原島庁の所管とするところとされた。これに従い、翌月に肥塚龍(こいづかりゅう)東京府知事は政府訓令に基づく訓令を発し、南鳥島は東京府へ編入された。こうして同島は、一九世紀末に日本領であることが既成事実化されつつあった。

ところがこの事実はアメリカに知らされていなかった。アメリカはすでに一八六〇年に同島を発見し、これをマーカス島と名づけ、しばしばこの島に来着していた。つまり南鳥島の領有権については、日米政府間レベルで正式な確認がなされていなかったのである。

一九〇二年の夏、高平小五郎駐米公使より小村外相へ、ローズヒル(Andrew A. Rosehill)を船長とする一行が武器弾薬を用意し、ハワイから南鳥島へ上陸しようとしているとの情報が伝えられた。小村はすぐさま高平へ、南鳥島はすでに日本が編入している土地であるため、ローズヒルの出発差し止めを国務省へ依頼するよう命じた。だがヘイ国務長官はすでにローズヒル一行は出発したあとであるため、日本側の役人と直接交渉してもらいたいと返答した。またアメリカ政府としては同島に対して特別な利害関心を有していないことから、同島の領土権をめぐる争いを起こす気はないと、この問題への消極的姿勢を明らかにした。

これを受け、日本政府はローズヒル一行との間で穏健な解決を試みるべく、同島へ特使を派遣することを決定した。小村の指令により、この特使に選出されたのが石井だった。小村は山本権兵衛海相と協議した後、石井に対し、ローズヒルらへ日本政府代表として南鳥島の歴史的由来を伝え、温和な交渉でもって日本の領有権を認めさせるように訓令した。

小村の訓令を携えた石井は、七月二三日に巡洋艦笠置（かさぎ）で横須賀を出発し、二七日に同島に到着した。このとき、ローズヒルらの乗るウォーレン号は南鳥島に向かって航行中だった。そこで石井はローズヒルへ向けた覚書を急ぎ作成し、秋元秀太郎海軍中尉と衛生その他の事務を管掌する者一五名を残し、

南鳥島の位置

二九日にいったん同島を去ることとした（『時事新報』一九〇二年八月五日付）。なおこの際、同島の日本帰属を明確にするため、その一部地名が変更された。水谷村は石井村、石井村付近の上陸海岸周囲は石井浦と定められたのである（手塚「南鳥島先占前後の一考察」一九～二二頁）。

ウォーレン号が到着したのは、石井らが去った後の三〇日のことだった。秋元は石井から預かった覚書等の書類をローズヒルへ手交すると、一行はそのまま同島から立ち去ることになった。こうして最悪のケースである武力衝突は無事回避することができた。結果的に石井は直接交渉の矢面に立ったわけではなかったが、その覚書の効果が認められたようで、省内では「石井は三十円〔出張費のこと〕で南鳥島をものにした」との評判を得たという（『東京朝日新聞』一九四三年九月九

日付朝刊）。

八月三日に横須賀へ帰着した石井は、翌日小村外相に詳細な復命書を提出した。一方、小村は在ワシントンの高平小五郎公使に、アメリカ政府へ日本の南鳥島領有権の正当性を認めさせるよう命じた。日本としては正当な手続きをもって南鳥島の領有権を主張すると同時に、アメリカとの間の不要な衝突を回避しようと苦心したことが読み取れる。

当時、ローズヴェルト政権はこの問題に明確な意見を表明せず、現地での武力衝突が回避されたこともあり、暗黙に日本の主張を認める形となった。以降、同島が日米間の外交問題となることはなかったが、第二次世界大戦中には戦場の一部と化し、日本の敗戦後はアメリカの軍政統治下に置かれることになった。そして一九六三年、同島は日本へ返還され、小笠原村に編入されて現在に至っている。

暗雲垂れ込める日米関係

このように、石井の対米外交は南鳥島という小島の領有をアメリカに平和的に認めさせる任務から始まった。そして南鳥島事件後に発生した日露戦争では、アメリカからの有形無形の対日支援が石井に日米協調の重要性を確信させた。特にポーツマス会議の際、ローズヴェルト大統領が日本に有利な形で仲介したことは、日本にとってアメリカという国家が東アジア・太平洋における友好国になりうる可能性を十分に感じさせるものだった。ゆえに石井はローズヴェルトを、「彼の行動は終始立派であつたと我輩は確信して居る」と高く評価するのだった（『餘録』九〇頁）。

だが日露戦争後の日米関係は、互いの利害が絡み合う複雑なものへと変化していく。その両国の利害がぶつかり合う舞台は、まずもって満洲だった。日露戦争中の一九〇五年七月二九日、アメリカは桂・タフト協定で韓国における日本の優越な立場を認めたものの、南満洲には伝統的な門戸開放原則を適用しようとした。対する日本は、日露戦争後の小村外相による南満洲権益を実質化しようとする諸政策が門戸を閉ざす方向へ進んでいた。例えば小村が一九〇五年一二月に清国との間に締結した満洲に関する北京条約では、南満洲鉄道の経営は日清両国人に限定されており、アメリカら第三国の関与が明確に排除されていた。さらに小村は、第二次外相期の一九〇九年九月、清朝政府と間島（かんとう）を対象とする日清協約と、満洲五案件に関する日清協約を締結した。前者は韓国と清国の国境を画定する内容であり、後者は南満洲鉄道支線の敷設や撫順（ぶじゅん）・煙台（えんだい）の炭鉱採掘権を獲得するなど、一九〇五年北京条約の内容をより実質化するものだった。こうして日露戦争後の小村外交が、戦勝の成果である南満洲権益を確実化する一方で、アメリカら他の勢力への排他的色合いを濃くしていった。

　とはいえ、日露戦争後の南満洲をめぐる日米間の認識ギャップがすぐさま両国の敵対関係へと発展するまでには至らなかった。終戦直後の日本には満洲経営を本格化させるほどの余裕はなかったし、アメリカのローズヴェルト政権にとっても満洲市場をめぐって日本と対峙することは賢明ではないと判断されたためである。ローズヴェルトにとって、日本がランド・パワー（大陸国家）として成長することは、対露牽制という点からしてアメリカの国益にも合致するし、アメリカの植民地フィリピンへの対日脅威も減退することになる。太平洋を挟んで向かい合う日米の地理関係からして、日本がシー・パワー（海洋国家）へ発展することを防ぐべく、ローズヴェルトはむしろ日本の満洲権益を最大限に尊重しようとさえしていたのである。

移民問題の調査

日露戦後期の日米関係にとってより深刻なのは、満洲問題よりも、在米日本人移民の待遇問題だったかもしれない。この問題は、一九〇六年にサンフランシスコ市教育委員会が市内の日本人学童を、公立学校から東洋人のみの学校へ隔離する決議を採択したことに端を発し、以後長年にわたって日米協調の障害となり続けた。カリフォルニア州における日本人移民に対する差別的待遇の問題は、日米両国民レベルでの敵対ムードを急速に高めていき、日本人はアメリカ人に同化しえない異端の存在であるというイメージが形成されていった（麻田『両大戦間の日米関係』二七九〜二八一頁）。

日本人移民問題をめぐる国民レベルの感情悪化を受け、ローズヴェルト大統領やルート（Elihu Root）国務長官ら連邦政府首脳は、移民問題で過度に日本の感情を刺激するべきではないと考えた。一方の日本政府や外務省もまた、安定した日米関係のため、穏便な形での移民問題解決を志向していた。

そこで小村外相は、通商局長の石井に、アメリカやカナダにおける日本人移民の実態調査のための渡航を命じた。指令を受けた石井は、一九〇七年八月より、サンフランシスコから北上してオレゴンとワシントン両州、さらにカナダのブリティッシュ・コロンビア州で視察を行うことになった。

この視察旅行中、石井はバンクーバーで現地の暴徒に襲われるという経験をする。九月七日、石井が同市のホテルに到着すると、現地の日本人労働者排斥を主張する太平洋岸の労働組合（アジア人排斥同盟会の集団）が、日本から移民調査に来た石井を労働大臣と誤解し、日本人街と石井の宿泊するホテルを包囲しようとしたのである。バンクーバー市長は石井の身柄を保護することを確約し、警官を派遣して暴徒を抑えたため大事に至ることはなかった。

だが問題は日本人街のほうだった。現地警官たちを信頼できないと考えた日本人居留民たちは、男女ともに力を合わせ、労働組合の群衆たちの立ち入りを禁じた。対する労働組合の群衆は四〇〇人余りに及ぶ規模であり、日本人街や中国人街に投石したり、小学校校舎へ放火する者さえおり、五二戸への被害を出した。しかし結束した日本人居留民は、群衆たちに毅然と立ち向かい、被害を最小限に喰い止めることに成功した。翌日には暴徒の攻撃は終息した。

石井はこのときの日本人居留民たちの一致団結した行動に強い感動を覚えた。中国人居留民らの卑屈な態度とは対照的に、自力で生活圏を守ろうとする日本人の気質は、世界に誇りうるものと確信したのである（『外交随想』二九八～二九九頁）。現地の悪待遇に悩まされながらも、勤勉さと団結力を失わない居留民たちの姿に、石井は厳しい国際社会の中で生き抜くための理想的な姿を見出したのだった。

西海岸での調査を終えると、石井は東部のニューヨークへ向かった。一〇月に同地に到着すると、USスティール社のゲイリー（Elbert Henry Gary）やクーン・ローブ商会のシフ（Jacob H. Schiff）などが参加する財界人らのパーティーに招待された。これはアメリカ財界との密接な関係を築くことで日米協調を実現しようとする、渋沢栄一らのアイディアによって開催されたものだった。和やかなムードでパーティーが行われる中、石井は日米間に横たわる外交問題を沈静化するために、移民問題には極力触れず、両国民の友好を強調する発言に終始した（*New York Times*, Oct. 12, 1907）。このとき石井は渋沢らとともに、いわゆる「国民外交」の一翼を担ったのである。

帰国した石井は、移民問題に関する詳細な調査結果を発表した。その内容は、日本人移民の置かれた状況を踏まえ、北米で過激化する排斥運動から日本人移民の地位を保護するために、国家として何らかの取り組みの必要性を訴えるものだった。

この中で石井は、まず現地日本人労働者の置かれている環境には大別二種類あるとする。一つは純然たる日雇い稼ぎの労働者であり、その数は約一万五〇〇〇人（カナダ含む）に及ぶ。彼らは現地労働者と接する機会が多く、時に競争的な傾向を持つ場合もあるものの、その勤勉さによって良好な結果を生み出していた。夜業も厭わない日本人労働者の姿勢は、現地雇用主からの評判も頗る高いという。他方、一定の地域に居住し、一定の職業に従事する「土着的実業家」とも称しうる労働者がおり、彼らは主に果物の栽培を生業とし、場所によってはジャガイモ等を栽培する者もいた。こうした土地所有者らも同様に勤勉であり、概ね良好な収穫を得ているという。

石井はこれら日本人労働者の生活環境を見ると、服装から生活レベルに至るまで決して現地労働者と遜色ないと観察した。それゆえ、現地の日本人移民排斥運動団体が主張するような、日本人は現地住民と衣食住の習慣を異にしているため、アメリカ人に同化することは不可能であるとする風説は、まったくもって事実無根であると批判するのだった。また日本人渡航者は決して多数ではないため、将来的にも急増する可能性は低いと考えられた。ゆえに石井は、在米日本人労働者の環境改善の必要性はないと断言するのである。

だが現実には、現地アメリカ人の日本人移民に対する様々な差別や風説が過激化の一途を辿っていたことも間違いなかった。現地人労働者は、日本人労働者が徒党を組んで現地人の働き場所を奪い、アメリカの土地を乗っ取ろうと目論んでいるなどという誤った情報を信じ切っている。ゆえに石井もこれら日本人労働者に対する差別を憂慮せざるをえなかった。連邦政府にせよ州政府にせよ、政治家たちは有権者である現地人労働者の意向を採用し、自らの地位を維持しようとする傾向が強い。こうしたアメリカ流デモクラシーの政治制度を鑑みると、石井は現地人労働者団体の「無学無経験」を批判する一方で、大局的な日米関係を重視し、日本政府による自主的な渡航制限を課すべきと結論づけるのだった（石井「米國移民状況」五～六頁）。

移民問題の鎮静化

前述したように、こうした移民問題をめぐっては、日米両政府の当局者たちによって穏便な解決が目指されていた。そこで両政府は、一九〇七年末から一九〇八年二月にかけて協議を積み重ね、いわゆる日米紳士協定を結実させた。この協定によって、日本政府は今後労働目的の移民に対してパスポートを発行せず、アメリカ政府は在米日本人に対して差別をしないことを水面下で確約したのだった（入江「転換期の日米関係」六〇～六一頁）。

もっとも、紳士協定が移民問題の完全解決を導いたわけではなく、この後も依然として日米関係にとってのアキレス腱となり続けた。なぜなら、紳士協定で労働目的の渡米日本人は減少したものの、今度は日本人学生の西海岸への移住者が増加するという新たな問題を生み出したからである。

この新たな事態に際して、石井は渡航者に対するより厳格な取り締まりを断行すべきとの見解を表明した。そもそも石井は、移民問題が日米関係を左右するような大問題であるとは考えてはいなかった。「移民問題の如きは比較的小事とせざるべからず」と解する石井にとって、むしろ日米間では通商貿易問題こそがより高次元の懸案事項であり、移民問題という小事でもってこの大事を犠牲にすることは賢明ではなかった。石井が渡航者への厳格な取り締まりに積極的だったのは、通商問題という大局的問題が移民問題によって拗れることを危惧したからに他ならなかった（石井「米國渡航者取締の方針」一一四〜一一五頁）。

そうした中、一九〇八年七月の第二次桂内閣発足は、移民問題の鎮静化にとってプラスに機能した。同内閣で外相に返り咲いた小村寿太郎のもと、両国関係は再び安定期を迎えるのである。その背景には、直前の日米紳士協定の成立による一時的な移民問題の鎮静化や、満洲問題についてアメリカ側が日本を刺激しないような姿勢を示したことがある。

こうした日米関係改善の兆しを加速させたのは、ローズヴェルト政権が同年三月から行った戦艦一六隻から成る海軍艦隊（ホワイト・フリート）の世界一周航海であった。これはアメリカ海軍の強大さを世界へ示すことを目的としていたが、一〇月に艦隊が横浜に寄港した際には、日本国民たちは星条旗と日の丸の旗を示して熱烈に歓迎した。ホワイト・フリート訪日は、日米の国民レベルでも親善ムードを高めることにつながったのである。

この親善ムードを好機としたルート国務長官と高平小五郎大使は、改めて両国関係の調整のための協議を開始した。このときルートは、国務省内の極東問題専門家で親中反日的立場のウィルソン（Huntington Wilson）ら専門官僚を排除する形で高平との交渉を進めていった。その結果、一一月三〇日に高平・ルート協定が成立した。この協定は、一九〇五年の桂・タフト覚書を確認する形で、清国の門戸開放や太平洋の現状維持を確約する取り決めだった。さらに前回と同様、政府間の公式の条約ではなく、両国の信頼関係に根差した一種の紳士協定であった（Chung, *The Oriental Policy of the United States*, 62-63）。

この高平・ルート協定は、日露戦後期に対立の様相を帯びつつあった日米関係改善のピークと評価できよう。これ以前に他の列国と交わしていた各種条約や協定（第二次日英同盟、日仏協商、第一回日露協約）と併せて、日本は東アジアにおける確固たる地位を欧米列国に承認させることに成功したのである（LaFeber, *The American Search for Opportunity*, 206-207）。さらに高平・ルート協定は、後述するように、石井がこの後の第一次大戦期に対米交渉を行う際の指針にもなるのだった。

なお、これら日露戦後期に結ばれた各種条約や協定は、第一次大戦期のいわゆる連合国（日英露仏米）と同盟国（独伊墺）という二大ブロックの対立構図をつくり上げることにもなった。石井は日本が連合国側に加わったことを高く評価する一方で、ドイツによる東アジア外交の拙劣さを批判的に観察した。すなわち、ヴィルヘルム二世の指導するドイツ外交の最重要課題とは、ロシアの関心を極東へ向けることのみにあり、それゆえ日本と緊密な関係を築いて満洲をロシアの野心から保護しようという意思とは無縁だった。そこにはヴィルヘルム二世の対日蔑視もあったという（『餘録』九八頁）。第一次大戦でドイツが連合国に敗北し、東アジアや太平洋の権益を失ったことは、石井の観点からすると、ドイツの日本軽視という拙劣な外交の結果ということになるだろう。そしてそうしたドイツの拙劣な外交を巧みに突き、日本の権益拡大に成功した第一次大戦期の日本外交とは、石井を含めた小村外交の継承者たちによって主導されるのだった。

第3章　第一次世界大戦期の外交Ⅰ——連合国との協調の模索

第一節　対独参戦と連合国との関係強化

ヨーロッパ大戦の衝撃

一九一一年一一月二六日の小村の死去を機として、日本は大正新時代の新たな国際問題に対応しつつ、在外権益の維持・拡張に乗り出していくことになる。この大正新時代最大の国際的事件とは、本章および次章で論じる第一次世界大戦（一九一四～一九一八年）である。四年余りに及ぶ未曽有の大戦争の前半期、日本外交は二人の外相によって展開された。それは大戦発生時、第二次大隈重信内閣下で外相の任にあった加藤高明と、その後任外相となる石井である。

周知のように、第一次大戦勃発の直接の原因は、一九一四年六月二八日のサラエヴォ事件だった。ボスニアの州都サラエヴォ市街を、市民らの大々的歓迎を受けながら行幸中だったオーストリア＝ハンガリー帝国のフェルディナント（Archduke Franz Ferdinand）皇太子夫妻が、一青年の発した凶弾に突如襲われたのである。歴史ある帝国の皇位継承者が殺害されたことは、当然ながらオーストリア＝

ハンガリー国民のセルビアに対する強い怒りを呼んだ。そして翌月二八日、オーストリア＝ハンガリー帝国はセルビアへ宣戦布告を行った。これ以後、英仏露独らの主要列国が次々と参戦し、ここに二〇世紀最大規模の世界大戦が開始した。

サラエヴォ事件発生当時、パリに駐在していた石井はフランス国内の雰囲気からして、前年に発生した第二次バルカン戦争ほどのインパクトはないと楽観していた。そのため石井は休暇旅行へ出かけることとし、パリの大使館をしばらく離れることになった。

ところが休暇明けすぐにフランス外務省を訪れてみると、大臣や局長らとの面会を謝絶されてしまった。サラエヴォ事件発生からわずかな日数で、ヨーロッパ情勢が急速に不穏な様相に変化したことを悟った石井は、足繁くフランス外務省へ問い合わせ、ようやく外交官のクラヴリー（Édouard Clavery）と面会することができた。クラヴリーから得た情報によると、フランス政府はもはやオーストリアやドイツとの開戦を不可避と判断しており、目下その準備を進めているということだった（杉村『國際聯盟の理想と現實』七〜八頁）。こうして石井は「ヨーロッパの火薬庫」で発生した事件をめぐり、主要列国が本格的に関与することを確実視したのだった。

この重要な情報を得た石井は、すぐに本国の加藤外相へ七月三〇日と三一日の二度にわたり、今回のバルカンでの争いが近いうちに主要列国を巻き込む大戦争へ発展する可能性が高いとの電報を送った。この石井電によると、ドイツ政府が連合国を対象に着々と開戦準備を進めている一方で、ドイツに対抗するためロシアや英仏も動員準備を開始しているという（『日外』大正三年第三冊、二四、一一九頁）。このとき関係各国に駐在する石井以外の大公使たちも、ヨーロッパ情勢の雲行きが怪しくなっていることを感じ取ってはいたが、より正確かつ迅速に開戦の情報を獲得した石井のインテリジェンス能力の高さは際立っていた。

ヨーロッパから遠く離れた極東に位置する日本にとっても、今次大戦のインパクトは決して小さなものではなかった。確かにバルカン半島の紛争そのものは日本にとって直接の利害を孕むものではない。にもかかわらず、日清・日露両戦争を通じ、帝国としての国際的地位を向上させていた日本の外交指導者たちにとっては、ヨーロッパの大国間戦争は対岸の火事ではありえなかった。

日露戦後期の日本は、日英同盟改定、日仏協商、三度の日露協約といった各種条約・協商を取り交わすことで、必然的に協商国（連合国）側へ与することになっていた。ゆえに今次大戦に伴う国際情勢の変化を敏感に読み取った元老の井上馨は、この大戦を「天佑」とみなし、日本としてはこの機に東アジアの権益拡大に乗り出すべきと考え、大隈内閣へ進言した（井上公伝記編纂会編『世外井上馨公伝』第五巻、三六七頁）。そして大隈内閣の加藤外相もまた、日露戦争以後に獲得した在外権益の維持・強化を図るために、その手腕を大いに振るうことになる。

加藤外交とその評価

大隈内閣で四度目となる外相の地位に就いていた加藤は、いかなる初期戦時外交を展開したのか。そもそも小村外交時代の加藤は、小村とは異なる外務省内スクールの中心的存在とみなされていた。だが加藤の外交指導は、日英同盟を日本外交の「骨髄」とみなす親英主義に特徴があり、小村のそれとも類似性があった。この点に関して、石井も加藤が小村や自身との間に共通性があると感じ取っていた。石井によると、加藤は小村の直系とも呼ぶべき外交家であるが、その加藤外交の要点は、日露戦争以降の日本の在外権益——とりわけ南満洲および遼東半島の権益——を確実なものとすることだった。そしてこの目的を円滑に達成するためには、イギリスという日本にとっての最重要パートナーとの協調が不可欠と位置づけられた。

その加藤が第一次大戦勃発に際し、いち早く日本の対独参戦を決行した背景には、列国との協調下で日本の在外権益の維持・拡張を進めるという狙いがあった。加藤はイギリスが同盟国との戦闘に参加するやいなや、日英同盟の「義務」ではなく、「情誼」を根拠とした対独参戦を主唱した。そしてイギリスのグリーン（William Conyngham Greene）駐日大使と事前協議を行い、イギリス政府から対独参戦への同意を得たうえで、八月一五日にドイツ政府へ最後通牒を送り、二三日に正式に対独宣戦布告を行った。この際、加藤は日本の対独戦の地理的範囲を東アジア・太平洋地域のドイツ領に限定することで、大隈首相を含めた閣僚たちの同意を得た。こうして日本は加藤外相のほぼ独力によって、連合国の一員として正式に第一次大戦の参戦国となったのだった。

加藤高明

対独宣戦布告を行った直後、日本の陸海軍は東アジア・太平洋地域におけるドイツ軍との戦闘を開始した。ヨーロッパでの戦闘に力の多くを集中させていたドイツにとって、東アジア・太平洋地域の軍事力は微々たるものにすぎない。そのため、日本軍は一〇月にドイツ領南洋群島（ミクロネシア）を占領、一一月にはドイツ東洋艦隊の根拠地であった山東半島膠州湾を攻略した。これらの軍事作戦はイギリス軍との共闘で実行されたが、実質的には日本軍の力によるところが大きかった。ゆえに山東半島も南洋群島も、攻略後の占領統治は日本の手で行われることになった。

東アジア・太平洋地域での軍事行動と並行して、加藤は辛亥革命で成立した袁世凱（えんせいがい）総統率いる中華民国政府との交渉準備も進めていた。加藤にとっての対中交渉の重点は、日本が日露戦争でロシアから獲得した遼東半島と南満洲鉄道等の租借期限が迫っていたことから、これを確実に日本の掌中に収めることであった。そこで政府は、これら租借地の期限延長に加えて、新たな要求事項を中国政府へ提示することになった。一九一五年一月一八日、本国から訓令を受けた日置益（ひおきえき）駐華公使より袁世凱政府へ、いわゆる対華二十一カ条要求が提出されたのである。

五号二十一カ条という多くの事項を盛り込んだこの対中要求は、日本の既存の租借地の期限延長や旧ドイツ領の継承のみならず、中国国内の混乱に乗じた内政問題に関する利権獲得をも含むものだった。そのため、中国側からの激しい反発や、欧米列国からも批判を呼ぶことになった。例えばアメリカのウィルソン（Woodrow Wilson）政権は、袁政権が要求を受諾した直後の五月一一日、門戸開放原則に反するいかなる要求も承認できないという主旨の第二次ブライアン・ノートを発し、対日不信をあらわにした（高原『ウィルソン外交と日本』三二頁）。さらに日本の同盟国イギリスにおいても、二十一カ条要求をめぐって新聞紙上などで対日不信が強まる状況になっていた（奈良岡『対華二十一カ条要求とは何だったのか』二一四～二一八頁）。

駐仏大使の任にあった石井は、二十一カ条要求に対するフランスの了解を取りつけるべく活動を展開した。民間の財界人らとの会談を通じて、石井はフランスの経済界が二十一カ条要求に関する日本の対中政策に好意的姿勢であることを感じ取った。この「親日」ムードは、フランスの政府当局も同様だった。石井はデルカッセ（Théophile Delcassé）外相との会談で、フランスは福建省に関する日本の要求については関心を寄せるものの、すでに一九〇七年の日仏協約でフランスの勢力範囲を認めていることからして、今回の要求内容に問題はないとする返答を得た（『日外』大正四年第三冊上巻、五九四頁）。これを石井は、フランスが中国における日本の主導的立場に理解を示したと受け取った。

石井にとって、日露戦争で獲得した在外権益を維持・拡大することを目的とした二十一カ条要求は、極めて正当かつ合理的な政策だった。ゆえにこれを実行した加藤の外交指導についても、石井は賛辞を惜しむことがない。いわば二十一カ条要求をめぐる加藤外交とは、かつて小村が築いた帝国日本の礎を強固にするものだった。ゆえに石井は、加藤外交を小村外交の継続かつ発展とも解釈するのである。のちに石井が加藤を小村に次ぐ優れた経綸家であると評したのは、このように加藤外交を小村外交の延長と位置づけていたために他ならなかった（『餘録』三六四頁）。

内閣改造と新外相就任

ところが石井のような高い評価とは裏腹に、加藤の独断的な政策遂行は、国内の一部から強い批判を呼んでいた。その加藤批判の急先鋒に立ったのが、井上馨や山県有朋ら元老だった。彼らは加藤が従来の慣例であった元老への外交文書の事前回覧を取り止め、代わりに事後報告のみ行うというスタイルに変更し、重要な外交問題を相談することなく次々と決定していくことに強い不満を抱いていた。

一方の加藤からすれば、外交の素人にすぎない元老たちに、事前に外交上の機密を伝えることは障害でしかなく、可能な限り政策決定過程から彼らを排除しなくてはならなかった。「外交方針は、外相の主義・政策に統一服令させねばならぬ」という加藤の強い信念は、必然的に元老との対立を深めていった（加藤高明伯伝編纂委員会編『加藤高明』上、六九九〜七〇〇頁）。

こうした加藤の元老に対する敵対的とも見える姿勢からは、外交政策決定過程に関する彼ならではの特徴を見出すことができる。つまり加藤は、元老や軍部といった多様な主体が外交政策に携わることで、むしろ日本の外交は錯乱したものへ陥る危険性を孕むと考えていた。また、立憲同志会という政党の指導者でもあった加藤にとって、外交政策の決定を元老らから切り離し、政党指導のもとで政策決定をすることは、政党内閣の確立のために望ましいことだった。いわば一九世紀イギリスの帝国主義や議会政治を理想とした、親英家（Anglophile）の加藤ならではの外交指導だったのである（Dickinson, *War and National Reinvention*, 245-247）。

加藤と元老の間には、政策決定の方法のみならず、政策の内容や国際認識においても大きな相違があった。上記のように、大戦を機に日本の在外権益を維持・拡大させる点では両者の認識は共通していたものの、日英同盟を基軸としてこれを推進する加藤と、日英同盟に特化せず地理的に近接するロシアとの協調でもって日本の権益を確実にしようとする井上らとは、政策論の点で明らかに異質だった。そして実質的に外交政策決定の権限を有する加藤の手で対独参戦や二十一カ条要求が決定されたのだが、後者をめぐって他の列国から批判を浴びたことは、元老たちによる加藤排除の動きを加速させることになった。
大隈内閣は八月一〇日、大浦兼武内相の疑獄事件（大浦事件）の責任を取る形で内閣改造を行った。事件の連帯責任と内閣総辞職を主張した加藤外相、若槻礼次郎蔵相、八代六郎海相がそれぞれ退任したことで、同志会は内閣から排除されることとなった。表面上は加藤らの辞任劇は大浦事件に関連したものとされたが、裏では元老たちの加藤外交への批判が高まった影響もあり、後任外相には同志会関係者以外から選出されることになった。

新外相の選出にあたり、大隈首相はまず珍田捨巳駐米大使を推薦した。珍田はかつて石井とともに小村外交を支えた実務肌の能吏であり、主要各国での駐在経験も豊富だった。加藤も珍田新外相案に同意したものの、珍田本人は国務大臣として活動できるような国内政治基盤を有していないことを理由に、この要請を固辞した。次に山県が本野一郎駐露大使を推薦したが、内閣側はロシアに近すぎることを理由に本野新外相案を退けた。そして第三の候補として挙がったのが、駐仏大使の石井であった。石井も珍田や本野に劣らぬキャリアを有したベテラン外交官であり、加藤からの推薦もあって石井新外相案が浮上したのである。

石井は加藤が自らを後任に推薦した理由について、対独参戦の際に日本軍のヨーロッパ派遣に反対したことが加藤に評価されたためではないかと振り返っている（久保田「石井子爵閑談録」第二回、五七頁）。大隈首相も加藤の案に同意し、パリ駐在の石井へ新外相就任の要請を行うと、石井はこれを受諾した。

こうして、大隈内閣改造によって加藤が外相の座から退くと同時に、石井が新外相に就任することになった。そして加藤の戦時外交も、続く石井新外相へと引き継がれたのだった。

第二節　連合国間関係の強化

ロンドン宣言加入問題

本国政府から新外相就任の要請を受けた石井は、条件として日本のロンドン宣言加入を提示した。大隈首相はこの条件を受け入れ、石井へ外相就任のためすぐに帰国するよう命じた。

ロンドン宣言とは、大戦勃発間もない一九一四年九月五日に英仏露三カ国間で取り交わされた対独単独不講和の確約である。これは連合国が緊密な共闘関係を維持することを目的としており、他の連合国の了承なしにドイツとの間で講和（停戦）を交わすことを禁じたものだった。

ロンドン宣言には法的義務が伴っていなかったが、石井はこれが連合国間の関係強化にとって重要な意義を有すると考えていた。そこで石井はロンドン宣言発表当時、本国の加藤外相に対して、日本もこれに加わるべきと提案した。だがロンドン宣言をめぐっては、石井と加藤との間に認識の相違があり、加藤は石井の提案を退けたという経緯があった。

そもそも石井がロンドン宣言加入を加藤に提案した背景には、目下イギリスとの間に同盟条約が存在するものの、仏露との間には協商しかなく、さらにヨーロッパの主戦場で連合各国軍と行動をともにしていない日本は、連合国内で不安定な立場に置かれているという危機認識があった。一九一四年秋頃には、フランス国内で日本軍のヨーロッパ出兵を要請する声も高まっており、その代償としてインドシナ半島におけるフランス植民地の権益の一部を日本へ譲渡することも厭わないといった意見も出現したほど、連合国の対独戦は苦境に追いやられていた（『外交随想』二〜四頁）。もっともイギリスの反対で日本軍のヨーロッパ派遣は実行されなかったものの、連合国の一員でありながら、ヨーロッパの主戦場でともに血を流さない状況は、日本を不利な立場に追いやってしまうことになりかねないと石井は懸念した。もし日本がロンドン宣言に加入せず、連合国の勝利で戦争が終結すれば、その後の講和会議で日本のみが連合国内で孤立することが予想される。したがって石井は、大戦終結後の日本の国際的地位を向上させるという狙いから、戦時中にロンドン宣言に加入しておき、連合国との関係を強化しておくべきと考えたのだった。

さらに石井は、ロンドン宣言加入で仏露との関係を強化しておくことは、両国の対独単独講和防止をより確実にし、大戦後の東アジアにおけるドイツ勢力を縮小させることにもつながると考えていた。もしロシアがドイツとの間に単独講和を取り交わす事態となれば、東アジアにおいて日本は独露二カ国と対峙しなければならなくなる（『回想斷片』二六〜二七頁）。こうした様々な要因を考慮したうえで、石井は日本のロンドン宣言加入を強く希望したのだった。

だがこの石井の提案は加藤外相の同意を得ることができなかった。加藤がロンドン宣言加入に否定的だったのは、仏露ら他の連合国との関係が深まることへの懸念があったためだった。日英同盟を日本外交の「骨髄」と考える加藤にとって、ロンドン宣言加入で日本と仏露との関係が強化されれば、肝心の日英同盟の効力を弱めることになりかねなかった。日英同盟がまるで「ウィスキーを水で割りすぎる」かのような状態となることを恐れた加藤は、イギリス以外の国との関係強化は危険な政策でしかないと考えたのだった（加藤高明伯伝編纂委員会編『加藤高明』上、六六二頁）。

また石井の懸念する大戦後の講和会議における日本の立場の保障という点についても、加藤はすでに日英同盟が存在している以上、パートナーであるイギリスが仏露とロンドン宣言を発したことで、日本も両国と同様の関係を築いていると解した。そのため、石井の提案は「諒解し難い」と退けられ、この時点での日本のロンドン宣言加入は見送られることになった（『餘録』一一六〜一一八頁）。

結局、石井の提案は採用されることにならなかったが、石井の懸念——連合国内で日本のみが孤立する状況——は、戦争が長期化するにつれて深刻さを増していった。特に対華二十一カ条要求をめぐり、イギリスからさえも対日批判の声が挙がるようになると、石井はますます日英同盟のみに頼ることの危険性を実感するようになった（田中「日露協商論」三五〇〜三五一頁）。

そこで石井は、一九一五年二月一一日にデルカッセ外相と会談した際、日本のロンドン宣言加入についてのフランス側の見解を求めた。だがデルカッセからは、フランス政府としては日本のロンドン宣言加入に向けて動くことはできないという消極的な反応しか得られなかった。

フランスからの理解は得られなかったが、大戦後を見据えて日本の国際的地位向上を狙う石井にとって、日本のロンドン宣言加入は念願でもあり、決して諦めることはできない。裏を返せば、石井はそれほどに当時の日本の国際的立場の低さを痛感し、その改善を必要としていたのだろう。そして今回、内閣改造によって新外相就任の要請がなされたことで、石井はこの持論を実現するまたとない好機を得たのだった。

幣原喜重郎の抜擢

新外相就任にあたって帰国する直前、石井はオランダ公使の幣原喜重郎に外務次官就任を要請した。八月一八日にその依頼電報を受け取った幣原は、早くも翌日に受諾の返答をし、石井と同様にヨーロッパの地から帰国することになった（幣原平和財團編『幣原喜重郎』八八頁）。

石井が幣原に次官就任を依頼したのは、両者の長年にわたる関係性があったためと考えられる。それは一八九六年、石井が仁川領事の地位にあった当時、入省したばかりの幣原が外交官補として赴任してきたときに始まる。このとき石井は幣原のために祝いの宴席を設けて歓待した。石井も決して酒に弱かったわけではなかったが、幣原は石井を圧倒する酒豪であり、その様子を見た石井はとんだ奴が来たものだと大いに驚いた。

だが実際に仕事をともにするようになると、石井はすぐに幣原の非凡さや熱心な仕事振りを知ることになった。特に幣原の高い英語力には石井も舌を巻き、称賛を惜しまなかった。一方の幣原も、石井から熱心に面倒を見てもらったという感謝もあり、六歳年長の石井へ尊敬の念を寄せていた。のちに幣原の仲人を務めたのも石井だった（幣原平和財團編『幣原喜重郎』二九〜三〇、四五頁）。こうして両者は互いに敬意を寄せ合う親しい間柄になった。そして第一次大戦期までには、二人は外交官として豊富な国際経験を積み上げていき、日本外交に欠かせない人材へと成長を遂げていた。

ただ石井と幣原には、外交指導者として共通しない点もあった。周知のように、第一次大戦後の幣原は、憲政会および民政党内閣で外相を務め、「幣原外交」と呼ばれる安定した国際協調の時代を築いた。その幣原は、おそらく石井以上に第一次大戦前後の国際秩序の変化を敏感に察知し、巧みに対応しようとした。幣原が石井のあとを継いで駐米大使に就任し、全権委員としてとしてワシントン会議（一九二一〜一九二二年）に参加した際、他国との協調を志向して日本軍のシベリアおよび山東半島からの撤兵や、石井・ランシング協定の廃棄にも反対しない姿勢をとったことは、石井との大きな差を示している（ニッシュ『日本の外交政策』一五二頁）。このときの幣原の姿からは、中国への内政不干渉を徹底的に排し、主要列国——とりわけアメリカ——との協調下で既存の在外権益を保持しようとする狙いが読み取れる。

対米協調の重要性そのものは石井も認めるところである。だが幣原は、石井よりも大戦の前後にかけて、アメリカが日本にとってヨーロッパ列国を圧倒するほどのプレゼンスを有するようになったとみなした。それゆえ幣原外交の時代には、徹底した対米協調と国際条約遵守に基づく外交が展開されることになった。それは小村寿太郎やその影響下にあった石井や加藤らとは異なる世代の、新たな外交指導者の姿であった。

幣原喜重郎

新ロンドン宣言の成立

さて、石井は外相就任のための帰国途次、パリでデルカッセ、ロンドンでグレイ（Edward Grey）と、英仏の両外相と会談を行った。会談の目的は、日本のロンドン宣言加入に対する英仏からの同意を取りつけることだった。特に日本の同盟国であるイギリスがこれに同意すれば、フランスとしては反対の理由はなくなるはずだった。ゆえに石井は、とりわけグレイとの会談で熱心に日本のロンドン宣言加入への了解を取りつけるべく、説得を行った。

ロンドンでの石井とグレイの会談は約八〇分に及んだ。かつて日本のロンドン宣言加入に対して積極的な意義を見出していなかったグレイだったが、大戦から一年が経過したこの時期には、イギリスの置かれた環境も大きく変化していた。当初、半年内に終わると見込まれていた戦争は、すでに一年以上が経過したにもかかわらず、敵国ドイツの勢いは依然としてとどまるところを知らない。連合国はドイツに苦戦を強いられる状況が続いており、戦闘は長期化の様相を呈していた。そのため、イギリスとしては日本にこれまで以上の協力を求める必要が生じていた。そこで会談の中で石井から提示されたロンドン宣言加入案は、イギリスからすれば日本を本格的な連合国の一員に押し上げ、共闘関係を強化する上でプラスに機能すると考えられた。ゆえにグレイは、石井の提案を全面的に支持する返答をなした（『日外』大正四年第三冊上巻、二二一～二二三頁）。グレイとの会談を終えた石井は、その結果をすぐに本国の大隈首相へ伝え、自身が帰朝するまでの間に、他の各国政府と事前交渉を進めておくよう依頼した。

一〇月一三日、石井は無事日本へ到着、早速ロンドン宣言の調印に向けて動き出した。石井の帰国前、すでにロシア政府からは日本の加入への同意を取りつけていた。そして一八日にフランス政府からも同様の回答がなされたため、日本のロンドン宣言加入は正式決定した。さらに遅れて連合国に加わったイタリアも参加することになり、一一月三〇日に新ロンドン宣言が調印されたのだった（『日外』大正四年第三冊上巻、七六～七七、九三～九四頁）。

この成果もあってか、石井の外相辞任後の一九一七年二月には日英仏露伊五カ国間で秘密協定が締結された。この秘密協定では、他の四カ国から中国山東半島における旧ドイツ権益の継承に関する日本の主張が認められることになった。まさに石井が計画したように、ロンドン宣言加入が大戦後の日本の在外権益を拡大させるために機能した瞬間であった。ところが実際に大戦が終結すると、ロンドン宣言に加わらなかったアメリカが講和会議を主導したことによって、日本の主張は部分的にしか認められなかったことは、歴史の皮肉とでもいうべきだろうか。

さて、新外相として早々に念願のロンドン宣言加入を果たした石井ではあるが、むしろこれからが新外相としての本番である。ロンドン宣言はあくまで連合国間の共闘関係を目的とした誓約にすぎず、具体的にどのような形で連合国間関係を強化するのか、そして日本の戦果をどのような形で他の連合国に承認させ、国益伸長につなげるのかは、石井新外相にとっての次なる課題だった。

連合国間関係の変化

石井が外相に就任する一九一五年一〇月から翌年にかけ、ヨーロッパの連合国関係に重大な変化が見られるようになる。同盟国側との激しい戦闘は依然として終結の兆しを見せず、特に一九一六年初頭のガリポリ作戦の最終的撤収（一月）、ヴェルダン攻防戦の開始（二月）などに象徴されるように、さらなる戦闘の激化・長期化に見舞われるようになった。そこで連合国内には、対独戦線の統一と強化という軍事レベルのみならず、経済レベルでの提携を目指す声が挙がるようになっていた。

例えばイギリスでは、一月の下院で戦時および戦後の経済政策問題に関する激しい論戦が交わされたが、その背景には同盟国がベルギーやオランダらの中立国を自陣営に組み込み、経済的な併合に乗り出すのではないかという脅威論があった。加えて、もし連合国が今次大戦で勝利したとしても、状況次第では同盟国側がすぐに態勢を立て直し、連合国への復讐戦に乗り出すかもしれないという恐れもあった。こうしたイギリス国内に根強く存在する対独脅威論は、戦局の悪化によって一層高まると同時に、他の連合国とのより強固な連携を要請するようになっていたのである。

いうまでもなく、戦争は国家の財政を賭した大事業である。戦時中は自国の安定した財政維持はもちろんのことながら、敵国の財政を圧迫することにより、戦局の優位を図らなくてはならない。戦争が長期化するにつれ、英仏両政府には、総力戦（total war）を想定した構想を打ち出そうとする動きが顕著になっていた。戦闘員・非戦闘員を問わず、国内のあらゆる資源を動員する総力戦においては、国民の戦争に対する継続的な支持が必須となる。ゆえに交戦各国の指導者たちは、国民へいずれ訪れる終戦の展望を示さなくてはならないことを痛感するようになっていた（秋富「二〇世紀における「自由貿易帝国主義」」一七二頁）。

こうした思惑に基づいて、連合国は一九一五年二月の第一回英仏露三カ国蔵相会議、同年九月の第二回会議、翌年七月の第三回会議と、段階的に大規模な経済連携を模索するようになっていた。これら一連の経済通商問題をめぐる連合国間会議の狙いは、大戦後をも見据えての保護主義的かつ重商主義的な国際経済秩序を構築することであった。そして一九一六年に開かれた連合国外交会議および経済会議は、そうした連合国間の協調に基づく新たな国際経済秩序構築を一層具体化する試みと位置づけられるのである。

連合国外交会議

こうした連合国内の戦時経済政策に特徴的なのは、大戦後を見据えた新たな国際経済システムを構築しようとする点にあった。そしてその中心的役割を果たしたのは、関税政策の改革による斬新な経済通商政策論を打ち出したフランスだった。特にフランス政府内の経済革新論者だったクレマンテル（Étienne Clémentel）商務大臣は、連合国間協調による通商政策の改革を構想していた。

クレマンテルは、今次大戦は連合国と同盟国のいずれかが完勝・完敗に終わることはないと想定した。それゆえ、たとえ連合国が勝利を収めたとしても、大戦後のドイツは依然として高い経済力を維持し、連合国との間の「経済戦争」は不可避となる。こうした近未来の情勢に備えて、連合国は対独共闘によって生まれた協調や団結心を基にした「連合国経済ブロック」を構築し、原材料の国際共同管理や特恵関税の相互付与といった通商政策を実現させなければならないと考えた。そこでクレマンテルは、経済通商問題を議題とする国際会議の招集を連合国各国へ要請した。

一九一五年一二月、フランス政府はまずイギリスを、「大戦に起因する経済問題」を議論するためのパリ会議に正式招致した。このときクレマンテルが作成した議題案は、①敵国との貿易禁止に関する法律、②連合国同士の互恵的援助を伴う輸出禁止の規制、③通常の貿易再開に向けて必要な組織を再編成するために連合国がとるべき政策、④連合国をドイツに対するいかなる経済的依存からも最大限に解放するための政策、だった。上述した対独脅威論に悩まされるイギリスは、戦時の連合国間の経済通商関係を強化すべきとのフランスの構想に同調するようになった。

一九一六年二月一六日、フランスから日本に対して正式な会議参加の要請がなされた。フランスとしては、東アジアにおけるドイツの経済権益や経済活動を効率的に破壊するための十分な協力を行うためにも日本の参加を求めたのだった。

フランスから要請を受けた大隈内閣は、すぐさま会議参加を閣議決定した。日本が今回の会議の目的に据えたのは、大戦後に連合国と同盟国間で経済闘争が発生した場合を想定し、日本が国際的に孤立することを避けるというものだった。そして三月七日、日本政府はフランス政府へ会議参加の返答を行った。

経済会議開催を前にして、フランスはその準備のための連合国外交会議開催を各国へ伝えた。この外交会議での議題は、軍事・外交・経済の各領域で連合国間の関係強化を図り、そのための一般条件を検討することとされた。日本政府はこの連合国外交会議の要請にもすぐに参加の返答をなし、政府代表には松井慶四郎駐仏大使を任命した。

石井外相から松井大使へ伝えられた電訓を見ると、日本の連合国間の協力関係強化に対するやや消極的な姿勢が見てとれる。そこでは、日本政府はこの会議の目的や性質を正しく理解していないものの、他の連合国との意思疎通を円滑するように取り計らうよう指示が与えられた。さらに、もし会議中に他の連合国が日本に何らかの具体的援助を求めてきた場合には、陸海軍ともに現状より踏み込んだ軍事行動——すなわちヨーロッパへの派兵——をとる意思はないことを前提として、要求に対処するよう指示がなされた。おそらく石井をはじめとする政府閣僚にとって、他の連合国から過剰な軍事的負担を強いられることへの懸念があったのだろう。この会議に際しての日本政府の姿勢からは、軍事面のみならず、連合国間での新たな国際経済・通商制度の構築に対して及び腰であったことが見てとれる。

さて、パリでは予定どおり、三月二七日から二八日にかけて連合国外交会議が開催された。会議では、英仏の兵器製造能力がドイツのそれに遅れている状況を打開するため、連合国間の一層の関係強化を実現すること、具体的には連合国による対独墺経済封鎖を強化することが議論された。またドイツとの苦戦を強いられていたロシアにとって、他の連合国からの即時の援助は急務の課題とされた。そこで日本に対してロシアへ与えうる援助を実施するよう要望がなされると、松井代表はすでに日本は大砲から小銃に至るまで相当量と額の兵器援助をロシアへ行っていると説明し、これ以上の援助については難色を示した。松井は石井の訓令に従い、さらなる負担を強いられることを回避したのだった。

会議最終日に発表された決議文では、連合国間の軍事行動の統一と強化が確認された。決して具体的な成果が得られたわけではなかったが、将来的な経済レベルの連合国間協力を検討するうえでの重要な前提となったといえる（伊藤「一九一六年連合国巴里経済会議とロシアの通商政策（中）」九頁）。実際にこの決議では、連合国の経済政策を統一するための常設委員会をパリに創設することも決定した。

連合国経済会議

一九一六年に入り、戦局が連合国にとって好転しつつあったことは、今回の経済会議を開催するうえで好都合だった。六月にはロシア軍によるブルシーロフ攻勢が効果をあげるようになり、東部戦線は立て直しの兆しを見せつつあった。一方の西部戦線ではヴェルダン攻防戦が依然として継続していたが、ドイツ側の被害も甚大になっていた。こうした戦況下で、連合国は大戦後を見据えた経済関係強化を具現化するための連合国経済会議を開催することになった。

フランス政府は四月一〇日、連合国外交会議で決定した敵国への物資補給防止の手段を具体化するための国際常設経済委員会をパリに設置する旨を日本へ通知した。同時にこの常設委員会には、日本からも代表を派遣するよう要請がなされた。こうして、新ロンドン宣言発表以来の連合国の協力関係は、軍事面にとどまらず、外交や経済面における協同という新たな段階に入ろうとしていた。

大隈内閣は連合国経済会議への参加にあたり、元東京市長の阪谷芳郎（さかたによしろう）らを代表として派遣することを決定した。阪谷は蔵相経験もある通商問題に明るい人物であり、国際的な知名度も高く、今回の会議の代表にうってつけと考えられた（故阪谷子爵記念事業會編『阪谷芳郎傳』三九九頁）。

阪谷一行がパリに到着すると、すでに英仏ら主要連合国代表の間で主要な議題と結論が決定していた。クレマンテルは到着間もない阪谷一行の宿泊するホテルへ赴き、会議開催前に議題の中身について事前交渉を行った。このときフランスからなされた提案とは、戦時中の敵国との通商の禁止、および大戦後の独墺両国とその影響を受けた国々に対して通商上の封鎖を実施するというものだった。だが阪谷らは連合国との協調を重視しつつも、同盟国への強硬な通商政策を実施するにはより十分な研究が必要であるとし、留保付きで同意した。

日本代表団がフランス案に消極的姿勢を示したのは、中国の扱いに関する警戒があったためである。フランス原案によると、この会議での決定事項は連合国とその植民地や保護国のみならず、中立国にも適用されるとなっていた。だが日本としては、中立国の中国を適用範囲に加えることには、自国権益の関係から認めることができなかったため、上記の留保を施す決定をしたのだった（「阪谷芳郎関係文書」）。

六月一四日に連合国経済会議が始まると、予定どおり大戦中後の連合国間経済協力問題が話し合われた。とはいえ、すでにフランスが中心になって参加国間に根回しがなされていたことから、会議は数日のうちに滞りなく終結した。この会議の決議は、①戦時に対する措置、②連合国の商業・工業・農業・海運業の回復期における応急手段、③連合国間における共助および協力の永久的措置、に加えて結文と四つの秘密協定から成る長文となった。結果、この会議では連合国と中立国の間の交易条件は対等に扱われるといった日本の事情を考慮する内容も盛り込まれたが、具体的政策に関しては各国政府の裁量に委ねるとされた。つまり、各国は関税政策を採用してもしなくてもよいという、それぞれの自律性が尊重される内容となった（秋富「二〇世紀における「自由貿易帝国主義」」一七五頁）。これゆえ、決議は法的拘束力のない限定的効果しか持たないものに終始した。

このように、石井を含めた日本政府および代表団の国際経済・通商問題に対する姿勢は、抽象的な連合国間の協調以上の貢献を行うことに消極的だったことが明らかだった。それはこのときの日本政府の連合国経済会議に対する関心は、大戦後の国際経済・通商システムを再編成することへの貢献よりも、現在進行中の通商案件を処理することに向けられていたことを意味した（藤井「連合国経済会議（一九一六年）と日本」四五～四六頁）。日本の経済通商政策の主たる関心は、連合国との協調に配慮しながら、いかにして中国における自国権益を維持・拡張するかにあり、ひいてはアジア・太平洋における自国の国際的地位の向上にあったといえるだろう。

第三節　革命中国への対応

辛亥革命

このように、石井の外相就任以来、日本政府はロンドン宣言加入で連合国との共闘関係を強化しながらも、具体的な経済通商面で負担を強いられることには消極的だった。それは石井をはじめとする政府首脳たちの間に、日本が現状よりもさらなる戦争協力に対する恐れがあったためだった。

対照的に、日本が直接の利害を有する中国問題については、むしろ連合国をリードする形で推進することになる。この石井外相期の対中政策を見るために、まずは大戦前に発生した中国の辛亥革命にまで時計の針を戻そう。

第一次大戦以前の中国は、革命による激しい動乱期にあった。日清戦争で敗北して以降、列国に侵食される清朝政府は、一九一一年末からの辛亥革命で倒れ、新たに中華民国が誕生した。これはアジア地域で初となる共和制国家であり、チベットやモンゴルまでをも包括する多民族国家であった。しかし、この新中国は建国から間もなくして国内統治上の困難に直面した。当初は孫文が臨時大総統の座に就いたが、一九一二年二月からは清朝時代に軍人だった袁世凱が後継となり、強力な中央集権国家の確立を目指した諸政策を実施していくことになる。

その一環として、袁は政権の座に着くと直ちに政治体制を帝制へ移行することを国内外に宣言した。これに対し、袁政権への反対勢力が国内各地に現れ、袁政府との間に長期に及ぶ激しい闘争が繰り広げられることになった（川島ほか「中国をめぐる国際秩序再編と日中対立の形成」九二〜九四頁）。特に一九一三年半ば以降、中国各地で蜂起が頻発し、北京政府から独立する動きが活発化した。第二革命と呼ばれるこの動乱に、袁総統率いる北京政府は軍事力を用いた弾圧に乗り出した。その結果、革命派の孫文、黄興、胡漢民、李烈鈞らが北京政府軍に敗北し、第二革命は終結を迎えた。

一連の中国の動乱に、当時の第二次西園寺公望内閣は迅速な対応を迫られることになる。従来の日本は、日英同盟を基礎とした対中政策を推進していたが、清国の立憲君主制への移行を促す日本に対して、イギリスは清朝政府に見切りをつけて官軍と革命軍との斡旋に乗り出そうとしていた。革命への対応をめぐり、日英間に大きな差があることが露呈した。

そうなると日本国内では、従来の日英同盟のみに依存した外交を推進することへの疑義が呈されるようになる。また大陸政策にとって障害となりつつあったアメリカを牽制するためにも、日本と同様に満洲に権益を有するロシアとの協調が積極化した。一九一二年七月八日に締結された第三回日露協約は、こうした日英同盟への懐疑と対米牽制という思惑を反映したものだった。同協約は秘密文のみで構成されていたが、その適用範囲が内蒙古にまで拡大され、西部をロシアが、東部を日本がそれぞれの勢力範囲と認め合うことになった。

袁世凱

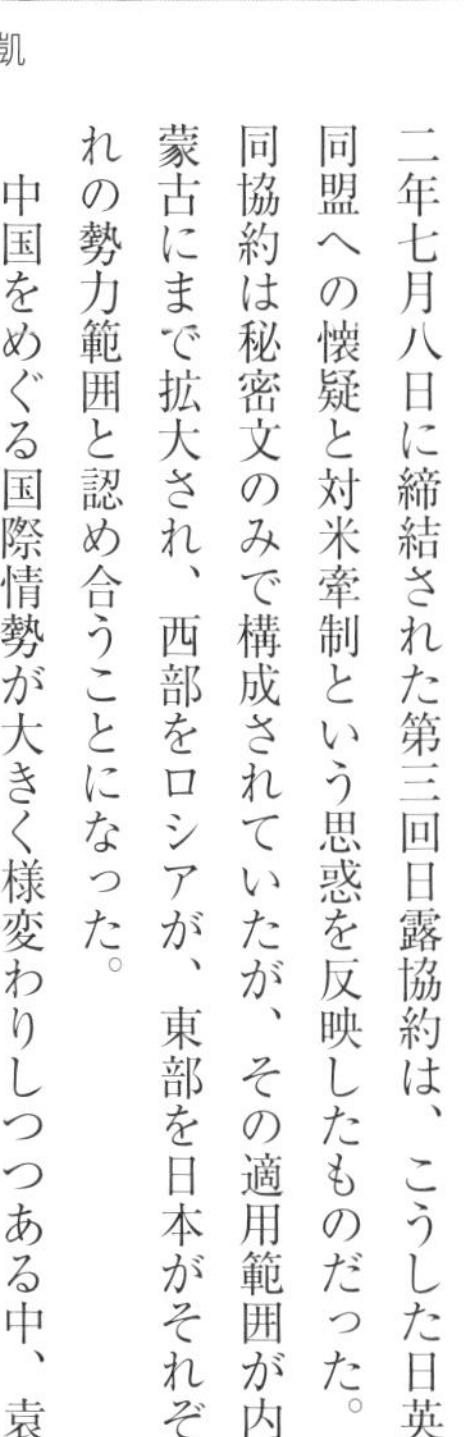

中国をめぐる国際情勢が大きく様変わりしつつある中、袁世凱は自らの権力強化による国内統一を本格化させた。中国

に様々な権益を有するヨーロッパ列国が、自国領域で戦争状態に突入したことは、袁政権にとって好機となった。第一次大戦勃発で、袁政権はヨーロッパ列国からの干渉を逃れ、独自に政治体制の再編に乗り出したのである。それが一九一五年半ばから翌年初めにかけて浮上した袁世凱帝制問題である。そして石井は外相就任と同時に、この動乱中国の問題に取り組むこととなった。

帝制運動への初動対応

石井の外相就任以前、日本国内には中国国内の混乱を利用し、同地における自国の影響力を高めようとする勢力が存在した。大隈内閣の閣僚であった尾崎行雄司法相はその急先鋒であり、かねてから排袁政策を主張していた対外硬派の一人だった。尾崎の考えでは、袁が帝位に就けば中国の混乱は一層の激化が予想されるため、日本が他の連合国を誘導する形で袁に帝制移行の中止を強制することが望ましかった（尾崎『近代快傑録』二二五～二二六頁）。この尾崎の認識に従う形で、大隈内閣は袁政府へ帝制中止を申し入れる決定をした。なお石井がこの決定の報告を受けたのは、外相就任のための帰国途次の船上だった。ゆえに石井は、外相就任時から大隈内閣の方針を追認しなければならない立場に置かれることになった。

その石井が袁帝制問題にいかなる認識を有していたのかは、石井自身が明確に語っておらず定かではない。だが帰国後の一〇月一四日に開かれた閣議では、日本として帝制移行に反対する旨の決定がなされているが、これに石井が明確な反対を示した形跡が見られないことからして、おそらく石井は帝制移行の中止勧告を行うことにさほど否定的ではなかったと思われる。

むしろ石井にとって重要なのは、混乱する中国問題をめぐって、いかにして他の列国と共同で対中勧告を行うかという点にあった。つまり、中国問題は日中二国間以上に、列国との綿密な調整が必要であるため、他の連合国やアメリカと共同歩調をとるべく、これらとの折衝に重点が置かれたのである。そして主要列国の関心がヨーロッパ大戦に向けられている状況下で、中国問題に関しては日本が主導的立場をとらねばならないことは明白だった。ゆえに石井新外相を迎えての今回の閣議決定は、日本が中国問題をめぐる欧米列国との関係において主導的立場を明確にしようとした点に特色があったといえる（北岡『日本陸軍と大陸政策』一八四頁）。

帝制中止の共同勧告

閣議翌日、石井はイギリスのグリーン大使と会談し、帝制問題に関する意見交換を行った。石井はグリーンへ、中国の政治体制を変革することは望ましくないとの見解を述べたうえで、日英仏露の主要連合国にアメリカを加えた五カ国が共同して、袁政権の帝制移行を阻止するべきと語った（*BDFA*. vol. 2. 84-85）。

この後、日本政府は正式に関係各国に対し、共同で帝制延期勧告を行うことを提案した。北京駐在の公使たち、特にイギリスのジョーダン（John N. Jordan）駐華公使や日本の小幡酉吉（おばたゆうきち）駐華臨時代理公使らは、列国共同による勧告は袁政権の権威を失墜させ、中国国内にさらに激しい混乱を招くとして反対した。だが石井はこうした反対意見に、中国の混乱で最も不利益を受けるのは日本であるため、ここで何の予防的措置も取らないことは責任逃れであり、今回の共同勧告もあくまでこうした危険を除去するための措置であると反論した。こうして石井は、原則としての内政不干渉を標榜しながらも、各国の既得権益を侵害しかねない帝制移行に反対の立場を明確にしたのであった。

日本の共同勧告案に最も前向きな反応を示したのは、同盟国のイギリスだった。イギリスは上述のジョーダン公使を例外として、本国の政府や外交当局は大戦によって中国問題に関心を払う余裕がなく、また従来から帝制移行に消極的だったことも影響して、日本に追随的な態度をとるようになった。ロシアは帝制移行に反対したものの、日本の提案に対して明確な反応を示さなかった。またフランスは内政不干渉と返答しただけで、アメリカの立場はこの時点で不明確だった。こうした各国の反応を受け、日本としては内政不干渉の原則をより明確にするため、共同勧告の目的を「東洋平和」実現のための措置である旨を強調することとした。

他方、連合国の戦闘相手であるドイツは、早々に帝制移行を支持する意思を示した。これにより、連合国側の動きも活発になった。もしドイツの後押しを受けて袁政権が帝制移行に踏み切れば、中国における各国の権益は不安定化する恐れがある。特に日本と同じく、中国に多大な権益を有するロシアは、このドイツの意思表明を深刻に受け取り、日英両国とともに共同勧告に加わることを表明した。

こうして日本が呼びかけた共同勧告案に英露両国が加わったことで、三カ国の駐華公使たちは一〇月二八日に陸徴祥(りくちょうしょう)外交総長を訪ね、帝制実施延期を勧告した。直後、フランスとイタリアも同様の勧告を行ったため、連合国共同の帝制延期勧告が現実となった。だがドイツは依然として帝制移行を支持し続けており、また中立国のアメリカは共同勧告が内政干渉にあたるとしてこれに加わろうとしなかった。そのため日本政府としては、次なる策として、袁政権がこのまま共同勧告を無視して帝制移行を強行した場合の対処法を講じることにした。

石井は陸宗輿(りくそうよ)駐日公使と会談し、改めて帝制移行実施の意思を問うた。だが陸公使からの返答は、帝制移行問題について日本と議論をするつもりはないという素っ気ないものだった。そして北京の袁政府からも、すでに宣言した段階で帝制移行を中止することは、かえって中国国内の混乱を招き、日本のいう「東洋平和」に反するという回答がなされた。

石井は袁政権へさらなる圧力をかけるべく、小幡臨時公使を介して陸外交総長に、共同勧告を受け入れるか否かの明確な回答を求めた。この日本側の強硬な姿勢に直面し、陸は年内の帝制移行は行わない旨の返答をした。そして袁政権は、日英仏露各国政府に向けて年内の帝制移行実施の中止を通達した。

袁政権にとって、主要列国からの共同勧告を正面から退けることは困難だった。袁は政権運営に欠かせない行政費の多くを関税収入や塩税収入の外債担保の負担譲与に依存していたが、これらは借款国からの支持がなくては成り立たない。つまり袁政権としては、自らの政権を維持するためにも、そして国内の反袁勢力との対決を継続するためにも、日本をはじめとする連合国との協調は死活的に重要だったのである。

帝制延期の通知を受けた石井は、袁政権の帝制移行中止宣言に満足の意を示した。そしてイギリス政府に、帝制移行が再開された場合の日英共同対応について了解を求めた。イギリスではグレイ外相がこれを受け入れ、大戦終結までの間、袁政権が帝制移行を延期するよう日英両国で働きかけることを約した。これを受け、石井は袁政権が帝制延期の宣言を確実に履行するためにも、対中借款は帝制中止が確実になった段階から再開するべきとの見解をグレイへ伝えた。

帝制運動の終焉

一二月一四日、石井は再び陸公使と会談した。陸から日本政府はいつまで帝制延期を希望するかと質問がなされると、石井はヨーロッパ大戦が翌年三、四月頃に終結することが予想されるため、しばらくは様子見をすると曖昧に返答した。この会談後、日本政府は英露に対して、日本としては今後三〜四カ月の間、中国で激しい動乱が起こらなければ帝制中止勧告は成功したものと判断すると伝えた。

しかし石井と陸との会談と並行する形で、袁が帝制中止勧告を振り切って帝制実施宣言を行ったため、再び中国国内に激しい反発が巻き起こった。一二月二五日、雲南省は袁政府からの独立宣言を発し、同地駐屯の約二万人の護国軍が蜂起、北へ上った。第三革命の勃発である。

この大規模な反袁勢力による軍事行動は、北京の袁政府を恐怖させた。袁としては、帝制延期が国内の反袁勢力に有利な環境を与えてしまったと考え、打開策として帝制再宣言を発したはずが、かえって大きな反発を招いてしまったのである。そこで陸外交総長は、日英両政府へ年明けの帝制移行を承認するよう求めた。

陸公使は石井から帝制実施への同意を得るため、秘密裏に交渉を行った。だが石井は、帝制承認には他の連合国政府との交渉が必要になるとして、明確な回答を避けた。

結局、年内の帝制承認は叶わなかったものの、袁政権側は早急に日本から同意を獲得する必要があった。そこで日本へ特使を派遣することで、日本の皇室と交流を図り、両国関係の親善をアピールしようとした。しかし石井は依然として帝制反対の立場を貫き、特使を受け入れない旨の返答をした。袁の独断的な帝制宣言は、日本国内の反袁ムードをさらに高めることになっていたが、これが石井ら政府の帝制延期勧告を後押ししたのだった。

年が明け一月一九日、大隈内閣は臨時閣議を開いた。ここで改めて帝制不承認の立場を確認し、英仏露伊の四カ国にも同様の立場をとるよう促す決定がなされた。さらに三月七日の閣議では、「支那目下の時局に対し帝国の執るべき政策」を策定し、明確に排袁政策をとること、そして袁に代わる新たな要人を中国政府のトップに据えるよう働きかけるといった方針が定められた。これにより、日本は従来以上に強硬な排袁政策が既定路線となり、袁はいよいよその地位を危うくした。

こうして日本の姿勢は袁の帝制移行実現を阻み、袁は失意のまま六月六日にこの世を去った。袁没後、石井は黎元洪（れいげんこう）副大総統の身を保護するよう日置公使へ訓令し、黎の組織する新政府のもとで中国の治安を回復し、日中親善の確立を目指すこととなった（山本編『寺内正毅関係文書』六一五頁）。

このように、石井は外相として他の連合国を主導しながら、袁の帝制移行を中止させることに成功した。繰り返しになるが、石井は北清事変の経験以来、中国問題の処理方法は中国政府よりも欧米列国との交渉に重点を置くこととしていた。外務次官時代に辛亥革命に遭遇した際は、新政府承認問題をめぐって他の列国に先んじて判断することを避けたように、常に日本独自の行動を避け、欧米列国との共同歩調をとることを優先していた。だが第一次大戦の発生で列国の関心が中国から逸れると、石井はこれまでとは異なり、列国をリードする形で中国問題の処理にあたった。それは日本と欧米列国との協調を重視することと同時に、大戦後を見据えた日本の国益伸長や国際的地位向上に結びつけようとする狙いがあったためと考えられる。

その一方、袁帝制問題をめぐる石井の外交はすべてが思いどおりになったわけではない。確かに他の連合国との関係を見れば、石井は帝制反対を共同勧告で行うといった綿密な根回しを行いながら、巧みにこれらを日本に有利な方向へリードしたといえるだろう。だが内政不干渉原則にこだわる中立国のアメリカは例外だった。アメリカは結局のところ、共同勧告には加わらず、帝制問題に表立った関与をしなかった。石井がこうしたアメリカの態度をどのように見ていたかは史料からはわからない。が、アメリカからすれば、日本の中国に対する野心こそが共同勧告の原動力であり、それは内政不干渉原則はもちろんながら、門戸開放や領土保全など、従来からアメリカが提唱していた原理にも反するととらえられた。日露戦争以降、中国問題をめぐって幾度となく認識の相違を目の当たりにしてきた日米両国だが、ヨーロッパの主要列国が激しい戦闘を繰り広げている中、こうした認識ギャップは一層大きくなっていった。したがって次章で論じるように、アメリカとの間に横たわるこうした認識の相違をいかに改善していくかは、石井にとっての次なる外交課題になるのだった。

第四節　日露同盟問題

日露同盟案の発端

石井の外相期とは、戦時期日本の対列国・対中政策にとっての重要な分岐だった。上述したいくつかの国際会議や多国間外交の形でも表出していたが、何より石井が持論としていたロンドン宣言加入以降の対列国関係は、一九一五年末から新たな段階を迎えることになった。それが対露関係再編の試みであり、最終的には日露間の軍事同盟を盛り込む第四回日露協約の成立（一九一六年七月調印）に至る。この第四回日露協約は、日露関係史上、初の軍事同盟という画期的なものであり、その意義は決して小さくはない。しばしば日露戦争後からこの第四回日露協約締結までの期間を、日露関係史上の「例外的な友好」と称される所以である（吉村『日本とロシア』一～二頁）。

この重要な外交問題をめぐり、石井が外相としていかなる対応をしたかを見る前に、第一次大戦勃発以前から浮上していた日英露（仏）の多国間同盟問題について簡単に触れておく必要があろう。

日露戦争後の満洲問題をめぐり、日本はアメリカとの間にしばしば対立的様相を帯びていた一方、ロシアとの間では満蒙地域の勢力圏を分割し、相互承認するという宥和路線へ転換していた。その背景には、日露戦争敗戦で東アジアにおける軍事力が著しく減退したことから、ロシアでは対日宥和路線による満蒙地域の安定化を志向するようになっていたことがある。ロシア政府内でこの対日宥和路線を主導したのがイズヴォリスキー（Alexander P. Izvolsky）とサゾーノフ（Sergi D. Sazonov）の両外相であり、彼らのもとで日露戦争後のロシア外交は、東方では対日宥和でもって既得権益を保護しつつ、西方のバルカン半島や中央アジアへ関心を向けるものへ変化していた（ジョル『ヨーロッパ一〇〇年史』二二九～二三〇頁）。

第一次大戦勃発直前になると、ロシアは日英両政府に対し、日英露の三カ国間に同盟条約を締結することを申し入れるまでになった。一九一四年六月、ベンケンドルフ（Aleksandr K. Benkendorf）駐英大使はイギリス政府へ、「アジアに関する英露同盟」の希望を伝えたのである。このときイギリス政府は、ロシアとの同盟に積極的な意義を見出せないと回答したことで、英露同盟案は潰えたかに思われた。

だが直後に第一次大戦が勃発したことで、情勢は大きく変化した。対独共同戦線を張ることになった英露は、勝利を導くうえで両国関係の緊密化を必要とした。さらにロシアは対独戦に必要な物資を供給するために、日本からの軍事物資の援助を要請するようになった。そこでサゾーノフ外相は、マレフスキー(Nikola A. Malevski-Malevich)駐日大使へ訓令し、日露間に新協定を締結するための調査を実施させた。この調査に基づいてサゾーノフが作成した新協定案からは、日英露三カ国間に共同軍事行動を含む取り決めを交わそうと想定されていたことがわかる。

しかしサゾーノフの日英露三カ国同盟案は、日英の同意するところとはならなかった。日本では当時の加藤高明外相が、ロシアとの同盟は肝心の日英同盟の効力を弱体化させることを嫌ってあっさりと拒絶した。イギリスのグレイ外相も、同盟案を「主義としては歓迎する」としながらも、日本が対独参戦する前だったこともあり、現時点で考慮に値しないと返答した(外務省政務局第三課編『日露交渉史』下、二六四頁)。こうして、ロシアからなされた三カ国同盟案は再び立ち消えとなった。

日露同盟案の再浮上

ところが大戦が長期化するにつれ、次第に連合国内にも日露の関係強化を望む声が現れ始める。また日露同盟に反対した加藤が外相の座を退き、石井が新外相に就任したことも、日本国内で日露同盟を推進する勢力の動きが加速する一因となった。

日本国内で日露同盟を積極的に主張したのは、元老の井上馨と山県有朋であった。井上は大戦勃発直後の意見書でも、ロシアとのさらなる関係強化によって日本の満蒙権益を確固とすべきと大隈首相へ提言していたことからも明らかなように、かねてから日露提携論を主唱していた。そして一九一五年九月一日に井上が病没すると、山県がその跡を継ぐかのように、日露提携論の急先鋒として活動を展開するようになった。

山県有朋〔国立国会図書館所蔵〕

加藤の後継外相である石井にとって、ロシアとの同盟は必ずしも重要と認識されていたわけではなかった。むしろ同盟相手は慎重に見極めなければならないという石井の持論からして、ロシアは脅威の対象ではあっても、同盟のパートナーにはなりえなかった。ただ石井の思惑とは無関係に、外相就任直後に実現させたロンドン宣言加入がロシアとの関係強化の布石となった。ロンドン宣言加入による連合国間関係の強化は、対独戦に苦しむロシアへの協力の必要性が従来以上に説得力を有するようになったのである。そしてそれは山県のような日露提携論者には好都合だった。政党指導者であった加藤とは異なり、国内に強力な政治基盤を有さない石井は、元老との調整に基づきながら外交政策を遂行しなければならない。その元老の中で最大の実力者である山県が日露提携論を主張する以上、石井としてはこれを排除して政策決定を行うことは困難だった。

また石井が外相に就任した一九一五年後半期のロシアが置かれた状況も、日露間の同盟問題を再浮上させる要因となった。この頃のドイツは、対露軍事戦略の一環として、ペルシャやアフガニスタン、さらにはトルキスタンから中国におよぶ中央アジアをその影響下に置いた。このため、ロシアは西方をドイツに包囲された形となっており、東部戦線の苦境と併せてまさしく進退両難に陥っていた。こうした苦境を脱すべく、ロシアは不足する軍事物資を日本から取りつけるための対日関係深化を図るようになった。すなわち、日露同盟案の再浮上である。

対独戦に苦しむロシアの状況を見た石井も、対露軍事物資援助の重要性を理解していた。石井にとって、日本がロシアへ充実した後方支援を行うことで、ロシア国内で高まる対独戦への不安を軽減し、ロシアの対独単独講和を防止することにつながると考えられた。ゆえに石井外相期には、対露軍事援助が重要な外交課題だった。その嚆矢となるのが、石井が正式に外相に就任する直前に決定した、国内兵器製造所の供給拡大である。大戦中、日本各地の工場で製造された軍需品は連合国各国へ送られたが、そのうち約九五%はロシア向けだった（坂本『財閥と帝国主義』一八五頁）。こうした日本の積極的な対露兵器援助の成果を、石井は次のように強調している。

日本はこれ〔ロシア〕に兵器弾薬を提供して戦況回復の機会を與（あた）へ、他方ドイツの包囲に対しては日露の一層の接近をもつてロシアを鼓舞し、これでロシアの単独講和を阻止し〔た〕（『回想斷片』二二九～三〇頁）

このように、石井は日本の対露兵器援助がロシアの戦況を立て直し、共通敵であるドイツへ圧力をかけると同時に、ロシアの対独単独講和を阻止できると考えた。ロンドン宣言加入以後になされる対露兵器援助の活発化は、連合国間関係の強化を目標とした石井外相期の特徴といえよう。

石井が抱えていた大きな不安──ロシアの対独単独講和──は、裏を返せばロシアを信用の置けない国家とみなしていたことを意味する。石井の強い対露不信は、大戦期に突如現れたわけではなく、過去の実体験に基づく教訓だった。日露戦争以前、満洲や朝鮮半島をめぐって日露間に激しい権力闘争が生じていたため、両国は直接的な対峙を回避する手段として、一八九〇年代後半にいくつかの協定を結ぶことで棲み分けようとした。だがロシアはこれら既存の条約や協定を一方的に反故にし、南下政策を推し進め、当時の日本を恐怖させた。それは小村のもとで少壮官僚として働いていた当時の石井も例外ではなかった。こうした若き日の体験は、自ずと石井の心中に、ロシアとの間に国家間協定を取り交わすことの無意味さを植えつけていた（『回想斷片』五八～六〇頁）。それゆえ、石井は今次大戦で対露軍事援助を行いながらも、両国間に同盟条約などを締結することは回避しようとした。石井にとって、後方支援に限定することこそが、戦時期日本のあるべき対露外交だったのである。

ところが石井自身が意図せずして、ロシアとの関係はさらなる深化に向けて進展していくことになる。そのきっかけとなるのが、一九一五年末から翌年初めにかけて行われたロシア大公一行の訪日による日露親善ムードの到来であった。

ロシア大公の訪日

一九一五年末、ロシア王室の一族であり、皇帝ニコライ二世の従叔父でもあるミハイロヴィッチ（Georgie Mikhailovich）大公の一行が、大正天皇の即位祝賀のため来日することになった。このロシア王室の訪日の背景には、ロシア政府による国内の帝政打倒勢力を牽制し、君主制を維持するための政治基盤を確固とする狙いもあった（バールィシェフ『日露同盟の時代』一五七〜一六〇頁）。

日本国内の各メディアは、このロシア大公一行の訪日を大々的に報道し、歓迎した。新聞や雑誌では連日このイベントをもってして、今後の日露関係の深化に大きな期待を寄せる論が数多く掲載された。

井上の没後、実質的に元老の中心的存在となった山県にとっても、日露接近のムードは望ましいものだった。その山県は大公一行の訪日に際し、寺内正毅朝鮮総督をミハイロヴィッチ一行の接伴委員長に任命し、来日を支えるよう命じた。

こうした日本側の歓迎ムードの中、ミハイロヴィッチ一行が日本に到着すると、これまでの日露親善関係樹立の功績を称えられ、山県にアレクサンドル・ネフスキー大綬章が与えられた。ロシアとしては、日露提携論者として日本国内に最も大きな政治的影響力を有する山県に勲章を与えることで、日本からさらなる兵器援助を取りつけ、対独戦を有利に進めるための環境を整えようとしていたと考えられる。そして山県もまた、ロシアの期待に応えるかのように、大隈内閣へしきりに日露関係深化のための新協約締結を強く要請するようになった。

ミハイロヴィッチ一行から遅れて来日したロシア外務省極東局長のコザーコフ（Grigorii A. Kozakov）

の手で日露新協約に向けた交渉が本格化する。コザーコフは、一九一六年四月に予想されていたドイツの対露総攻撃に備えるべく、東アジアで日本との提携を強化することを狙った来日だった。コザーコフは今回の大公訪日による日本国内の親善ムードを利用し、日露共同で中国におけるドイツの行動を抑止すると同時に、ロシア国内で深刻な欠乏に陥っていた兵器供給の確約を日本から取りつけようとしたのである（『外務省の百年』上、六二二頁）。

新協約交渉の開始

コザーコフは一月一二日の山県との会談で、将来の日露友好関係のためとして、さらなる対露兵器援助を要請した。山県はこれに前向きな返答をし、両国関係のさらなる発展を約束した。

同日、石井も山県のもとを訪れ、今回のロシア王室訪日に関する説明を行った。石井の説明内容は、ロシア大公訪日の目的の表向きの理由は大正天皇の即位祝賀だが、その裏には対独戦のための兵器援助を日本から取りつけることにあるというものだった。石井がこのロシアの要請に対する助言を求めると、山県は政府として直ちにロシア側の意向に沿った対策を決定するべきと答えた。さらに具体的な政策案として、日露間に同盟条約もしくは新協約を締結するよう求めた。

山県の助言を受けた石井は、一四日にコザーコフと協議した。コザーコフは近年の日英関係の冷却化について触れたうえで、もし日露間の関係を強化すれば、その副効果として日英関係の好転につながるであろうと語った。そして日露関係強化の具体策として、新協約締結のための前提条件を提示した。その条件とは、日本がロシアへさらなる兵器援助を行う一方で、ロシアは日本へ長春以北から松花江（しょうかこう）へ至る間の東支鉄道の権益を譲渡するというものだった。コザーコフのこの提案は、北満洲に位置する鉄道権益の一部を日本が獲得し、従来の日露間の勢力範囲設定を日本に有利な形へ変更することを意味していた（伊藤編『大正初期山県有朋談話筆記』七七〜八四頁）。

おそらくこのとき、石井は東支鉄道権益の対日譲渡を条件とした日露新協約に少なからぬ魅力を感じたのであろう。かつて日本は、ポーツマス条約で南満洲に位置する鉄道権益を獲得し、その後の三度に及ぶ日露協約では、両国間の満蒙における勢力範囲が松花江線を境に南北に棲み分けると定められた。ところが、満洲は北に向かうにつれて資源がより豊富になっていく。ゆえにもし長春からハルビンへ至る地域を日本の勢力範囲に組み込むことができれば、吉林（きつりん）平野部の資源を掌中に収めることができる。その結果、従来の南満洲鉄道の活動範囲も拡大でき、安全保障面に加えて経済商業面でも日本にとって計り知れない利益をもたらすと期待された。ゆえに石井は、コザーコフとの二回目の協議で、日露新協約締結の条件としてこの東支鉄道の対日譲渡を事前に確約するよう要望したのだった（『日外』大正五年第一冊、一一四頁）。

コザーコフとの協議を終えた石井は、宮中で開かれた元老らとの会談にて、日露新協約に向けた政府の立場を説明した。ここで石井は、あくまで今回の新協約は、対露兵器援助の見返りとなる東支鉄道権益の対日譲渡を前提としており、すぐさま同盟関係にまで発展させることは時期的に適切ではないと語った。石井の説明が終わると、山県はまず対露兵器援助のためとして、従来の官営工場を拡張するのは当然のことながら、民間工場の改設も行い、一層の供給拡大に努めるよう要望した。山県にとって、国を挙げて日本がロシアへ援助することこそが、日本の重要な戦争協力になると考えられていたのだろう。この山県の対露兵器援助の促進に関しては、対独戦のためにロシアへ後方支援を積極化するべきと考える石井とほぼ一致していた。ゆえに石井は、日露関係を同盟にまで深化させることを想定していなかったにもかかわらず、少なくとも加藤前外相との比較において、日露同盟実現に向けた道を着々と突き進んでいたのだった。

元老たちの同意を得た大隈内閣は、二月一四日の閣議で日露間の新協約締結に向けた対露政策方針を定めた。その要点は、以下のとおりである（「岡市之助関係文書」。傍点は原文ママ）。

①日露両国の親善を強固にし、接近を促進するは、東洋の平和を維持する所以たること。
②日露講和条約〔ポーツマス条約〕成立後、満蒙に関する三回の協約を重ね〔…〕欧州大戦勃発以降、帝国政府が露国に対し多量の軍需品を供給したるは之亦第一項の趣旨に一致するものにして、今後と雖事情の許す限り此方針を持続すべきこと。
③況んや露国政府に於て帝国が開戦以来表示したる厚意を認識し、東清鉄道支線を我に割譲して、以て帝国に向ひ有形的応酬の態度を表明するに於ては、帝国政府は宜しく国際関係の現状に鑑み、国防の要義に反せざる限り、兵器に関する露国政府の要望に応ずるを辞せざるべきこと。
④第三の場合に於て長春・哈爾浜間の鉄道は、相当の価格を以て譲受け、兵器も亦相当の価格を以て之を売渡すこととすること。
⑤日露両国親善関係茲に至らば更に一歩を進めて、寧ろ両国間に同盟関係を設定し、戦後露国をして独逸其他侵略的政策に駆らるる邦国との接近を予防するは現下の急務たるべきこと。

こうして、日本は対露兵器援助を行う代償として東支鉄道権益の一部を譲り受ける内容の新協約締結を目指すことを決定した。そして⑤に明記されているように、日露関係のさらなる発展のために、今回の新協約を実質的な同盟条約へと至らしめることも併せて決定した。

従来から対露不信を有する石井としては、当初は日露新協約に積極的だったわけではない。だがロシアや元老たちから頻りに要請がなされると、石井は加藤のようにこれらと正面から対立することはできず、東支鉄道の一部譲受を条件とすることで新協約に意義を見出そうとした。またミハイロヴィッチ一行訪日から今回の閣議決定までの石井の政策調整の手法を見ると、元老を政策決定過程から排除し、外交を外務省に一元化しようとした加藤前外相とは明らかな相違がある。加藤とは逆に、石井は元老とも密に連絡を取り合い、対露政策に助言を求め、最終的な政策決定へ導いていった。やはり石井は加藤のような強力なリーダーシップと信念の持ち主ではなかったことは否定しえない。そして上記閣議決定の方針は、日露の外交当局による調整段階へと突入することになる。

難航する日露交渉

新協約案文の具体的調整段階に突入すると、日露間の認識の相違が浮き彫りとなり、交渉そのものが危機に陥ることになろうとは、おそらく石井本人も予想しなかっただろう。交渉が難航した原因は、ロシア側が提示した東支鉄道権益の対日譲渡が、ロシア国内の事情を反映して円滑に実施できなくなったためだった。

ロシア側の態度の変化は、二月二五日にロシアが提示した新協約案文とそれに関する説明で明らかになった。ここでロシア側は、もし日本との同盟条約が実現すれば、対独戦のために日本からさらなる兵器援助を期待するとし、その代償として日本へ東支鉄道の一部（長春－松花江間）を、相当の代価で譲渡する意図があると述べた。だがそもそも東支鉄道の対日譲渡は、日本の対露兵器援助の見返りであったはずであり、有償での引き渡しは日本側の理解と異なっていた。

ロシア側との交渉窓口に立った本野一郎駐露大使は、日露間の認識の相違を理解しながらも、本国へ日露同盟交渉を継続するよう訴えた。本野は、将来的にドイツが中国に多大な権益を獲得するような事態を未然に防ぐためにも、日本としてはこの機会にロシアとの同盟を放棄するようなことがあってはならないと考えた。ゆえに石井に対し、同盟実現に向けた交渉を継続すべきと進言したのである。

しかしロシアの交渉態度は、東支鉄道の譲渡問題をめぐってさらに硬化していく。三月一三日に本野と会談したサゾーノフ外相は、鉄道権益の対日譲渡に否定的な発言を行った。サゾーノフは、日本の勢力範囲内の鉄道権益を譲渡することには一定の理解を示しつつも、ロシアの勢力範囲（北満洲）に位置する権益は譲渡不可能と明言したのだった。その根拠としてサゾーノフは、一九〇七年の第一回日露協約の規定を挙げ、同協約で定められた日露間の勢力範囲を超えて日本へ鉄道権益を譲渡することは、既存の日露関係の基礎を崩しかねないと説明した。ゆえに日露両国の勢力範囲の境界に位置する松花江以北の鉄道権益を譲渡することは不可能としたのであった。

このサゾーノフの発言に、本国の石井は当然ながら納得しなかった。石井はすぐさま本野に向け、すでに内諾したはずの東支鉄道の対日譲渡をロシアが拒否することは、日本国民の対露不信を招くことなりかねないため、ロシア側へ厳重に抗議するよう訓令した。だがロシア側の態度は頑なであり、松花江以北の鉄道譲渡は不可能という態度を覆すことはなかった。

松花江以北の鉄道権益の譲渡を取りつけることが困難であると悟った石井は、代案として、松花江以南の鉄道権益獲得を確実にすることなどの妥協案を提示した。とはいえ、石井がこのとき提示した松花江以南の鉄道は、日本が日露戦争の勝利によって獲得した南満洲地域に含まれると解されていた。すなわち石井の妥協案は、ロシアとの交渉の落としどころを探ってのことだったのだが、結果的には日本側の一方的な譲歩でしかなかった。

石井の妥協案は本野を介してサゾーノフへ伝えられた。そしてこの後の本野とサゾーノフとの協議で、日本は松花江以南の鉄道権益を受け取り、秀水站（しゅうすいたん）から嫩江（のんこう）河口に至る松花江の航行権を獲得することが認められた。石井は少なくとも松花江以南の鉄道権益を確実にしたことで、ひとまず満足した。

第四回日露協約の成立

こうして懸案の鉄道権益譲渡問題にも決着がついたため、日露交渉は新協約の条文策定の段階へ入った。そして七月三日、ロシアの首都ペトログラードにおいて、第四回日露協約が調印された。同協約は公開文と秘密文とで構成されており、前者は六日に世界へ向けて発表された。

今回の新協約の特徴は大きく四点ある。第一に、従来の協約では満蒙における「特殊利益（special interest）」とされていた文言が、「緊切なる利益（vital interest）」と改められたことである。これにより、満蒙の日露両国の権益の重要性は一層強調されることになった。第二は、中国が日本やロシアに対して敵意を有する第三国の政治的支配に置かれることを防ぐという規定である。これは日露が政治的な連携関係を構築したことを意味した。第三は、協約の適用範囲が従来よりも拡大し、中国全土を対象としたことである。最後は、日露のいずれかが第三国と戦争状態に入った際、両国の共同軍事行動の規定が盛り込まれたことである。これは満蒙および中国における日露の権益を第三国が脅かした場合、共に軍事的対応をとることを取り決めた内容であり、第四回日露協約が事実上の軍事同盟だったことを意味した。この日露間の軍事同盟の規定を含んだ新協約は、日英同盟と併せて、今後の日本の対列国外交や東アジア国際政治の基礎となるとみなされた。

日露新協約の成立は、日本国内のメディアからも高い評価が与えられた。一例として、『東京朝日新聞』の社説を紹介しておこう。

> この協約が日英同盟条約と相補うて、極東及び世界の平和と安固とに貢献するの大なるべきは、〔…〕露国人の同意する所なるべく、又英仏諸国の歓迎する所なるべし。〔…〕この協約成立の、帝国の安全に資する多く、〔…〕願くは日露の親交をして更に精神的ならしめ、この協約を以て国際史上の一新紀元たらしめよ（『東京朝日新聞』一九一六年七月八日付）

こうした絶賛とは対照的に、政友会総裁の原敬は、今回の新協約が日本の満蒙権益保護に何ら利するところはないのみか、機会均等原則に反するがゆえにアメリカとの協調が損なわれかねないと批判

的に観察していた（『原敬日記』第六巻、四四九頁）。だが概して日本の論調は、第四回日露協約が日本および世界へもたらすであろう有利な効果を疑うところがなかった。

そして当事者の石井にとっても、第四回日露協約の意味は決して小さなものではなかった。石井にとっての日露同盟の意義とは、第一にロシアへの兵器援助を充実し、その対独単独講和を阻止するこ

日露勢力範囲地図〔鹿島『第一次世界大戦参加及び協力問題』345頁をもとに作成〕

とにあった。いわばロンドン宣言加入以来、石井の戦時外交に一貫した連合国間の共闘関係強化の一環として、第四回日露協約は位置づけられていたと考えられる。そして第二に、ロンドン宣言のみでは大戦後の日本の戦果を十分に保証されないという恐れから、日露同盟は戦後処理の段階で同盟国イギリス以外の連合国からも日本の貢献を認めさせる手段でもあった。第三に、交渉中に何度も頓挫しそうになりながらも、ロシアの所有する東支鉄道権益の一部を譲り受けることで、日本の経済・安全保障上の勢力範囲拡大を図ることにあった（渡邉『第一次世界大戦期日本の戦時外交』一六九～一七〇頁）。

ところが新協約締結の翌年、ロシア国内で革命が発生し、帝政政府が転覆することになる。新たに誕生したボリシェヴィキ政府は、第四回日露協約を含む既存の国家間条約を一方的に破棄し、第四回日露協約の秘密文も世界へ公開した。日露同盟の命脈は、わずか一年ほどで潰えたのだった。いみじくも石井自身が、「露国の言約に信頼は置けない」（『回想断片』五九頁）と杞憂していた事態が現実のものとなった。石井が合理的な判断で推進したはずの日露同盟は、皮肉にも不合理な結末に至ってしまったのだった。

第4章　第一次世界大戦期の外交 II――新外交への対応

第一節　政権交代とロシア革命の衝撃

寺内新内閣の発足

石井外相期に展開された日本の戦時外交は、大戦の後半期に入ると、国内外の様々な要因によって大幅な変更を迫られることになる。そこで以下、第四回日露協約締結以降の日本の戦時外交と、大戦後を見据えた新たな国際秩序構想への石井の対応を中心に見ていこう。

石井外相期の日本は連合国との関係強化を目指したが、特にロシアとの間には事実上の同盟条約である第四回日露協約を締結させた。また日本が特別な利害を有する中国に対しては、袁世凱政権による帝制移行を阻止することで、中国国内の混乱を抑止すると同時に、同地における日本の立場向上を目指した。ただいうまでもなく、この対中政策が当初の日本側の思惑どおりの結果をもたらしたわけではない。

かつて加藤高明元外相の戦時外交に対して激しい批判を行っていた元老の山県有朋は、大隈内閣改造前の一九一五年四月の時点から、早くも後継内閣のあり方を模索していた。山県は加藤の独善的な外交手法を嫌ったが、同時に同志会という政党への嫌悪感も有していた。山県にとって、世界大戦という「国家危急」の事態下、政党指導者による外交は国論の分断を招きかねない危険極まりないことだった。そこで山県は特定の政党が政権内で力を有することがないよう、「挙国一致」「超然内閣」でもって国事にあたることが必要と考えた（加藤編『伯爵平田東助傳』一四七頁）。

山県の想定する挙国一致内閣に相応しい首相候補とされたのが、山県と同じ長州藩出身の陸軍軍人であり、当時は朝鮮総督の地位にあった寺内正毅だった。その寺内は一九一六年一〇月九日に新首相に就任した。大隈内閣は同年七月に第四回日露協約を成立したことで、実質的にその役割を終えていた。代わって挙国一致を掲げる寺内内閣は、外交においても挙国一致の政策決定を目指した。それはかつて加藤高明が目指したような、元老や軍部を排除して外務省に権限を一元化するというものとは性質を異にしていた。すなわち、各省庁や政党、その他の政治勢力が相互の垣根を越え、国家として統一した政策を形成することのできる新たな組織を設立することが、寺内内閣が目指す外交の挙国一致だったのである。

この構想のもと、寺内内閣は一九一七年六月に臨時外交調査委員会（以下、外交調査会）を創設した。外交調査会は、大戦時の外交政策の最高決定機関であり、一九二二年に廃止されるまでの間、各内閣の外交政策決定に主要な役割を果たした（小林「臨時外交調査委員会の設置」六〇～六八頁）。しかし加藤高明率いる憲政会は外交調査会に参加しなかったため、厳密な意味で国論の統一が可能となったわけではない。また後述するように、外交調査会は多様な人材を集合させたがゆえに、迅速な意思決定が困難になるという弱点も抱えていた。

石井はといえば、寺内内閣発足当初は十分な地位を与えられたわけではなかった。その理由はおそらく、大隈内閣の外相という地位にあった人物を重用することが、前政権からの継続との批判を受けかねないとの懸念があったためだろう。

さらに、寺内の重視する対中政策をめぐっても、両者の間に少なからぬ認識の相違があったことも、石井が主要ポストから外された理由と考えられる。政権交代直前の八月、寺内と石井は目下の国際情勢に関する意見交換をし、特に対中政策について踏み込んだ議論を交わしていた。ここで寺内は、中国政府の財政を再建するため、日本主導で中国国内でのアヘン栽培を推奨し、そこで得られる利益を利用すべきと提案した。またこの際、袁世凱没後の中国政府内の有力者である段祺瑞（だんきずい）を日本が全面的に支援することで、日中提携を実現すべきとも主張した。だがこれに外相の石井は、日本はすでにハーグ阿片条約（一九一二年一月）を締結しているため、アヘン栽培を推奨することは国際的非難を浴びかねないと反対した。また寺内がかつて袁世凱の帝制運動をめぐる大隈内閣の対応を内政干渉と批判していたにもかかわらず、今回段祺瑞という特定の政治家を支持することは矛盾であると、寺内の主張を退けた。このとき寺内は、近く自らが組閣するうえで石井を外相に留任させるべきかを判断するため、石井の対中認識を確認したようだったが、結果的には両者の対中政策認

寺内正毅〔国立国会図書館所蔵〕

識は大きく異なることが明らかになった（『外交随想』二〇七〜二〇八頁）。それゆえ、寺内内閣成立とともに石井は外相の地位から退くこととなった。そして新外相には、長年駐露大使として日露関係の緊密化に尽力してきた本野一郎が就任した。

外相の座から退いた石井は、第四回日露協約成立の功績などを讃えられて子爵に列せられた。そして外相辞任直後の一〇月五日、貴族院欠員補充の発令がなされたことで、伊沢多喜男、江木翼（たすく）、湯浅倉平らとともに勅選議員となった。こうしていったん戦時外交の第一線から外れることとなった石井だが、この後に寺内内閣の対米交渉で再び外交の表舞台に返り咲くことになる。

東支鉄道譲渡問題の行方

日本国内の政権交代と同様、大戦の長期化で関係各国の国内情勢は大きく様変わりしていた。日本の新たな同盟国となったロシアでは、戦闘の長期化に伴う国内経済の悪化で帝政政府に対する国民の不満が急速な高まりを見せていた。第四回日露協約締結の推進者であり、対日宥和派であったサゾーノフが一九一六年七月二〇日に外相の座を退くと、ロシア政府内の対日宥和派の勢力は弱体化した。このため、当初予定されていた東支鉄道権益の対日譲渡にも影響が及ぶことになった。

第四回日露協約締結以降、東支鉄道の対日譲渡問題についてロシア側から何のアクションもなかったことから、石井は外相辞任の前月、本野大使へ対露交渉を開始するよう訓令した。これに本野は、現地の情勢からして東支鉄道譲渡問題に関する対露交渉は困難だろうと返答した。ロシア情勢に精通していた本野によれば、この時期のロシアの対独戦線は好転しつつあり、兵器の欠乏もかつてほど深刻ではなくなっていた。ゆえにロシアからすれば、鉄道権益を譲渡してまでも、日本から兵器支援を取りつける必要が失われつつあるという（『日外』大正五年第一冊、一七一〜一七二頁）。本野が述べるように、二月からのヴェルダン攻防戦、五月からのユトランド沖海戦など、いずれもドイツ軍が多大な被害を出したり、軍事作戦の失敗を露呈するようになっていた。これらがすぐさま戦局の帰趨を決定づけたわけではないが、徐々に連合国側が優位を取り戻そうとしていたことは間違いなかった。

寺内新内閣で外相に就任した本野が帰国すると、いよいよ東支鉄道権益譲渡に関する対露交渉は混迷を極めた。外相として本野は、クルペンスキー（Vasily Nikolayevich Krupensly）駐日大使と協議し、東支鉄道南部支線の一部や松花江航行権の承認に関する諸条件を提示した。だがサゾーノフのあとを受けて外相に就任（首相兼任）したスチュルメル（Boris Vladimirovich Stürmer）は、東支鉄道権益の一部譲渡や松花江航行権承認の代償として、日本へさらなる軍事物資の提供や多額の資金を要求した。

本来、東支鉄道権益の対日譲渡などは、第四回日露協約交渉時にロシア側から提示されていたのだが、ここにきてロシア側の態度は急激に硬化したのである。一〇月に第二次大隈内閣が総辞職、すでに閣僚ではなくなった石井が、ロシアの強硬姿勢にいかなる印象を抱いたのかは定かではない。ただ石井が同盟相手は国際的な取り決めを遵守すること、そして日本との国家利害が一致することを慎重に検討したうえで選択しなければならないと考えていたように、ロシアは日本に有利なパートナーになりえないことが立証されたのだった。過去四度の日露協約締結の当事者であり、外務省内で稀有な親露派として知られていた本野が石井の後任外相になって以降も、こうした苦しい対露交渉を強いられたことは皮肉であろう。

そして一九一七年三月、ロシア国内で二月革命が発生したことで、帝政政府が大きく動揺すると、ドイツはこの混乱につけ込むかのように、対露戦闘を控え、むしろ前線での交流を促し、宣伝工作員を送り込むなど、ロシア軍人の戦闘意欲を削ぐことに労力を注ぐようになった。革命による混乱で対独戦への意欲が低下するロシア情勢を見た他の連合国は、それまでの対露軍事支援を大幅に削減するようになった。もちろん日本の寺内内閣もいったん対露兵器援助を見合わせる決定を行った（山本編『寺内正毅日記』七三九頁）。連合国間の共闘体制は、ロシア革命によって大幅な変更を迫られたのだった。

二月革命以降、東支鉄道権益の対日譲渡に関する交渉がさらに混乱すると予想されたため、寺内内閣としてはこの問題の早期解決を図った。だが内田康哉（やすや）駐露大使がテレシチェンコ（Mikhail Ivanovich Tereshchenko）外相と会談すると、日露協調の継続が強調されながらも、同問題に関する交渉は事実上の中断となった。ロシア国内の革命が各地に波及したことで、ロシア政府に対日交渉を継続する余裕がなくなったことが原因だった。

そして同年一一月に発生した十月革命の結果、ボリシェヴィキ党のレーニン（Vladimir Lenin）を議長とする人民委員会議が発足し、新たにソヴィエト政権が誕生した。新政権は、前政権の全面否定と従来の対外政策の大幅な転換を公言し、帝政政府が他国と交わした条約や協定等は一切が無効とした。第四回日露協約も例外ではなく、その秘密文の内容がソヴィエト政権によって世界へ公開されると同時に、同協約の効力も一方的に破棄された（吉村『日本とロシア』三一二～三一三頁）。ここに東支鉄道権益の対日譲渡等に関する交渉も完全に終結した。さらにソヴィエト政権は、一二月にドイツとの間にブレスト・リトフスク条約を締結し、対独単独講和を行った。これにより、ソヴィエト・ロシアは連合国から離脱すると同時に、東欧に有する権益の多くを放棄することになった。

いち早く大戦から抜け出したソヴィエト・ロシアに対し、他の連合国は少なからぬ衝撃を受けた。それは石井が大戦勃発当初から危惧していた、ロシアの対独単独講和による連合国間協調の崩壊が現実となったことを意味した。ソヴィエト政府の掲げる共産主義イデオロギーの脅威と併せ、日本国内にもソヴィエト・ロシアへの敵対感情は高まっていた。新たな局面を迎えた国際情勢に対応すべく、寺内内閣は次に新興国アメリカとの関係再編に乗り出す。

第二節　石井特使の対米交渉

アメリカの参戦

一九一七年は中立国のアメリカにとっても重大な転換点となった。外交における孤立主義を伝統とするアメリカにとって、ヨーロッパ大戦は対岸の火事であり、この地の安定のために自国兵士を犠牲にすることは世論の動向からして困難だった。ゆえにウィルソン政権は、大戦前半期は連合国への好意的中立を維持し、直接の介入を回避していた。

しかしウィルソンにとって、アメリカが掲げる自由民主主義の理念を世界へ普及することで国際平和を導くという自身の構想は、アメリカが孤立主義を維持し続ける限り実現困難だった。このウィルソン主義とも呼ばれる理想主義の概要は、大統領就任前の学者時代、一八九一年一二月五日に行った

ウッドロウ・ウィルソン

「デモクラシー」と題する演説からすでに垣間見ることができる。この演説でウィルソンは、人民が国家を統治するのではなく、人民が選出した少数の代表者によって開放的な政策が実施されねばならないというデモクラシー論を主張した。それによると、デモクラシーには、人民同士の協調と、社会的な結束力を強めながら、そこに一定の制約を設ける力がある。そして社会や集団によって担保される人権や自由は、個々人による場合よりも強固である。こうした人民同士の力を結集して権利や自由を担保することは、後世への義務であると、ウィルソンは信じて止まなかった（Calhoun, *Power and Principle*, 155-156）。このように、一九世紀中は否定的ニュアンスが込められがちだったデモクラシーの概念に、ウィルソンはより積極的な評価を与えたのだった。

　ただし実際のウィルソン政権の外交は、ヨーロッパに対して孤立主義の態度をとる一方で、南北アメリカ大陸（新世界）に対してはむしろ積極的に政治・軍事的干渉を行うという二面性があった。メキシコ、カリブ海、ラテンアメリカの諸国に対するウィルソン政権の干渉政策は、上記のウィルソン独自のイデオロギーによって正当化された。つまり、アメリカには自由やデモクラシーの理念を新世界に拡張させせなければならないという、「宣教師」の役割が課されているとの論理である。そして一九一七年に入り、ウィルソンの宣教師外交は、ついに大西洋を越えたヨーロッパ大陸（旧世界）への干渉、すなわち第一次大戦への参戦に至らしめるのだった。

アメリカ参戦の直接のきっかけとなるのは、一九一七年二月に再開されたドイツの無制限潜水艦作戦であった。民軍問わず、ドイツ海軍が連合国の船舶へ攻撃を仕掛けたことが、アメリカ国内の孤立主義の世論を吹き飛ばし、一気に反独・参戦ムードを高めることになった。さらにはメキシコに対米牽制のための同盟を呼びかけたドイツ外相ツィンメルマン（Arthur Zimmermann）の電報が露呈するという事件も、アメリカ国内の参戦ムードを高める大きな要因となった。

こうした事件を経て、四月六日、アメリカはドイツへ宣戦布告を行った。ウィルソンはこの戦争を「戦争を終わらせるための戦争」と位置づけ、苦闘を続ける連合国とともにドイツ打倒に乗り出したのだった。

石井特使の派遣決定

対独宣戦布告から一カ月後、ランシング（Robert Lansing）国務長官から日本政府に対し、日米共闘関係強化のための特使をワシントンに派遣するよう提案がなされた。すでに英露仏伊の四カ国が同様の対米特使派遣を決定していたことから、日本とも同様の関係を確認しておくべきとの狙いだった。さらにランシングは、日本の特使との協議については、対独共闘関係の確認のみならず、東アジア問題も対象とするよう希望した。日露戦争以後、日米間には東アジアにおける両国の権益をいかなる形で了解を取りつけるかが問題となっていたが、ランシングはこの機会に両国の親善関係を取り戻すべく、上記提案をしたのであった（*PWW*, vol. 42, 450-451）。

これは日本側にとっても好ましい提案だった。すでに高平・ルート協定という東アジア・太平洋地域を対象とした日米間の協定は存在していたものの、ウィルソン政権下では二十一カ条要求に象徴されるような、日本の強硬な対中政策に批判的姿勢が顕著になっていた。ローズヴェルト政権時代に取り交わされた高平・ルート協定は、アメリカが日本の満洲における特殊権益を暗に承認する内容だったが、ウィルソン政権下のブライアン（William Jennings Bryan）前国務長官が発した第二次ブライアン・ノートは、日本の対中政策が門戸開放や領土保全の原則を侵害するものという対照的な内容へと変化していた。そのため、今回の特使による日米協議を通じて、より明確な形で日本の満蒙権益をアメリカ政府に認めさせることができれば、大戦後の両国間関係の安定にも資すると期待されたのである。

ただアメリカ側は、今回の連合国各国からの特使派遣にあたって、中国における勢力範囲の撤廃を前提とした共同声明を発することを企図していた。これは事前に英仏とともに進められていたのだが、日本は自国の意思が排除されていることに不快感を覚えた。もし勢力範囲撤廃の共同宣言が現実のものとなれば、日本が第一次大戦で獲得した山東半島の旧ドイツ権益などを手放さなくてはならなくなる恐れがある。ゆえに日本の政府や外交当局は、ウィルソン政権の一連の東アジア政策に対する不満が高まっており、今回の特使による対米協議も慎重さが求められたのだった。

五月二二日、寺内内閣は「遣米大使任務要領」を閣議決定した。ここでは特使による対米協議の目的を、①アメリカ国内の日本人の地位に関する問題、②中国における日米両国の活動の調和に関する問題、の解決と定めた。さらにこれら重要問題の解決に向け、日米間の外交問題に精通する適切な特使を選定することも決定した（『日外』大正六年第三冊、七一八～七一九頁）。

訪米特使の選定については、外務省の中村巍通商局長によって石井が推薦された。日露戦争後の在米日本人移民問題に関する調査や、大戦期の外相経験などからして、石井は今回の日米協議に最適な人材との判断がなされたのであろう。本野外相もこれに同意し、寺内首相へ石井を特使に任命することが伝えられた。

だが組閣前から石井との間に対中政策論をめぐって認識の相違があることを認めていた寺内は、石井を代表とすることには当初は否定的だった。また大隈前内閣で外相の地位にあった石井を代表にすれば、前政権からの政策転換をアピールすることができず、国内外からあらぬ批判を招きかねないという懸念もあった。とはいえ、上記閣議決定にも定められたように、アメリカと中国の双方の問題に通暁した人物を他に見出すことは容易ではないことから、最終的に寺内も石井を特使団代表に任命することに同意せざるをえなかった（『外交随想』二一〇～二一一頁）。結果、六月二三日の外交調査会の席上で、石井を代表とする訪米特使団の派遣が決定した。

政府から石井特使団へ伝えられた訓令は、今回の対米交渉の目的は、「米国の〔対独〕参戦行動を歓迎するの誠意を表明する」ことと、「両国間の重要問題に関し、切実に彼我の所見を交換すること」というものだった。特に後者については、「米国に於ける日本人の地位に関する問題」と、「支那に於ける帝国特種の関係を明かにし、将来両国行動の調和に関する問題」というもので、前月の閣議決定の内容がほぼそのまま伝えられたことになる。そして実際の協議中にアメリカ側から何らかの具体的提案がなされた場合は、随時電訓にて指示を待つようにという主旨の追加の訓令がなされた（『日外』大正六年第三冊、七二九頁、七四三～七四四頁）。こうして特使として外交の第一線に復帰した石井は、この機に既存の外交問題を解決するべくアメリカの地に乗り込むことになった。

対米協議の狙い

特使として日米関係の調整を行うことになった石井は、まずもって両国間で反独感情を共有することが重要と考えた。すでに石井は外相時代より、日米両国に煽動的な世論が存在していることを認知していたのだが、大戦の長期化でますますドイツの宣伝活動が激しくなっていることを憂いていた。例えば『ハースト』紙のような過激な論調で知られるアメリカの一部メディアでは、日本がアジア侵略の野心を有しているとの説や、在米日本人移民によるアメリカ乗っ取り工作といった根拠のない臆説が連日のように報道されており、読者から一定の評判を集めていた。さらにアメリカ政府が前年半ばに海軍拡張政策を進めていたことは、日本から見ると国内の反日的論調を裏づけるだけでなく、アメリカが国家レベルで大戦後を想定した太平洋上の対日抑止を計画しているとの印象を与えていた。それはあたかも将来的な日米戦争を惹起しかねないような、最悪のシナリオを想像させるほどのインパクトを有するものと危惧された（Clinard, *Japan's Influence of American Naval Power*, 160-163）。石井はこうしたアメリカ国内における対日不信の高まりの背景に、ドイツの執拗な日米離間工作があると観察していた。ゆえに日米間の親善を取り戻すには、まずもってドイツの宣伝工作を止め、正確な対日イメージをアメリカ国内に広めることが不可欠と考えたのである（*BDFA*, vol. 1, 10-11）。

こうした背景があり、石井にとって今回の訪米は、日米関係再構成のための極めて有益な機会ととらえられた。そして石井は自らを「戦使」と位置づけ、自身のアメリカでの活動が両国世論を親善ムードへ転換させるという、重大な意義を有するとの強い自負を持ってアメリカの地に乗り込むことになった（『餘録』一三五～一三六頁）。

ところが石井の思惑とは裏腹に、特使団を受け入れる側のアメリカには多少の戸惑いもあった。のちに駐日大使にもなる知日派のモリス（Roland S. Morris）によれば、石井はこれまでアメリカ駐在の経験がなく、その知名度はアメリカ国内で決して高くないことから、今回の人選には意外の感があったという（Morris, "The Memoirs of Viscount Ishii," 677）。だが結果的に、石井は今回の訪米によって、その名をアメリカ国内に広く知らしめることとなる。

交渉の開始

八月二二日、ワシントンに到着した石井一行は、ランシング国務長官と最初の対面を果たした。その後、しばらくはホワイトハウス訪問や多くの歓迎会、記者会見などをこなした。二七日の記者会見では、石井は今回の訪米目的がアメリカの対独参戦へ感謝の意を表明すること、さらに戦争に勝利するための日米協力のあり方について協議することにあると語った。また前述のように反日的論調を張っていたアメリカのメディアに対しては、その反日熱を鎮静化するよう注意を促すことも忘れなかった（*TIJM*, 14, 21）。

石井一行とアメリカ政府との本格的な交渉は九月六日に開始された。同日、ランシングと会談した石井は、「支那問題に関し、一種宣言書様のものを議定し、之を発表し、両国民を安心せしむる」ことを提案した。ランシングは石井の提案に、基本的には同意するとしつつも、日米親善のためには中国

ワシントンで沿道の市民の歓迎に応える石井菊次郎（1917年）〔アメリカ議会図書館所蔵〕

における列国の勢力範囲を撤廃し、完全なる門戸開放・機会均等・領土保全の原則を貫徹する必要があるとした。そして今回の日米宣言は、これら諸原則の遵守を明文化しなければならないと強調した。

日本の立場からすれば、ランシングのいうところの中国における勢力範囲の撤廃は、本来の石井特使派遣の目的に反することになる。また中国の門戸開放・機会均等・領土保全についても、日本は既得権益の存在する満蒙地域を除外したうえで適用されなければならないとの立場をとっていた。そのため、石井はランシングの発言に対して、中国市場があらゆる国家に自由かつ開かれた状態となることへ理解を示しながらも、その門戸開放とはあくまで日本の「特殊権益」への留保がなければならないと応じたのである。だがランシングからすれば、日本の中国における「特殊」性とは、中国との地理的な近接による「独特の権益（peculiar interest）」にすぎず、そこには政治的な意味の特殊性や優越性（paramount interest）は存在しえないと応酬した。日本の主張を否定するかのような発言に遇い、石井は内心では困惑を隠せなかった。そしてこうしたアメリカ政府当局の認識をいかに修正させるかという難題こそが、特使としての自らの最重要課題であると痛感したのだった（『餘録』一四八頁）。

このように、石井はアメリカの主張する中国の勢力範囲撤廃に対して決して肯定的だったわけではない。もしこれを容認してしまえば、勢力範囲を承認し合う既存の条約（日英同盟や日露協約）との齟齬が生じることになる。その危険性を知りつつも、石井は今回の特使としての対米交渉を成功させるためには、勢力範囲撤廃に関してはアメリカ側にある程度の妥協をしなければならないと考えた。ただしその引き換え条件として、石井は日本の満蒙に関する「特殊権益」をアメリカ側に認めさせようと試みる。石井の対米妥協的な態度の裏には、近く到来するであろう大戦終結後の東アジア情勢を見据えた、対米協調重視というリアリスティックな判断があったためである。そこで石井はこの自らの意見を本国政府へ伝え、指示を仰ぐこととした。

石井の報告を受けて、本国の外交調査会では、中国における勢力範囲撤廃を承認することはできないという意見が大勢を占めた。だが勢力範囲撤廃を認めずして、いかに対米交渉を継続させるかという代替策を提示できる出席者はいない。そのため政府は今回の特使派遣による対米交渉を、「米国政府を測量する位に止むること」と修正し、公式な協定等を取り交わすことなく、石井一行を帰国させようとした（波多野『近代東アジアの政治変動と日本の外交』一八二頁）。

交渉をまとめ上げることに情熱を燃やしていた現地の石井にとって、本国のこうした対応は衝撃的だったことだろう。東京とワシントンの間で円滑な意思疎通ができない状況を苦々しく思いつつも、石井は何らの具体的成果のないまま帰国することに強い危機感を募らせていた。そこで石井は、自らの手で日米共同宣言案を作成し、これを叩き台として本国政府の理解を得て、対米交渉の再開を期することとしたのだった。

「特殊権益」の解釈

九月二二日、石井はランシングと二回目の会談を行った。ここでランシングは、日米両国がともに中国に「特権（special privileges）」を有さないこと、そして今回の交渉によって門戸開放原則の宣言をすることが望ましいと再度強調した。対する石井は、もし日本の中国における「特殊権益（special interest）」への言及なく協定や宣言を発表すれば、日本の世論からの激しい反発を呼ぶことになるだろうと反論するのだった。これにランシングは、石井のいう「特殊権益」の文言を地理的な意味に限定するのであれば、協定文に盛り込むことも可能であると応じた。

さらにこの会談では、石井から日米共同宣言案が提示された。この石井案の第一条では、中国における門戸開放・機会均等原則の確認と、中国の主権尊重が明記された。これはアメリカ側の希望する勢力範囲撤廃を反映しており、門戸開放原則に実効性を持たせ、その適用を徹底させようとしたものだった（明石『日中戦争についての歴史的考察』四〇〜四一頁）。

だが石井案第三条には、「アメリカは中国における日本の特殊地位（special position）を承認する」との一文があり、これにランシングが激しく反発した。そこで石井はこの案について、アメリカ外交の伝統であるモンロー主義を東アジアに応用するという、いわゆるアジア・モンロー主義の概念を用いることで、ランシングの理解を得ようと説得を試みた。つまり石井によれば、この第三条案は門戸開放原則を損なうものではなく、およそアメリカが中南米に適用している「卓越的な権益（paramount interest)」と同義だという。

ところが石井の説明に対してランシングは、石井のいう「特殊権益」とは、アメリカのモンロー主義に基づく周辺国への「卓越的な権益」とはまったく異質であると反論した。ランシングは、石井のモンロー主義解釈は完全なる誤解に基づいており、その誤ったモンロー主義解釈でもって日本の「特殊権益」を認めることはできないと痛烈な批判を加えた。さらにランシングは、「欧州各国が存亡を賭して交戦しつつある間に、日本は東洋に在つて勝手次第に振舞ひ、殊に支那に於て抜く可らざる地歩を築きつつあり。此の儘に放任せば、支那に於ける領土保全も門戸開放機会均等主義も有名無実となるべし」と、大戦中に日本が行ってきた対中政策をも批判の対象としたのだった（『餘録』一四〇～一四二頁）。

かねてからランシングは、二十一カ条要求に象徴される日本の単独かつ強硬な対中政策に不満を抱いていた。それゆえに石井との協議の中でも、ランシングは第二次ブライアン・ノートを引き合いに出しながら、日本が中国において政治経済的な意味の「特殊かつ親密な関係」を有してはいないと、石井案中の「特殊地位」や「卓越的な権益」を退けようとしたのだった（*FRUS, 1917*, 259-262）。ランシングにとって、日本ら特定の国家が中国に「特殊権益」を有しているとすることは門戸開放や機会均等原則への障害でしかなかった。すなわちそれはヘイ宣言以来のアメリカの一貫した東アジア国際政治の基本原則だったのである。

こうして、石井は日本の「特殊権益」の文言をランシングに認めさせることに失敗した。そしてランシングの反対を受け入れる形で、協定文案に「卓越的な権益（paramount interest)」の用語は使用しないこととした。石井の妥協を受けて、ランシングも石井との間に、いかなる国家も中国に優越的な地位を確保することはできないとの共通理解が成立したとみなした（Lansing, *War Memoirs of Robert Lansing*, 296）。石井は直後にウィルソン大統領とも会談したところ、終始穏やかな話し合いが進んだ。ゆえにウィルソンもまた、勢力範囲撤廃や門戸開放などの原則について石井との間で同意が成立したとの印象を抱いた（*PWW*, vol. 44, 264）。

一方の石井はというと、二回目の会談時のランシングの姿勢に相当な不満を抱くようになっていた。後年、石井はこのときの交渉を振り返り、ランシングを「すっかり支那人見たいな人」と評したが、石井の眼にはランシングの姿勢は極めて不公正なものと映っていた（石井ほか「外交座談会」第一七回）。

この後、石井はいったんランシングらとの交渉を中断し、ワシントンの地を離れることになった。政府レベルでの対米交渉の困難さを痛感した石井は、今度はアメリカ世論へ訴えかけることを試みることになる。いわば広報外交によるアメリカ世論の後押しを受けることで、中国問題に関する政府当局との交渉に打開の可能性を見出そうとしたのである。

ニューヨークでの広報外交

ワシントンからニューヨークへ移動した石井一行は、現地で熱烈な歓迎を受けた。対独共闘関係に加え、太平洋を挟む両国の提携を象徴する石井一行に、ニューヨーク市民たちは大いなる感謝と称賛を惜しまなかった（*New York Times*, Sep. 28, 1917）。一時的とはいえ、石井はこの対日友好ムードを利用すべく、アメリカ世論へ日本の立場への理解を訴える広報外交を積極的に展開する。

石井がニューヨークでの広報外交で重視したのは、ランシングとの交渉で問題となった中国における日本の「特殊権益」について、アメリカ国民からの理解を獲得することだった。その手段として、先述したランシングとの交渉と同じく、アメリカ国民に理解の容易なアジア・モンロー主義の概念を積極的に活用していった。

石井の広報外交の出発点となったのは、九月二九日に開かれたニューヨーク市長のミッチェル(John P. Mitchel) らとの食事会だった。この席上、スピーチを求められた石井は、アジア・モンロー主義に関する自説を述べることにした。その主旨は、日本や中国の貿易市場は、必ずしも全世界へ平等に開かれているわけではないということだった。石井は、もしアメリカが東アジアの特殊な事情を理解し、同地における日本の特殊な立場を認めさえすれば、日本としては中国市場を閉ざすことはしないと強調した。そのうえで日米が協力し、中国市場をさらに開発していくことこそが、両国にとって望ましい選択であるというのだった（*TIJM*, 90-91）。

続く一〇月一日、『ニューヨーク・イブニング・ポスト』紙の記者ヴィラード（Oswald G. Villard）が主催する夕食会でも、石井は同様の発言を行った。石井は先のミッチェル市長らとの食事会でのスピーチを持ち出し、その真意は門戸開放・機会均等原則を前提としながらも、日本が中国に有する特殊な立場を「アジアにおけるモンロー主義（Monroe Doctrine in Asia）」と表現することが可能と明言した。このアジア・モンロー主義において、日本は中国の主権や領土を侵害することを目的としておらず、門戸開放・機会均等原則と矛盾はまったく生じないという。

これら石井のニューヨークでの一連のスピーチは、現地メディアからは石井一行の訪米以来、最も重要な内容を含んでいるものと評された（*Washington Post*. Sep. 30, 1917）。その内容は、日本外交史を通じて初めて公式の場でアジア・モンロー主義を宣明するという画期性があった（秦『太平洋国際関係史』二八頁）。石井自身もまた、アメリカからの熱烈な歓迎ムードを利用して、アジア・モンロー主義発言を行ったことを認めている。

我輩が〔…〕先づ紐育に於て我対支政策殊に門戸開放機会均等より説き起して支那の領土保全を高調し、進むで亜細亜モンロウ主義とも謂ひ得べき推論を婉曲に試みた（『餘録』一四〇〜一四一頁）

この回顧からは、自身のアジア・モンロー主義発言が本国政府のまったく関与しない、石井個人の判断によって発せられたことがわかる。しかし肝心の現地メディアからは、石井のアジア・モンロー主義に対してはむしろ否定的な論調が多く見られた。それらは日本の東アジアや太平洋地域における野心を疑うものであったことからして、石井の広報外交の狙いは成功したとは言い難い。アジア・モンロー主義という概念でもって日本の特殊な立場を説得しようとしたことが、かえって現地メディアからの理解を失ってしまったといえるだろう。

石井・ランシング協定の成立

石井がニューヨークで広報外交を展開している頃、本国の外交調査会では、本野外相の主導で日米共同宣言案の策定が進められていた。その案文は石井案を修正する形で行われたのだが、要点は、①

「〔中国における日本の〕特殊な権益と影響力（special interests and influence）」の文言を挿入すること、②「〔中国の〕領土保全（the territorial sovereignty）」の語句を削除する、にあった（『日外』大正六年第三冊、七八七～七八九頁）。

一〇月八日にワシントンへ戻った石井は、ランシングとの交渉を再開した。ここで石井は、本国からの訓令に従って協定案を提出したが、ランシングから「影響力（influence）」には政治的な意味合いが含まれる恐れがあるとし、この語句の使用はできないと拒絶された。さらにその他の箇所についても、数度の交渉を経て修正が加えられた。

最後に二二日の第九回会談で、両者は「〔日本の〕中国における特殊権益（special interests in China）」の文言を挿入することで一致した。そして二七日、石井から本国政府の裁可を得た協定案が提出され、ランシングも同意した。これに基づき、一一月二日に石井とランシングとの間で調印式が行われ、正式に日米交換公文（石井・ランシング協定）が成立したのだった。

成立した協定文はいたって簡明であり、石井案のような条文で構成されているわけではなかったが、「合衆国政府は日本国か支那に於て特殊の利益を有することを承認す」との一文が挿入されたことは、石井にとって成功といえた。それは石井が交渉開始時から主張していた、日本の「特殊権益」をアメリカ側に認めさせたと理解されたのである。だが他方のアメリカ側の解釈は、協定文中の「日本国及合衆国両政府は、領土相接近する国家の間には特殊の関係を生ずることを承認す」という部分が強調されており、日本の中国における特殊な利益とは両国の領土的近接性に基づくもので、そこに政治・安全保障的な特殊性は含まれないというものだった。

石井・ランシング協定締結時の石井菊次郎とロバート・ランシングによる記念写真〔アメリカ議会図書館所蔵〕

石井はこの「特殊権益」の文言について、アメリカ側の解する非政治的で経済商業レベルに限定されるものではなく、あくまで日本の中国に対する利害関係であることを強調した。そこには、関東州租借地や南満洲鉄道、撫順炭鉱といった有形（経済）の権益のみならず、日本と中国との関係そのものに伴う利害が含まれるというのが石井の解釈であった（『餘録』一六〇～一六一頁）。石井とアメリカ側との解釈の相違は、両国当事者が協定文についての一致した見解を有さないままに調印されたことを意味していた。

当事者の解釈に相違があったものの、協定の成立が両国の一時的な親善ムードを醸成するに一役買ったことは確かだった。USスティール社のゲイリー社長が、この協定で太平洋を挟んで日本との良好な理解を得ることになったとしているが、日本側も概ね同様の反応を示していた（渡邉『第一次世界大戦期日本の戦時外交』二四二〜二四三頁）。
だがアメリカ政府にとっては、協定はあくまで戦時という非常時の暫定的な取り決めでしかなく、終戦と同時に改宗されるべきと考えられていた。日本の中国における立場を「特殊」ととらえうるか否かという日米交渉の争点は、第二次世界大戦の終結に至るまで一致を見ることはなく、両国の悲劇を生み出す一要因となってしまった。

協定の意義

石井は大戦終結後の一九一九年九月、石井・ランシング協定についての詳細な調査報告を作成した。石井がこの時期に協定の調査をすることになったきっかけは、直前に上院でランシングが協定の「特殊権益」の文言に関する説明を行ったことにあった。このときランシングは、協定文中の「特殊権益」には政治的意義が含まれておらず、あくまで日中の経済通商上の関係性を確認したものであり、石井とも共通理解のうえで調印に至ったと語ったのである。これは上院内に存在する現政権の対日弱腰外交との批判に対する弁明だったのだが、石井からすればこのランシングの説明には容認できない内容が含まれていた。そこで改めて「特殊権益」の解釈について明確にしておく必要性を感じた石井は、ランシング発言に反論する目的で協定の意義を次のように強調した。

日本が支那に有する特殊利益として主張するものは、即ち支那に於ける日本の特殊利益として米国の承認したるものは、主として政治的にして、経済的通商的には寧ろ間接の関係を有するに過

ぎず（『日外』大正六年第三冊、八五九〜八七一頁）

石井はランシングが主張するように、もし「特殊権益」が経済的かつ非政治的なものであれば、肝心の門戸開放・機会均等原則と協定とが相容れないことになると反論する。この点はすでにランシングとの交渉の中で幾度となく石井が強調した点だったにもかかわらず、ランシングが上記のような主張を行ったことは、中国問題をめぐる日米間の認識ギャップがあまりに大きかったことを示していた。

さらに石井は、この協定をアメリカ側がいう大戦期の暫定的な取り決めという位置づけとは解していなかった。石井にとって、日本の中国における「特殊権益」とは、あくまで歴史的経緯を踏まえたうえでの普遍的な権益に他ならなかった。かつてローズヴェルト政権下で締結された高平・ルート協定において、アメリカは暗黙裡に日本の東アジア（特に南満洲と朝鮮半島）における勢力範囲を承認した。しかしウィルソン政権になると、日本の対中政策に対する批判的な傾向が強まるようになった。そのピークともいえるのが、日本の二十一カ条要求に対してウィルソン政権が発した第二次ブライアン・ノートであった。ここでアメリカは、中国の主権を侵害する日本の行動を公式に批判するに至った。この第二次ブライアン・ノートについて石井は、二十一カ条要求は日本の正当な権利を正当な交渉でもって中国に認めさせた政策であるため、日本への不適当な批判に他ならないと考えていた。ゆえに石井が特使として対米交渉に乗り出すにあたっては、この第二次ブライアン・ノートの内容を無効化し、高平・ルート協定における日米了解に立ち戻らねばならなかった。そしてランシングとの交渉の末に調印された石井・ランシング協定では、高平・ルート協定以上に明確に日本の「特殊権益」

の文言を盛り込むまでに至った。言い換えれば、小村外交時代の安定的な日米関係の礎が、石井特使の手によってさらなる進化を果たしたように思われたのだった。

なお、日本の中国における特殊権益をアメリカに承認させることは、幣原外務次官以下、外務省にとっての一つの目標でもあった（西田「幣原喜重郎の国際認識」九四〜九六頁）。この点で石井・ランシング協定とは、石井のみならず、外務省にとっての長年の日米間の懸案事項を解決に導いた画期的な取り決めであると考えられたのである。

戦間期への影響

石井ら日本外交当局の念願でもあった石井・ランシング協定だが、一九二二年のワシントン会議で締結された中国をめぐる九カ国条約によって廃棄されることになった。そもそも協定は上院の裁可を経た正式な国家間条約ではなかったため、その法的拘束力はないに等しかった。協定文の抽象性といい、命脈の短さといい、同協定は結局のところ、肝心の戦間期日米関係に何らの影響も与えなかったと見えるかもしれない。

しかし同協定に対し戦間期の日米協調の先駆として積極的評価を与えることも、あながち牽強付会ではない。第一次大戦の終結は、それまで帝国主義的に世界各地へ影響力を有したヨーロッパ列国が衰退する一方で、新興国アメリカが政治的にも経済的にもグローバルな超大国へ成長する契機となった。いわゆる「パックス・アングロ・サクソニカ」と呼ばれる大戦後の新たな国際環境において、日本の指導者たちがアメリカとの関係を重視したことは自然の成り行きであった。特に対米協調を重んじる原敬が首相として大戦直後の日本外交を指導し、同じく外務省内の対米協調派である幣原喜重郎が一九二〇年代の日本外交を指導したことは、日露戦争以降に対立的様相を帯びつつあった日米関係が一定の成熟の段階に到達したことを意味した。彼らが外交指導者の立場にあった時期の日米協調は、中国（特に満蒙）における日本の権益を、アメリカが具体的干渉をしないことで成り立っており、高平・ルート協定や石井・ランシング協定の路線を継承したものともいえるのである。

その日米協調は、原内閣期の一九二〇年に早くも現実となった。同年に結成された新四国借款団は、アメリカ主導で中国の門戸開放・機会均等原則を実質化する試みであったが、日本は南満洲および東部内蒙古を借款団の活動範囲から除外するように要求した。このとき日本が満蒙を除外すべきと主張した根拠は、まさしく石井・ランシング協定に求められた。中国における列国の勢力範囲撤廃を前提とするウィルソン政権としては、協定の主旨を表立って容認することはできないながらも、日本との協調なくして中国への借款政策は実行できるはずもなかった。そこでアメリカ銀行団代表ラモント（Thomas W. Lamont）は、井上準之助日銀総裁と交渉を行い、南満洲の特定の諸鉄道敷設に関する日本の優位を例外的に認める協定を取り交わした。これは石井・ランシング協定が定める日本の「特殊権益」を現実化したものとも解すべき日米間の協調の成果であった（三谷「大正デモクラシーとワシントン体制」八九〜九〇頁）。こうして大戦後の中国をめぐる日米協調は、日本の「特殊権益」を非公式に是認しながらでも十分に実現可能であることが証明されたのだった。

もちろん、石井においても大戦後の日米協調が従来以上に重要になったことは理解されていた。それゆえ、石井は自身が主役となった石井・ランシング協定が、大戦後東アジアの日米協調関係の基盤となることを期待した。それは前述したように、協定が九カ国条約に取って代わられたあとも変わりなかった。

元来、日本の「特殊権益」とは、アメリカの立場如何にかかわらず、現に存在するはずであった。石井の比喩に従えば、石井とランシングは「写真師」の役割を果たしたにすぎず、これら「写真師」がつくり上げた「陽画〔ポジ〕」＝石井・ランシング協定」が壊されたとしても、「陰画〔ネガ〕」＝特殊権益」が壊されたことにはならない。ゆえに協定が効力を失ったとしても、日本の満蒙特殊権益は存在し続けることになる（『餘録』一六三頁）。このように、石井は協定が廃棄されて以降も、一貫して日本の「特殊権益」の正当性を持論とし続けた。

石井とランシングとの間で生じた「特殊権益」をめぐる認識ギャップは、原内閣や幣原外交の時代には顕在化することがなかったが、一九三〇年代に入ると再び日米間の外交問題として浮上することになる。この問題については後章に譲り、石井にとって最後の戦時対米外交に立ち戻ることとしよう。

第三節　新外交と戦後秩序

「新外交」のインパクト

石井・ランシング協定調印直後の一一月七日、ロシア国内で十月革命が発生した。新たに発足したボリシェヴィキ政権は、ドイツとの終わりの見えない戦いを終結させるべく、活発な動きを見せるようになった。革命指導者レーニンは、「平和に関する布告」を世界へ向けて発し、無賠償、無併合、民族自決、秘密外交の廃止などに基づく即時終戦をアピールした。

共産主義とは異なる立場から、帝国主義を批判するアメリカのウィルソン大統領は、レーニンの「布告」に高い評価を与える一方、自らもこれに対抗する戦後構想を打ち出した。それは一九一八年一月の連邦議会で行った、有名な「十四カ条の原則」演説である。このウィルソンの演説には、秘密外交の廃止、公海の航行の自由、国家間の経済的障壁の除去、軍縮、民族自決、国際平和機関の設立など、戦間期国際政治に多大な影響を及ぼす重要な内容が多く含まれていた。一般的に「新外交(New Diplomacy)」と呼ばれるウィルソンの十四カ条原則の核心は、大戦後に集団安全保障体制を確立するための国際機関を設立し、先進諸国の協力に基づいて、自由主義的で資本主義的な世界秩序を構築することにあった。この新外交理念は、終戦後の国際連盟創設へとつながることになる。

米ソという新興国が提唱する戦後構想に対しては、当時から日本国内でも様々な反応があった。例えば大正デモクラシーの旗手として知られる吉野作造は、普遍主義と中国ナショナリズムへの深い共感から、ウィルソン主義を肯定的に評価した知識人の代表だった(三谷『大正デモクラシー論』一四一〜一四四頁)。これとは反対に、若き日の近衛文麿は、「英米本位の平和主義を排す」と題する論文で、欧米列国の平和主義を欺瞞であると痛烈に批判した。近衛にとってのウィルソン主義とは、あくまで英米にとって都合の良い利己主義的な理念にすぎなかった(中西「近衛文麿「英米本位の平和主義を排す」論文の背景」)。吉野と近衛のいずれの立場からしても、ウィルソン主義は大戦後の日本にとって重要な論争テーマだったことが理解されよう。

十四カ条原則が発せられた同年の四月二六日、石井は正式な駐米大使としてアメリカの地に赴任することになった。石井新大使の任務は、大戦が終結に向かう中、ウィルソン主義を掲げるアメリカへいかなる対応をするべきかであった。後年のことであるが、石井はそのウィルソン主義の意義を以下のように語っている。

ウイルソン氏が新天地の正気の為め、新世界の正義の為め、孤軍奮闘したのは誠に天晴であつた。国際連盟が今日の如く権威を張り、正義観念が今日の如く高まり、遂に国際不戦条約の締結をさへ見るに至つたのは同大統領の健闘に俟つこと大なるものあつたことは、凡そ国際平和の樹立を希図するものの、感謝を以て認めねばならぬ所である（『餘録』四五六頁）

この文章のみを見れば、石井がウィルソン主義に手放しの賛辞を送っているかのようである。確かに石井は、終戦後に国際連盟創設やパリ不戦条約など、次々と成立する国際平和のための機関や条約の根源がウィルソン主義にあることを認め、その意義を高く評価していた。

だが一方で普遍主義的なウィルソン主義は、日本の国益に重大な問題を及ぼしかねないことも石井は理解していた。特に第一次大戦を契機に、中国や朝鮮半島ではナショナリズム運動が活発化したのだが、ウィルソンの民族自決理念はこれらを正当化する論理を孕んでおり、日本として全面的に容認できるものではなかった。ともすればウィルソン主義は、石井・ランシング協定でアメリカ側に承認させたはずの特殊権益などを否定しかねない恐れも含んでいた。石井のウィルソン主義への認識には、その普遍性に一定の評価を与えつつも、中国における日本の特殊権益という個別問題とを乖離させることを前提としていた点には注意すべきだろう。

それでは駐米大使としての石井は、ウィルソン主義のもとでの日米協調をいかに実現しようとしたのか。石井の駐米大使期には、シベリア共同出兵問題、在米日本人移民問題、同盟国降伏後の戦後処理など次々と難題が押し寄せたが、これら諸問題をめぐり、石井はウィルソン主義へ一定の配慮を示しつつも、自国利益とのバランスを図るべく苦闘を繰り広げていく。

シベリア出兵をめぐる相克

石井が駐米大使に就任した頃、ロシア革命の波が東方のシベリア地域にまで波及し、ロシア全土にわたって混乱を招いていた。シベリアと接する満洲に権益を有する日本にとって、ロシア革命の影響が同地に及ぶことは何としても防がなくてはならない。特に本野外相や、田中義一参謀次長をはじめとする陸軍参謀本部は、革命勢力打倒のための積極的な軍事干渉論を主張した。ただし干渉は日本単独ではなく、アメリカや他の連合国と共同歩調をとることが重要だった。そのため石井はアメリカの地で、シベリア共同出兵問題に関し政府当局らと協議を開始した。

なお石井がロシア革命や共産主義思想に対していかなる認識を有していたかは史料的に定かではない。おそらく石井にとってより重要な関心は、革命ロシアとドイツが提携することへの脅威にあったと思われる。もし両国が手を携える事態になれば、大戦はさらに長期化かつ複雑化することが予想された。かねてからロシアとドイツが提携し、東アジアの地でその勢力を伸長させることを警戒していた石井は、ブレスト・リトフスク講和条約以降の独露提携の可能性に少なからぬ関心を有していたと考えられる。

独露提携を阻止するためにも、石井は連合国やアメリカが共同でロシアへ軍隊を派遣することの必要性を理解し、対米交渉を行うことになる。それは大使就任直後の四月二八日のランシング国務長官との会談から始まった。石井はここで、「ドイツ化したロシア（Germanized Russia）」の脅威を語り、日米が協力して独露提携を阻止しなければならないとランシングへ訴えた。さらに石井は、ロシアが「ドイツ化」することを防ぐためには、日米に中国を加えた三カ国で、シベリアへの軍隊派遣を実施すべきと強調するのだった（*PWW*, vol. 47, 459-461）。

石井の反独主義に基づく日米提携の主張には一貫性があった。それは石井の念頭に、ヴィルヘルム二世の黄禍論への反発が常に存在していたからに他ならない。七月六日のボストン市長ピーターズ（Andrew J. Peters）との昼食会での発言からも明らかなように、ここで石井は、ヴィルヘルム二世の黄禍論とツィンメルマン電報事件とを対比することで、日米がともにドイツの被害者であることを強調した。そしてこうしたドイツの謀略に対抗すべく、両国はより緊密な関係を維持すべきと訴えたのだった（*New York Times*, Jul. 7, 1918）。

ところが肝心のウィルソン政権は、大統領の革命勢力に対する個人的なシンパシーもあり、当初はロシアの革命に干渉することには消極的だった。そのため、四月三〇日に石井と会談した際、石井からシベリアへの日米共同派兵の提案がなされたものの、ウィルソンは明確な回答を避けた。石井はウィルソン以外にも、ランシング国務長官やポーク（Frank L. Polk）国務省参事官、イギリスのレディング（Rufus Isaacs, Marquess of Reading）駐米大使へもウラジオストック派兵を提議し、英米との協調によるシベリア出兵を目指していた（*PWW*, vol. 47, 488-489, 620-622）。

五月一四日、シベリアでチェコ兵事件（オーストリア＝ハンガリー帝国から独立を目指すチェコスロヴァキアの軍団がレーニンのボリシェヴィキ軍と対立した事件）が発生したことで、ウィルソン大統領の姿勢は変化した。民族自決原理を提唱するウィルソンにとって、少数民族弾圧は見過ごせない重大問題だったのである。そこでウィルソン政権は、七月六日にチェコ兵救出に限定したシベリア共同出兵の方針を決定した。この決定は日本政府へも伝えられ、新外相に就任したばかりの後藤新平もアメリカからの共同出兵案に賛同した。そして一二日、寺内内閣はアメリカの方針に従ってシベリア出兵を実施する旨を閣議決定した。こうして八月二日にアメリカ陸軍がウラジオストックに上陸、遅れて日本陸軍も同地に出兵した。

シベリア出兵の際の日本軍の活動は目覚ましく、その出兵数や行動範囲は次第に拡大し、最終的には北満洲からロシア三州にまで及んだ。するとランシングは、日本軍の過剰なまでの行動を危険視し、石井を通じて抗議を行った。さらにウィルソン大統領も石井へ、日本軍の兵力数と派遣地域を制限するよう勧告した。

九月に発足した原敬内閣は、アメリカの対日批判への釈明に追われることになった。政府の訓令を受けた石井は、日本にとってシベリアは地理的に近く、同地の動乱は日本に多大な被害を与えるために多くの軍隊を派遣し、その活動範囲も拡大せざるをえないとアメリカ側へ説明した。これと並行して、日本がシベリアへの野心を有しているのではないかというアメリカ側の懸念を解消するための一環として、原内閣はランシングからなされた提案――シベリアや東支鉄道経営を国際管理あるいはロシアの管理下に置く――を全面的に受け入れることとした。

加えて原内閣は、シベリアからの日本軍の一部撤退を実施するなど、さらなる対米配慮も欠かさなかった。また本国政府と同様に対米協調を重んじる石井が、ワシントンの地で積極的な対米折衝を行ったことで、少なくとも大戦終結前まではアメリカの対日批判はそれほど大きくはならなかった。

しかし大戦が終わり、各国がロシア国内から軍隊を撤退させても日本軍が駐留を続けたため、日本は次第に国際的な批判を浴びるようになったことはつとに知られている。その日本が完全にシベリアからの撤退を完了するのは、大戦終結から約四年を経た一九二二年一〇月のことだった。

「国際正義」への懐疑

シベリア出兵問題と並行して、石井は大戦後を見据えた対米交渉を進めた。石井がウィルソン主義に一定の評価を与えていたことは前述したが、ウィルソンがいうところの「国際正義（international justice）」に基づく大戦後の国際秩序に対する懸念もなかったわけではない。果たしてウィルソンの国際正義とは、具体的にどのような形で、どの地域を対象に適用されるのか。それは日本の国益と両立が可能なのか。しばしば理想に走りすぎるウィルソンの戦後構想に直面して、石井は現実主義的な視点から日米協調の方策を見出そうとしていた。

元来のウィルソン主義は、主として当時の国際政治の中心であるヨーロッパ地域を対象にしていた。だがウィルソン主義に含まれる民族自決や植民地獲得競争の禁止といった普遍的理想主義は、意図せずして東アジアの地にも適用される可能性を含んでいた。そうなれば日本が戦時中に奪取した山東半島や南洋群島などの旧ドイツ権益は、大戦後に日本が継承することが困難になると予想された。さらに深刻なのは、大戦前から日本が有する南満洲や朝鮮半島の権益や領土さえも放棄させられるかもしれないことだった。こうした事態は、小村外交の路線を継承する石井の手で得られた大戦期の取り決め――ロンドン宣言や石井・ランシング協定など――の効力を喪失してしまいかねない重大事だった。それゆえ大使としての石井は、ウィルソン主義の東アジア・太平洋地域への適用を回避し、日本の在外権益に対する国際的理解を取りつけておく必要があったのである。

その石井による大戦後の日米関係の構想は、ウィルソンの側近であるハウス（Edward House）大佐と行った協議から垣間見ることができる。一九一八年七月六日、両者は大戦後の国際秩序再編に関して踏み込んだ意見交換を行っている。このときハウスは、大戦後の国際社会は「一般的永久平和」の目標を実現すべく、大幅な国際的軍縮を各国協力で実施しなければならないとの見解を語った。ハウスによると、もし大戦後に軍縮が行われなければ、世界各国は再び熾烈な軍拡競争を開始し、各国民は大きな財政的負担に苦しまねばならない。ハウスの軍縮論は、ウィルソン主義を反映した国際平和と財政負担軽減のための手段だった。

ハウス発言を受け、石井は軍縮の必要性そのものには同意しつつも、具体的な軍縮条約の交渉段階で、各国の意思が一致することはないだろうという悲観的観測を漏らした。石井は、そもそもアメリカのいう「正義」の概念が極めて抽象的であり、必ずしも全国家が共有できるものではないとする。その証拠として挙げるのが、アメリカ国内における日本人移民への差別的待遇であった。長らく日米間では在米日本人移民問題が外交問題となっていたが、このアメリカの国内政策も日本からすれば「正義」に背反することになる。さらにアメリカの東アジア政策の原則である門戸開放も、日本の同地での活動に支障をきたすことになれば、やはり「正義」に反する。すなわちアメリカ、カナダ、オーストラリアなどでなされている日本人移民排斥が今後も継続されるのであれば、日本は小さな島嶼に閉じ込められたままになり、窒息状態に陥らざるをえない。こうした状況を打開するためには、アメリカ自身が「正義」の実現ために従来の対日差別的な移民政策を是正しなければならないと訴えたのである。

軍縮問題と移民問題を同列に扱う石井の主張にはやや飛躍があるのだが、国家間関係に「正義」を求めることの難しさをハウスに説得しようとしていたことには一定の合理性があった。石井にとっては、いくらウィルソン政権が理想主義的な「正義」を掲げようとも、それはアメリカの国益を最大化するための口実にしかすぎなかった。同様に他の国家も、自国に都合の良い「正義」を利用するだけで、国家間問題の解決には至らないだろうと予想された。それがゆえに石井は、アメリカ側が国際社会の現実を直視し、日本の東アジアにおける権益を是認するべきとの考えを譲らなかった。つまりこの会談で露呈した両者の見解の相違は、そのまま戦間期の日米対立へとつながる重要な争点を孕んでいたのだった。

この後、ヨーロッパでは一一月にドイツとオーストリアが降伏したことで、四年余りにわたった世界大戦が終結した。未曽有の大被害をもたらした大戦争のあと、勝利した連合国は、敗戦国へ対する賠償や制裁、そして新たな国際秩序の建設に向け、一九一九年一月からパリで講和会議を開催する。

石井自身はこの会議に参加しなかったが、ワシントンの地で戦後処理に間接的に関与することになった。

人種平等と在米日本人移民問題

講和会議への招聘がなされると、原内閣は早速準備に着手した。多数の国家が関与した大戦争の講和会議は、必然的に大規模にならざるをえない。日本にとってこれまで経験したことのない一大国際会議であり、極東の中流国から世界的な大国へと成長するための重要な舞台となるはずだった。そして何より、大戦中の成果を他の連合国に認めさせ、自国権益の拡大を現実のものとしなければならない。そこで原内閣は、西園寺公望代表以下、牧野伸顕、松井慶四郎、伊集院彦吉、珍田捨巳の四名を全権とし、総勢六〇名以上に及ぶ全権団を結成し、パリへ送り出した。

この全権団に国際経験豊富な石井が加わらなかったことはいささか不思議であろう。その理由の一つには、かつて原敬率いる政友会の敵であった大隈内閣の外相を務めたことがあったと考えられる。さらに、石井は講和会議参加にあたって、本国の内田康哉外相へ日本の旧ドイツ南洋群島獲得のため、ウィルソンの主張する領土不割譲主義に反対する旨の声明を発すべきと進言したが、これは本国政府の受け入れるところとはならなかった。石井はこうした原内閣の対米協調の姿勢を「追随外交」と批判したが、石井と本国政府との間に戦後処理に関する認識で距離があったことも、石井が全権団に選定されなかった一因と思われる。

ただ石井をワシントンの地にとどめておくことは、本国政府にとって必要であったことも事実である。政府はパリで講和会議が開催されている間、中国全権団がワシントンでアメリカ政府と水面下の協議をし、中国の要求に対する支持を取りつけるための活動を展開することを憂慮していた。そのため、外交経験豊富な石井がワシントンにとどまり、ウィルソンやランシングをはじめ、中国へシンパシーを有するアメリカの政府や外交当局による対中支援を阻止するべく取り計らうことが期待されたのである（ニッシュ『日本の外交政策』一二八～一三〇頁）。つまり石井の外交官としての能力が認められていたがゆえ、石井はパリへ赴くことなく、アメリカとのパイプ役としてとどめ置かれたという面もあったのだった。

そこで石井はパリで行われる講和会議の行方を観察しながら、大戦後の日本の国際的地位向上のため独自に対米折衝を行った。特に重視したのが、大戦期間中、一時的に鎮静化していた在米日本人移民問題の再燃を阻止することであり、同時に日本人移民の待遇改善を実現することだった。

第２章でも紹介したが、日露戦後期に石井は在米日本人移民問題に関与していた。その石井にとって、在米日本人移民問題は中国問題とともに日米関係に横たわる障害となり続けており、大戦後の講和会議の場でこの問題が解決されるのが望ましいと考えられていた。それゆえ講和会議で国際連盟発足が議論される中、日本全権団から連盟規約に人種差別撤廃条項の挿入が提案された際も、石井は全面的にこれを支持したのだった。

もちろん、この日本全権団の提案には、アメリカ国内における日本人移民の待遇改善が念頭に置かれていた。日本としては、ウィルソン主義を利用した普遍的な人種差別撤廃を掲げることで、アメリカをはじめ他国の支持を得られると考えられた。そのためウィルソンもまた、当初はこの日本案へ同意し、規約への挿入を実現しようとしていた。

しかし、ワシントンの議会内では国内の移民問題に対して、よりシビアな見解が有力だった。例えば三月二日の上院では、ヒッチコック（Gilbert Hichcock）外交委員長が、移民問題は完全なる内政問題であるため、その決定権はすべてアメリカ側にあるという内容の演説を行い、日本の人種平等案を牽制した。これを石井から伝え聞いた内田外相は、日本政府としては人種平等の実現はウィルソン主義の一貫と理解しているため、人種差別に基づくアメリカ国内の日本人移民待遇の改善を求めるよう石井へ訓令した（『日外』大正八年第三冊上巻、四五四〜四五六頁）。

この事例からも明らかなように、アメリカ国内の移民政策に対する姿勢は、ウィルソン個人の理想主義とは裏腹に極めて強硬だった。ワシントンにおける移民問題への強硬姿勢を見た石井は、従来のような政府間レベルの交渉のみでは解決困難であることを悟るようになった。

そこで石井は、石井・ランシング協定の際と同様、アメリカ世論へ直接訴えかける広報外交の戦略を採用することとした。それは三月一四日にニューヨークで行った演説であり、ここで石井は、講和会議で必ず人種差別撤廃を実現しなければならないことを強く訴えたのだった。この演説で石井は、もし現今の終戦ムードを契機に人種差別撤廃が実現しなければ、講和会議そのものが徒労に終わるだろうと強調した。さらに、激しい総力戦を終えたばかりの世界は、今や新たな段階に到達しており、今後発生する戦争は帝国主義的な国益をめぐる戦争ではなく、社会主義・共産主義対自由資本主義というイデオロギー戦争になるだろうと述べる。そしてこうしたイデオロギー戦争が起こった場合には、あらゆる自由資本主義国家は、共産主義国家に対峙するため、人種の枠組みを超えて結束しなくてはならない。それはすなわち、日本とアメリカとの協調こそが大戦後の国際秩序にとって不可欠であり、両国協調のためには現在のうちに人種差別の問題を解決しておかねばならない、というものだった（『日外』大正八年第三冊上巻、四七五～四七八頁）。

大戦終結間もない時点で、石井が将来的なイデオロギー戦争の可能性を示唆している点は興味深い。確かにロシア革命以来、日米を含めて連合国の内部には、こうしたイデオロギーの世界的な波及を恐れる声が根強く存在していた。その意味で石井のこのニューヨークでの演説は、こうした連合国内の状況を反映し、共産主義の脅威をアメリカ世論に問うことで確固たる日米協調を築こうとする試みだった。

さらに注目すべきは、石井の論理には、ウィルソン主義のような、正義や国際主義といったトランス・ナショナルな普遍的理念は含まれていないことであろう。つまり、あくまで日米の国益という観点から人種差別撤廃と日米協調の重要性を主張したことに、石井ならではの論理が看取されるのである。石井は人種差別撤廃という新たな理想主義的政策を、トランス・ナショナルな普遍主義ではなく、日米の国益という現実主義的観点から提示したのである。

とはいえ、石井の主張が講和会議の場で採用されることはなかった。会議は最終的に、日本の提案した人種差別撤廃条項案を退けたのである。特に自治領オーストラリアからの強い圧力を受けたイギリスが日本案に強硬に反対し、ウィルソンがこれに妥協したことが原因だった。

アメリカ国内でも、石井の広報外交が日米関係の改善に直接資することにはならなかった。現地メディアの中には、石井の演説を過激な反米主義と紹介するものもあり、人種平等の要求に日本が固執すれば、アメリカと日独露三国との間に戦争が起こりかねないとして、新たな世界戦争の可能性を煽動するものさえあるほどだった（『日外』大正八年第三冊上巻、四七三〜四七五頁）。

このように、石井の広報活動は、日米両国の煽動的な言論状況を改善するどころか、加速させる一因にもなったといえる。在米日本人移民問題は現地メディアにとって格好の材料であり、「戦争危機（ウォー・スケア）」が煽られるような日米世論において、石井の発言がプラスに機能することにはならなかった。

こうして、講和会議における人種平等案の挫折や、アメリカ国内の対日世論の悪化など、大戦後の日米協調を困難にする諸要因が早くも表面化しつつあった。だが石井はこれらでもって日米関係の将来に絶望したわけではない。確かに現地メディアには過激な反日論調が存在するものの、記者個々人と接触する限りにおいては、むしろ好意的反応を得ていた。ゆえに石井は、人種差別撤廃条項案が講和会議の場で実現しなくとも、すぐさま日米関係に悪影響をもたらすことにはならないだろうという観測をしていた（『日外』大正八年第三冊上巻、四八二頁）。そして石井は、将来的に国際連盟が人種差別を禁止する方針を打ち出せるよう、自らも主導的に活動を継続していく決意を固めたのだった（石井ほか「外交座談会」第二一回）。

ところがこの後の歴史は、必ずしも石井の思惑どおりに動いてはいかない。アメリカが上院の否決で国際連盟へ加入しなかったため、大戦後の国際秩序再構築は出発時点から大きな問題を孕んでいた。さらに移民問題をめぐる日米対立も、一九二四年のいわゆる排日移民法成立でピークに達した。日本人移民の受け入れを禁じた同法の成立は、それまでの移民問題解決に向けた石井らの活動を徒労に終わらせるものだった。それゆえに同法成立時の石井のショックは計り知れないものがあった。石井は同法成立に際し、ここにアメリカ人の人種差別意識が頂点に達したと痛烈な批判を与えた。石井は同法がすぐさま日米戦争のような最悪の事態を惹起することはないとしながらも、今後も日米両国民が冷静な判断力を失い続ければ、「起こるべからざる戦争も終に起り得べき可能性を有する」と警告するのだった（『外交随想』三八頁）。

移民問題や中国問題など、日米間には重大な外交問題が横たわったまま戦間期に突入した。だが、それでも石井は日米協調を放棄することはせず、両国関係の改善に努めるべく活動を継続する。日米が太平洋を挟んで対峙することは、両国にとっても国際社会にとっても最悪のシナリオとなる。その事態を回避するため、具体的に石井が取り組んだのが、日米仲裁裁判条約延長によって、両国の外交問題を平和的に解決する制度を維持することだった。

日米仲裁裁判条約延長問題

前節で論じた石井・ランシング協定は、戦時中の一時期に限って日米親善ムードの醸成に役立ったものの、協定自体は抽象的な確約にすぎず、国家間の行動を公式に規定する性質を有していたわけではなかった。石井自身もこのことを十分に理解していたため、日米親善をより強固にするためにはさらに実効性ある取り決めを交わしておく必要性を認めていた。

そこで石井は、日米仲裁裁判条約の延長によって、大戦後の確固たる日米協調の礎を築こうと考えた。仲裁裁判条約があれば、将来日米間に深刻な外交問題が発生しても、平和的手段で解決へと導くことが可能になると期待されたのである。

国際仲裁裁判（international arbitration）とは、一般的には紛争当事国が選任する裁判官により、法の尊重を基礎として国家間紛争を処理する手続きと定義される。国際法上、仲裁（arbitration）は事件ごとに当事国間の同意に基づいて裁判所が構成され、事件が審議される（松井ほか『国際法』二四三頁）。近代に初めて本格的な仲裁裁判条約が現れるのは、一八九九年の第一回ハーグ万国平和会議、および一九〇七年の第二回ハーグ万国平和会議で調印された、国際紛争平和的処理条約第三七条以下の規定に基づく常設国際仲裁裁判所である（常設仲裁裁判所に関する規定は、同条約第四一条以下）。仲裁裁判所が設立された意義が、「一九世紀の、ことにその後半の平和運動において、すでに一つの最も注目された目標」と評されることからして、仲裁裁判は戦争を未然に防止する制度として大いに期待されていた（横田『国際法論集Ⅰ』五八頁）。もっとも、ハーグ会議で設置された「常設」とは名ばかりでしかなく、現実に起こる戦争を回避したり、平和維持のための目立った貢献をなしたわけではないことは、第一次大戦の発生を防げなかった事実からも明らかだった。

だがアメリカに理想主義的な政治観を有するウィルソン政権が発足したことで、アメリカの仲裁裁判に対する取り組みは積極化した。政権発足当初、ウィルソンやブライアン国務長官らの主導によって、アメリカは関係諸国との間に約三〇もの仲裁裁判条約を締結した。ウィルソン政権が仲裁裁判条約を次々と取り交わした理由は、解決困難な外交問題を常設調査委員会に付託し、調査・勧告をなす期間中、当事国の政府と国民世論を鎮静化させることで問題の平和的解決を導くことが可能になるという期待があったためだった（本橋『アメリカ外交史概説』一〇九〜一一〇頁）。

日米間にも一九〇五年に仲裁裁判条約が調印されたが、アメリカ側の事情で批准には至らなかった。

その後の一九〇八年、アメリカからの提議で再び日米仲裁裁判条約が正式に締結された。そして一九一三年八月に同条約が失効を迎えるにあたり、当時のブライアン国務長官と珍田捨巳駐米大使とが協議し、制限的な日米仲裁裁判条約を締結した（千葉『旧外交の形成』四一三頁）。この日米仲裁裁判条約は、奇しくも石井が大使の任にあった一九一八年八月に失効を迎えることになっていた。そのため、アメリカ政府は期限の前年から条約延長に関する調査を行い、石井大使に条約延長の提議を行った。

石井は一九一八年七月一四日、本国政府へアメリカが英仏両国と仲裁裁判条約を延長することを決定したことを伝え、日本も早急にアメリカ政府との協議を開始し、条約延長を行うべきと進言した。後藤外相はこれに同意し、石井とアメリカ外交当局との折衝が開始されることになった。

石井と国務省との協議により、日米両政府は条約延長を正式に決定、ワシントンで批准書の交換が行われた。ここに日米仲裁裁判の延長は無事に成功を見ることになった。

なお大戦終結後、仲裁裁判条約は国際連盟を舞台として、従来の二国間条約から多国間条約の形式に変化していく。次章で論じるように、一九二〇年代は連盟理事会が国家間紛争の仲裁裁判所への委託に関する権限を得たことで、より強固な仲裁裁判（もしくは司法裁判）の制度が定着するものと期待された。そして連盟理事会で活躍することになる石井にとっても、仲裁裁判や国家間問題の平和的解決をめぐる連盟の重要性は極めて重大なものと解された。

石井にとって、仲裁裁判や国家間問題の平和的解決を制度化することは、大戦後の日本が欧米列国と対等に渡り合うための手段の一つだった。確かに従来の二国間での仲裁裁判条約というスタイルは、大戦後に国際連盟という会議外交へ取って代わられたものの、それは既存の国家間関係そのものを大きく変化させたわけではない。従来の二国間外交にせよ、連盟という多国間外交にせよ、スタイルは変われども、目指すところは石井にとって変わりはなかった。すなわち、あらゆる国家は国際法に則って自国利益を維持・拡張しなければならないが、無政府状態の国際社会では、国際法を単なる机上の文書にとどめず、関係各国の契約履行という責任によって遵守しなければならない。それは指導者たちを含め、各国国民の高い文明度が要求される。イギリスやセオドア・ローズヴェルト政権下のアメリカのように、高い文明度を有する国家との協調を基盤とすることこそが帝国日本の成長に不可欠だったのと同じく、大戦後の日本は連盟を舞台として国益と国際平和とを両立させねばならない。こうした考えを有する石井が、大戦後に日本連盟代表として、ヨーロッパの舞台で活動することになるのは必然であった。

その石井は、パリ講和会議終結後、本省へ駐米大使の辞任を申し出た。それは理想主義を掲げて国際政治の現実を直視しようとしないウィルソン政権への失望という側面もあった。石井はウィルソン政権、特にランシング国務長官が「誠意と責任感を有せざる人」と見て、こうした人物がリーダーである以上は「華盛頓（ワシントン）に大使として在任することは到底出来ないと主張」し、内田外相から帰朝の許可を得た。

帰国して間もなく、旧友の伊集院彦吉情報部長からの依頼を受け、駐仏大使に就任することになった（『外交随想』九、二二九頁）。石井にとって三度目となるフランス勤務だった。駐仏大使としての石井は、大戦後の混乱したヨーロッパに誕生した国際連盟を舞台に目覚ましい活動を展開することになる。

第5章 国際連盟での活動

第一節 国際連盟の始動

連盟をめぐる対立

国際連盟をめぐっては、近年、日本外交史や国際関係史分野での研究が活況を呈しており、続々と優れた成果が発表されている。従来、第二次大戦を防止できなかったがために、概して無用の長物にすぎなかったとのイメージを持たれがちだった連盟であるが、技術援助や保健事業など多方面にわたる国際貢献は、戦後の国際連合やその他の国際機関へ継承され、現代へ続くグローバリズムに多大な影響を遺したことが明らかにされつつある。

そうした連盟の第一義の役割は、その提唱者であり創設者であるウィルソン大統領の理想主義的な国際協調に基づく平和体制、すなわち集団安全保障の制度化にあった。ところが第一次大戦終結直後のアメリカ国内は再び孤立主義へ回帰しており、連盟に加盟することでヨーロッパの国際問題に過大な負担を強いられることへの抵抗が強くなっていた。そのため、パリ講和会議で連盟創設が議論されていた時期、ワシントンではウィルソン大統領の独断によってアメリカが連盟に加入することを阻止しようとの動きが活発になっていた。例えばロッジ（Henry C. Lodge）上院議員のような孤立主義者にとって、大戦後のアメリカが目指すべきは旧世界（ヨーロッパ大陸）への介入ではなく、建国の父たちの精神に立ち戻り、新世界（アメリカ大陸）の孤立によって平和を維持することであった（Widenor, *Henry Cabot Lodge and the Search for an American Foreign Policy*, 350-351）。こうしたアメリカ国内、とりわけ上院の激しい反発を受けて、ウィルソンは悲願の連盟創設を実現したにもかかわらず、アメリカの加盟については断念せざるをえなかった。こうして連盟は、提唱者のアメリカが不在のままに活動を開始することになった。

一方、日本国内では、連盟発足に象徴される大戦後の国際政治の転換を敏感に察知した知識人もいた。その典型が吉野作造である。酒井哲哉によると、吉野は一九世紀まで国内政治に限定されていた自由や平等の原則が、大戦後には国際関係に拡大適用されるようになり、「国際民主主義」という重大な国際政治上の転換が起こったと考えた。そして連盟が発足したことで、従来は弱小国の主張であった国際法に基づく制裁機能が担保されることになった。連盟という新たな国際機関の誕生に対する吉野の観察は、彼ならではの普遍主義的国際政治観に由来していたのであった（酒井『近代日本の国際秩序論』二二三〜二二四頁）。

ところが吉野のような大戦後国際秩序の転換という解釈は、必ずしも当時の政治家や外交当局に広く共有されていたわけではなかった。現実的に国益の維持拡大を目指さねばならない政治家や外交官らにとって、連盟は「ジュネーヴ・システム」と呼ばれる会議外交のスタイルをとりながらも、その実態は各国が自国利益を激しく闘わせる舞台に他ならなかった。

事実、アメリカの非加盟により、連盟の運用を主導したのは英仏という伝統的なヨーロッパの大国であったが、両国は連盟をウィルソンの理想主義を実現するための国際組織とは解さなかった。英仏にとって大戦後の最重要課題とは、敗戦国ドイツに対する賠償や制裁、自国経済の回復、そして大戦で荒廃したヨーロッパの安定を回復することだった。ところがこれら難題を処理するための具体的方法については、英仏の間にも小さからぬ相違があった。これこそが連盟が英仏間のパワー・ポリティクスの場と化した最大の原因であった。

イギリスのロイド＝ジョージ（David Lloyd George）内閣、中でも保守政治家のバルフォア（Arthur James Balfour）外相などは、連盟を一九世紀ヨーロッパ協調（Concert of Europe）の二〇世紀版とみなした。彼は連盟をナポレオン戦争後のヨーロッパ協調になぞらえることで、大戦後のヨーロッパの安定を図ろうとした。また世界各地に無数の紐帯を巡らせていた当時の大英帝国を維持する装置としても連盟の利用価値はあった。イギリスは連盟の集団安全保障機能を大英帝国の植民地や自治領との結合維持の手段として、これを利用することを想定していた。

一方のフランスは、大戦終結直後から自国と国境を接するドイツの脅威を除去すべく、連盟による厳格な対独制裁を要請していた。そのため、ヨーロッパ大陸の安定化のために敗戦国への過度な制裁に否定的だったイギリスと真っ向から対立することになった。こうした英仏の連盟に対する異なる態度は、ウィルソンの想定した理想とは異なり、連盟が各国の国益を追求する場と化すことを必然としたのである（フランケル『国際関係論』二九六頁）。

集団安全保障機構としての欠陥

連盟がパワー・ポリティクスの舞台と化した要因は、前述した英仏両大国の対立だけではなかった。集団安全保障機構であるはずの連盟の制度自体にも、重大な欠陥が含まれていた。この連盟が抱える制度的欠陥をめぐって、一九二〇年代を通じて幾度か改良の試みがなされるが、結果的には国家間の紛争を未然に防止することの困難さを露呈することになる。

発足当初の連盟の活動は、全二六条と付随規定から構成される連盟規約を指針とした。前文で、「締約国は戦争に訴えざるの義務を受諾〔する〕」と明記されているように、規約は加盟国に武力行使によって国家間問題を解決するという従来の方法を放棄することを求めた。そして規約の核心は、集団安全保障の制度化、つまり平和状態の維持（規約第一一条）と、平和の破壊に至りかねない事態を話し合いで解決するための事務的手続き（同第一二、一三、一五条）という二本柱にあった（Drummond. *Ten Years of World Cooperation*, 19）。

とはいえ、厳密には規約はすべての軍事行動を違法としていたわけではなかった。その証拠に、規約第一二条では加盟国が戦争に訴える際に先立って執るべき措置が細かに定められていた。つまり加盟国には、規約で認められた場合に限って軍事行動に訴えることの合法性が担保されていたのである。

その合法的な軍事行動とは、侵略行為が行われた際に、侵略国へ対する加盟国の制裁としての軍事行動であった。規約第一一～一五条では、侵略行為が発生した際に加盟国が執るべき措置として、①連盟総会もしくは連盟理事会の注意喚起、②開戦前の予備手段、③仲裁裁判の裁定もしくは司法裁判の判決、④連盟理事会による審査、の四段階が定められた（信夫『不戦条約論』二一〇～二一九頁）。以上の紛争解決の方法は、例外的に合法かつ正当と認められる軍事行動が存在することを自明とした。ただし、連盟発足時点では、上記の紛争解決のための四段階の方策に関する制度は未整備の状態だった。規約によると、総会が連盟における最高意思決定機関だが、実際に紛争処理の手段を決定するのは仲裁裁判所か司法裁判所、あるいは連盟理事会であった（規約第一三〜一五条）。ところが連盟が発足した一九二〇年一月の時点では、常設国際司法裁判所は創設されておらず、従来から存在した二国間を原則とする国際仲裁裁判所も十全な機能を有していたわけではなかった。これら紛争処理に必要な機関が未整備だったがゆえに、英仏伊日の四カ国を常任理事国とする理事会の決定こそが極めて大きな意味を有することになる。しかし後述する事例からもわかるように、理事会内の見解は常に一致を見るとは限らない。そのため、規約に定められた紛争の平和的処理の手続きとは相当程度に未発達であり、実効性の乏しいものでしかなかったのだった。

そして何よりも集団安全保障機構としての連盟が抱える致命的な欠陥とは、違反国へ対する制裁——大別して経済制裁と軍事制裁——の実行の困難さであった。規約第一六条において、全加盟国は制裁に加わることとされていたが、この制裁への参加は総会決議で実質的に非義務化されていた。特に最も重要な軍事制裁に参加するか否かは、各加盟国の自由裁量となっており、制裁の効力そのものが疑わしかった。

制裁規定にこうした曖昧さが残されたのは、連盟が加盟国の主権を尊重したために他ならない。多くの国家にとって、自国利害とは無関係の国家間紛争に、たとえ制裁の名のもとでも関与することになれば、制裁を受けた国家から報復を受ける恐れがある。報復を覚悟してまで連盟の決定に強制的に参加させることは、各加盟国の主権を侵害しかねないと憂慮されたのである。こうした制裁の強制と主権尊重のバランスの困難さゆえに、連盟が決定すべき「合法的な戦争」と「違法な戦争」との区分は極めて不明確となってしまったのだった。

これら連盟が抱える諸問題は、集団安全保障の機構としては死活的だった。侵略行為を禁じても、これに対する制裁が不明確であれば、結局は軍事行動をとるか否かは各主権国家の決定に委ねられることになる。これはウィルソンが望んだ国際政治の劇的な変革からは大きく乖離していたといえよう。ただし、これらの重大な欠陥を抱えつつも、この後の連盟は各国の代表者たちの血の滲むような悪戦苦闘の積み重ねによって、漸次的に法的・制度的な改良を加えていくことになる。日本代表としての石井もまた、そうした連盟の活動を支えた人物の一人であり、連盟の発展に少なからぬ貢献を果たしたのであった。

「新欧羅巴」の雰囲気

石井の連盟での活動を見る前に、一九二〇年前後の彼の動向を概観しておきたい。駐米大使を辞した石井は、一九二〇年六月に駐仏大使に任命された。石井がフランスに到着した頃のヨーロッパは、石井自身が痛感したように、いまだ第一次大戦の惨禍から抜け出ることのできない状態だった。英仏ら戦勝国でさえ、世界中に影響力を及ぼすかつてのような大帝国ではなくなっていた。ドイツの歴史家シュペングラー（Oswald Spengler）が世界的ベスト・セラー『西洋の没落』を出版したのは一九一八年から一九二二年にかけてだったが、まさしく当時のヨーロッパ世界では、その衰退と非ヨーロッパ世界の台頭が声高に叫ばれていた。シュペングラーの高らかな宣言は、大戦後の「新欧羅巴(ヨーロッパ)」のペシミスティックな雰囲気を反映したものだったといえよう。

石井の観察するところによると、大戦後の「新欧羅巴」に登場した国際連盟とは、複雑に入り組んだ列国の思惑が激しく衝突する場だった。「新欧羅巴」の内部では、あらゆる国民が国債や増税に悩まされ、平和を渇望するようになっていた。そのため、連盟の場における各国代表者たちは、広い会議室の円卓を囲み、友好的な雰囲気でもって様々な国際問題を談判していくという、会議外交のスタイルへの変化を積極的に受け入れた。約八年ぶりにヨーロッパ勤務に返り咲いた石井は、こうした「新欧羅巴」の変化に驚きを禁じえなかったという（『餘録』一六四頁）。

そして石井はこの「新欧羅巴」における日本の重要性を痛感した。ヨーロッパ列国が世界各地で覇権を争奪する時代は終わりを告げたかに思えたために、非ヨーロッパ圏で唯一常任理事国となった日本としては、新たな国際秩序構築の矢面に立たなければならないと考えられたのである。

だが石井の見るところ、発足当初の連盟内での日本の評判は頗る悪かったという。それはヨーロッパ諸国が自国の存亡を賭けた大戦争を繰り広げていた間、日本はヨーロッパから遠く離れた東アジアや太平洋地域で単独行動をとり、対華二十一カ条要求に代表される火事場泥棒的な政策を推進していたと思われていたためである。無論、こうした悪しき対日イメージには実際以上に誇張されていたものも含まれていたが、石井としては日本の国際的評判を貶めかねない状況を放置しておくわけにはいかなかった。そこで石井は、連盟という新たな会議外交の舞台にて、積極的な貢献を果たして日本の立場を回復すべく奮闘することを心に誓ったのである（石井「國際聯盟の真相」六頁）。

駐仏大使兼連盟代表として石井は、一九二〇年一一月三〇日に開かれた第一回連盟総会の場で、日本が今後果たすべき役割を高らかに宣明した。石井はここで、連盟が今後扱う多種多様な国際問題を、各国の「和衷協同の精神」で処理しなければならないと語った。その「和衷協同の精神」の実現に向けて、連盟はパリ講和会議で日本代表団が提案した人種差別撤廃を実現すると同時に、連盟の組織や事務運用方法の改善を図ることの必要性を訴えたのだった（『日外』大正九年第三冊上巻、二九九〜三〇〇頁）。当時の日本にとって重要課題の一つであった人種差別（日本人移民への差別的待遇）の解消は、連盟代表の石井が扱うべき問題と解されたのである。

だが連盟は石井の固執する人種差別問題に本格的に取り組むことはなかった。それはオーストラリア代表ら、一部から激しい反発があったためである。依然として奴隷制度を残し、これを国内労働力の源泉としていたオーストラリアのような国家にとって、日本が提案する人種差別撤廃は容認できるものではなかった。こうした加盟国への配慮もあり、連盟内で人種問題が扱われることにはならなかった。

石井の人種差別撤廃案は不採用となったものの、日本の主張を押し通すためには、日本の連盟内での地位を向上させねばならないことは明白だった。そこで石井は、発足間もない連盟で積極的な貢献を果たすべく、多様な活動を展開することになる。

第二節　「新欧羅巴」の紛争処理

発足当初の連盟の最重要課題は戦後処理である。それは政治・経済・軍事・社会の多方面にわたり、荒廃したヨーロッパを再建し、秩序を取り戻そうとする壮大な試みだった。そのため、連盟が扱う問題のほとんどはヨーロッパに関するものであり、非ヨーロッパ圏の地域が抱える問題は連盟では議題にあがることさえ多くはなかった。非ヨーロッパ圏の国家である日本にとっては、遠く離れたヨーロッパ問題は自国利害と直接関係していないため、えてして連盟に対する消極的姿勢がとられたことは致し方のないことだっただろう。

だが大戦後にヨーロッパの地で活動を行うことになった石井には、本国の消極的姿勢とは対照的に、積極的に連盟へ関与する必要があった。それは一方で大戦後の日本の国際的地位の向上に伴い、日本の国際社会における役割が拡大したためであり、他方で連盟が扱うヨーロッパの諸問題が、間接的に日本の国益に関連する東アジア問題に及ぶことが予想されたためだった。すなわち、日露戦争以後の日本にとっての最重要問題である中国をめぐる国際政治の今後は、連盟における石井ら日本代表の活躍によって左右されると考えられたのである。

こうした認識を有した石井が、具体的に連盟でどのような問題に取り組んだのか。特に一九二〇年代前半期に理事会が解決に導いた代表例としては、オーランド諸島帰属問題、ギリシャ・ブルガリア国境紛争問題、モスル所属問題など多数ある。本節ではそれらの中でもとりわけ石井が重要な役割を果たしたダンツィヒ自由市問題、上部シレジア問題、コルフ島事件を事例とし、その連盟における活動の一端を垣間見ることとしたい。

ダンツィヒ自由市問題

大戦後の連盟の重要な活動の一つに、ヨーロッパにおける新国家の建設と少数民族保護問題があった。ウィルソンの十四カ条原則にも含まれるこの少数民族保護は、大戦で崩壊した三王朝――ホーエンツォレルン王朝、ハプスブルク王朝、ロマノフ王朝――がかつて支配していた東欧やバルカン半島に属する諸民族の独立を連盟が保障することだけでなく、敗戦国ドイツの領地の一部を没収するという制裁の一面も持ち合わせていた。これら東欧やバルカン半島に居住する多種多様な民族のうち、十分な保護が与えられていない少数民族を保護するためには、連盟の主導下で独立国や自由市などを新設し、各々の環境に適したルールを半ば強制的に設定することが求められたのだった。

ヴェルサイユ条約では、連合国、特にフランスの意向が強く反映された結果、ドイツの領土縮小に関する子細な条項が盛り込まれた。西はフランス、東は独立復帰したポーランドと国境を接するドイツは、それぞれ国境周辺地域に多様な人種が共存する場所が少なからず存在した。中でも、フランスとの国境に位置するザール流域や、ポーランド領に囲まれたダンツィヒは、ヴェルサイユ条約によってドイツの統治から切り離され、それぞれ異なる統治制度が敷かれることとなった。ザール流域については、大戦中にドイツがフランス北部の炭田を破壊したことへの補償として、一五年間の連盟による信託統治制が敷かれた。そして一五年後にザール住民による人民投票を行い、住民が希望する国家

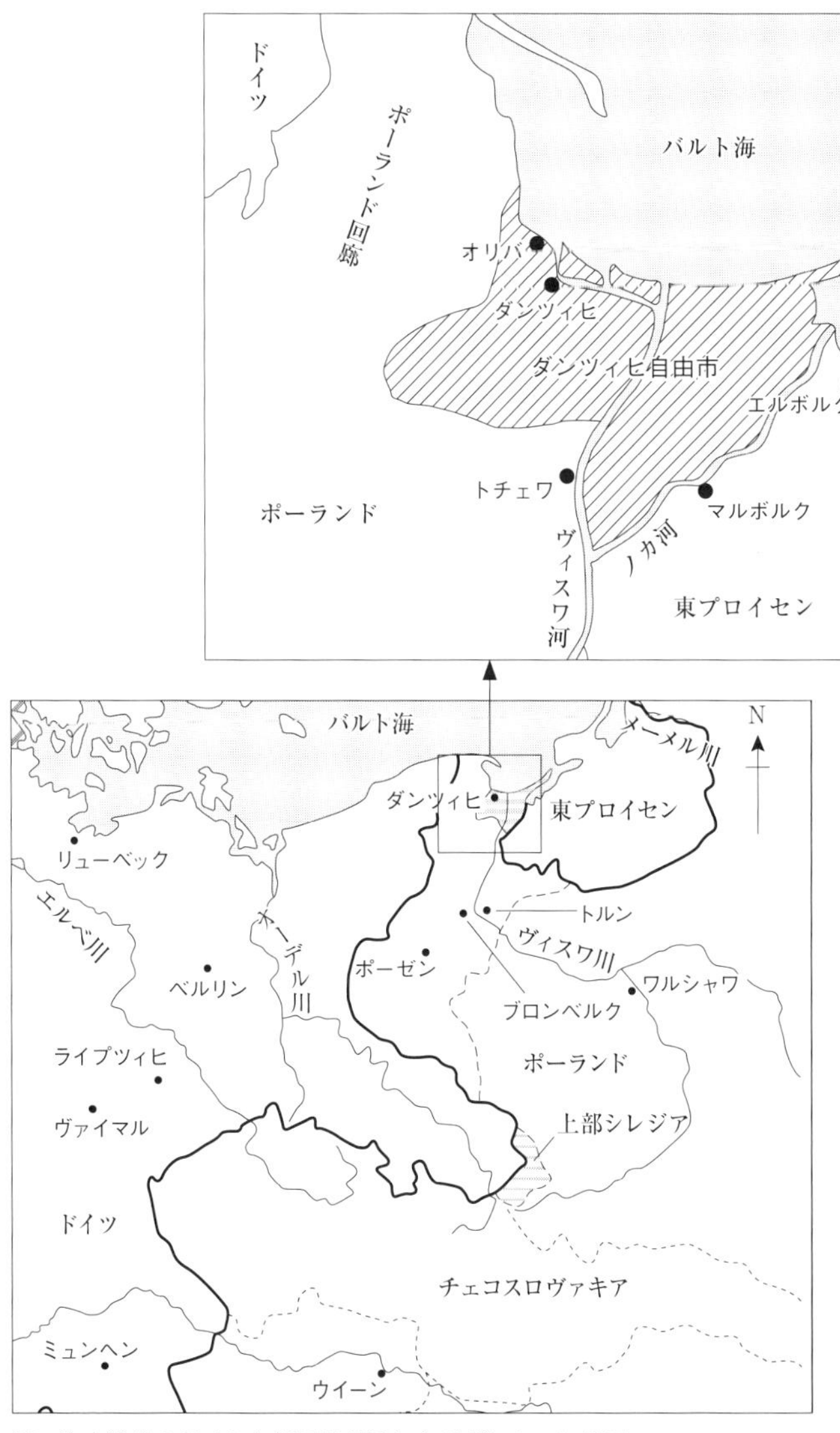

第一次大戦後のドイツ東部国境付近およびダンツィヒ地図

に組み込まれることとなった（Drummond, *Ten Years of World Cooperation*, 379）。

一方のダンツィヒは、ポーランド領内に位置するものの、かねてからドイツ系住民が多く、ドイツ国内から直接同地内へ鉄道が敷設されていたこともあり、ザールと同様の信託統治制を敷くことは困難であった。またダンツィヒは、グダニスク湾に面し、ロシアとの距離も近いという環境からして、ポーランドのみならず、ソ連にとっても地政学的重要性を有していた。こうした条件を踏まえ、ヴェルサイユ条約ではダンツィヒを自由市（Free City of Danzig）の扱いとすることが定められた。

連盟としても、ドイツへの制裁は必要だが、過度な制裁はかえって国際平和を損なう恐れがあるとの思いもあった。そのため自由市としてのダンツィヒの地位について、①連盟が認める自由市憲法を受け入れ、同地住民による自治を行う、②住民はポーランド政府の直接統治を受けず、ポーランド国の一部を構成することもしない、③ポーランド政府はダンツィヒ市内の経済的権利を享受することができる、④ダンツィヒ市はドイツからも分離されることになるが、ドイツの承認するところの海洋の自由と安全な航行を妨げることはない、という諸点を前提とした管理が行われることになった。こうして、ダンツィヒはザールと異なり、自由市として連盟の保護下に置かれ、理事会の指導に基づいて新憲法が付与されることが決定した。

連盟理事会は一九二〇年二月の第二回会議において、ダンツィヒ問題を扱う高級委員会（High Commissioner）を組織し、委員任命に取り組む旨を決定した。高級委員会はイギリスのタワー（Reginald Tower）を委員長とし、そのもとで同市憲法草案を作成し、理事会へ提出することとされた。そしてこの後、石井が連盟日本代表に就任すると、憲法以外の政治・経済・社会などの領域にわたる諸問題を審議するための調査を実施することが決定し、ドラモンド（Eric Drummond）事務総長はこの調査を行う報告委員に石井を指名した。

石井が報告委員に選定されたのは、ヨーロッパに直接利害を持たない国家の代表者であることから、中立的な調査報告が期待されたためだった。なお報告委員は、各議題に関する審議・解決案の方策を託される重要な役割を担った。理事会は議事日程に載せられた各種問題に一名の報告委員を選定し、報告委員は該問題の経過について次回理事会で報告することが任務とされた（Matsushita, *Japan in the League of Nations*, 86）。石井は必ずしもダンツィヒをめぐる独ポ間の争議に精通していたわけではなかった。それでも報告委員という重要な任務を与えられたことは、理事会における日本の立場の大きさの表明であり、石井自身もその役割の意義を十分に理解していた。

その石井が報告委員として当該問題の調査にあたって留意したのは、ダンツィヒ問題をめぐる大国の思惑だった。前述したように、英仏という理事会の中核を構成する両国は、ドイツの敗戦処理をめぐって異なる認識を闘わせていた。ドイツと隣接するフランスがドイツへの厳しい制裁を求める一方、イギリスは再びヨーロッパ大陸の情勢が悪化し、仏独対立が再現された場合に自国が負担するコストを考慮し、より宥和的に処理することが望ましいと考えていたのである。中立的立場から報告委員に任命された石井としては、こうした英仏対立を念頭に置き、

エリック・ドラモンド

双方を納得させる形での解決策を見出さねばならなかったのだった。

ダンツィヒが自由市として出発するうえで、理事会はまず隣国ポーランドとの正式な国交を樹立することを求めた。そこで一一月九日、ポーランドとダンツィヒとの間に交わされた条約および補足協定（以下、パリ条約）が締結された。このパリ条約では、ダンツィヒ自由市の地位、自由市におけるポーランドの権利、そして連盟の義務などがそれぞれ定められた。条約によると、ダンツィヒは連盟の保護下に置かれた自由市であり、連盟の任命する高級委員の同意のもとで自由市の代表者が同市憲法を制定し、効力を発することとされた。またダンツィヒ自由市の領域内にある港湾利用をめぐり、港湾委員会（the Harbor and Waterways Board）という自治組織を設け、管理にあたることになった。港湾委員会のメンバーは、ポーランドとダンツィヒ自由市からそれぞれ等しく選出され、議長は双方の同意を経て任命される。だが双方の同意が達せられなかった場合には、連盟理事会がこれを任命する。さらに港湾委員会は、ダンツィヒの港湾運営に責任を有し、常時輸出入の権利をポーランドに保障し、同国の自由自由な利用の権限を認めることとなった。

加えてポーランドには、ダンツィヒ自由市内の主要な鉄道を管理する権利と、港湾から自国までを直接つなぐ郵便制度の設備や電信設備等を整備する権利が認められた。こうしたポーランドの権利をダンツィヒ自由市は承認し、域内のポーランド市民やポーランド出身住民に対するいかなる差別も行わないことを確約した。こうした内容を盛り込むパリ条約の意義とは、ポーランドとダンツィヒ自由市間の協調が法的かつ行政制度的に構築されたことと、直後に制定されるダンツィヒ自由市憲法にとって、ヴェルサイユ条約と並ぶ基礎となったことにあった（Drummond, *Ten Years of World Cooperation*,

383-384）。

パリ条約発効直後の一五日、高級委員会が作成したダンツィヒ自由市憲法草案が連盟理事会で承認された。パリ条約と憲法の成立とによって、ダンツィヒの自由市としての立場は法律上正式に確立することになった。さらに理事会は今後のダンツィヒ自由市の管理、すなわち同市の軍事・経済安全保障に関する種々の課題を審議することとなった。この審議のための報告書を作成したのが、報告委員の石井であった。石井は一七日の理事会に報告書を提出した。

石井が作成した報告書の骨子は、まずダンツィヒ自由市の「保護」である。同市への外国からの侵略行為に対し、連盟が規約第一〇条「領土保全と政治的独立の尊重」に基づき、これを防衛する義務があるとした。次に連盟による同市憲法の「保障」であるが、これは憲法制定の目的である、自由市の政治的・領土的独立の維持、自由市内の少数民族（ポーランド語話者）の保護、自由市の経済・商業活動の自由の保護、等を連盟によって保障されることとなった。この石井報告書は、ドラモンド事務総長をはじめとする理事会メンバーからほぼ総意で承認された。

石井報告書の内容は、ダンツィヒをめぐるドイツとポーランドの対立を収束させるものであるとして賛辞を贈られた。そして報告書をまとめた石井の能力の高さが理事会内に知れ渡ることにもなった（Walters. *A History of the League of Nations*, 98）。当該問題をめぐる石井の奮闘は、ダンツィヒ自由市の新設という困難な問題を平和的に成し遂げることに貢献した。自由市は一九三九年にナチス・ドイツに編入されることになるものの、それまでの間は連盟の保護下で比較的安定した時代を送ることができた。船出したばかりの連盟にとって、ダンツィヒ問題を平和的に処理できたことは、この後の活動に大きな自信を得ることにつながったと考えられるのである。

上部シレジア問題

ダンツィヒ自由市問題と同様、上部シレジア（一七七頁地図参照）をめぐる国境紛争は、連盟始動期に発生した問題である。

上部シレジアはドイツとポーランド間に位置する面積およそ一万三〇〇〇平方マイル、人口約二〇〇万人を擁する土地である。北部とオーデル川西部はドイツ系住民が多く居住する農業地帯で、対照的に南東部はポーランド系住民の多い農業地帯だった。中間地帯には、ドイツ系とポーランド系が混在する鉱工業三角地帯があり、地下鉱物資源に富み、石炭や亜鉛の鉱山がある、当時のヨーロッパ重工業の四大拠点の一つでもあった（濱口「上部シレジア定境紛争（一九二一）の射程」一頁）。

ヴェルサイユ条約の定める上部シレジアの扱いは、全域をポーランドに編入するというものだったが、これにドイツは強硬に反発した。歴史的に見ると、上部シレジアがポーランド領に属したことはなく、ドイツ固有の領地とみなされていた。そこでイギリスのロイド＝ジョージ首相は、ドイツに妥協すべく、クレマンソー（Georges Clemenceau）仏首相の反対を押し切り、住民投票にかけることでこの地の将来的な帰属を決定することを条約に盛り込むことにしたのだった。

一九二一年三月二〇日、連合国人民投票管理委員会による行政管理のもと、住民投票が実施された。全体としての結果では、同地をドイツに帰属することを希望する票が多数を占めた。ところが投票結果を地域ごとに見ると、ポーランド領に帰属すべきとする意見が多数を占める地域もあり、全域をドイツへ帰属させるとなると、ポーランド側の反発を呼ぶことは必至だった。しかも五月一〇日には現地でポーランド系住民による大規模な蜂起が起こるなど、早期の国境画定による解決が求められた。

そこでロイド＝ジョージ英首相は、連合国最高会議の早期開催とその場での国境画定を実現すべく奔走した。だが同会議議長であるブリアン（Aristide Briand）仏首相の引き延ばしなどもあり、開催は八月八日になってようやく実現した。石井は林権助駐英大使とともにこの会議に参加し、上部シレジア問題をめぐる列国の動向をつぶさに観察した。

なおこの最高会議の開催以前、日本は上部シレジア問題をめぐる対応について一貫した方針を有していなかった。本国の内田康哉外相としては、本問題には日本の直接の利害が含まれないとしながらも、同盟国であるイギリスへの配慮を忘れないよう石井と林へ注文した。林もこの機に薄れゆく日英同盟の効力復活を期して動くべきと考えていたが、石井はより慎重な姿勢であった。つまり、イギリスへ過度に肩入れをするとフランスからの反発を呼ぶ恐れがあり、日本にとって賢明ではないと考えられた。したがって石井は、英仏両国の意向を反映した折衷案を模索するべきと判断したのである。

最高会議が始まると、予想どおり英仏間の思惑が一致を見ず、激しい対立の場と化していた。石井はこのときの両国の論争があまりに激烈であったため、日本から第三者にはなす術がなかった回顧している（『餘録』一八七頁）。会議中、日本代表者の意見を求められたものの、石井は本件について日本が十分な情報を持ち合わせていないとして、明確な意見表明を回避した。最終的に最高会議では結論が導き出せず、一二日に本件を連盟理事会へ付託することを決議して散会となった。

最高会議から上部シレジア問題を付託された理事会は、本件の平和的解決のための準備を開始した。

六月の第一三回理事会にて議長を務めていた石井は、第一四回理事会と並行して開かれることになった臨時会議の議長兼報告委員を務めることになった。さらにベルギー、ブラジル、中国、スペインの四理事と二名の専門家から成る調査報告委員会を設置し、中立的な解決策を提示するための準備を進めていった（Northedge, *The League of Nations*, 80）。

一〇月一〇日より、石井はジュネーヴの日本事務所に理事を招集し、秘密会合を開いた。ここで石井はまず、次の解決案を提示した。それはカトヴィツェ、キエトシェ、リブニクをポーランド領に、ボイテン方面をドイツ領とすることで、分界線を設定するというものだった。そしてこの解決案は、秘密会議に出席した主要常任理事国の代表者たちからの同意を得ることに成功した。ここで作成された上部シレジア問題解決勧告書は、最高会議議長のブリアンへ送付され、パリで開かれる大使会議の場で採決されることになった。

一三日の理事会にて、石井は議長の立場から、英仏伊三カ国の代表が妥協の精神を発揮したことで、本件の円満解決が可能となった旨を宣言し、関係各国の協力に対する深い感謝を述べた。そしてパリの大使会議に出席した石井は、決議案を提出し、他の大使らと討議を行った。この石井案に多少の修正が加えられたあと、二〇日にはシレジアに関する決議書に英仏伊日の大使たちが調印し、石井案に基づく上部シレジアの帰属問題は平和的解決に至った。

なおこの翌年、ドイツとポーランド間に全六〇六カ条から成る条約が締結され、両国関係は正常化した。これに伴い、治安維持のために上部シレジアに派遣されていた連合国軍は同地から撤退した。以後はドイツとポーランドがそれぞれ条約に規定された地域を正式に編入した。こうして、理事会による上部シレジアの帰属問題の処理は、同地の安定のみならず、独ポ間の協調、ひいては東欧の安定の基礎を築くことにもつながったのだった。

このように、独ポ協調による上部シレジア問題の解決を導くことが可能となったのには、疑いなく理事会議長および報告委員の石井の活躍が欠かせなかった。この難題を平和的解決に導いたことは、ダンツィヒ自由市問題とともに、活動開始間もない連盟の国際平和機構としての声望を大いに高めることになった（海野『国際連盟と日本』四四～四七頁）。

他方でドイツの中には自国の主張が全面的に採用されず、領土縮小を強いられたことに対する不満が残されてしまったことも確かである。その不満勢力の怒りの矛先は、問題の調整に中心的役割を果たした石井および日本に向けられた。例えばウィーン大学病理学部のある研究室では、石井が理事会議長および報告委員として行った一連の当該問題に関する発言を取り上げ、これが日本の反独主義に基づくと批判した者さえあったという。そして同研究室からは留学中の日本人学生が強制的に退去させられたとの話が持ち上がった。

表面的には円満に理事会の解決策が受け入れられたと思われたが、住民投票の結果にもかかわらず、大幅な妥協を強いられたドイツ側には連盟に対する不満が鬱積していたことは間違いなかろう。こうしたドイツの蓄積された不満は、一九三〇年代にナチス政権の手によって、ヨーロッパ国際秩序の転換をもたらす遠因となってしまった。

コルフ島事件

ダンツィヒ自由市問題や上部シレジア問題と異なり、コルフ島事件はギリシャ・アルバニア間の国境画定委員会のメンバーだったイタリア人委員テッリーニ（Enrico Tellini）少将の一行がギリシャ人に殺害されたことを機とする、大国イタリアと小国ギリシャ間の軍事紛争である。一九二〇年代を通じて、連盟が扱った問題の多くは敗戦国か、中小国同士の紛争に限られていたものの、コルフ島事件は連盟理事会常任理事国のイタリアが紛争当事国となる稀有な事件だった。そのため、連盟内部でもこの事件を通じて大国と中小国との紛争ならではの問題が浮き彫りとなった。つまり、連盟加盟国の多数はギリシャと同じく中小国であったことから、連盟内にはギリシャへの同情が集まり、イタリアを批判する声が高まっていたのである。こうしたムードを受けた理事会にとって、公正な形で解決に導くことは至極困難だった。

自国の委員が殺害されたことに激昂したムッソリーニ（Benito Mussolini）政権は、ギリシャ領コルフ島に攻撃を仕掛け、同島を軍事占領するという強硬な行動に打って出た。一触即発の事態かと思われたが、国力に劣るギリシャ政府はイタリアとの正面からの衝突を避けるべく、連盟理事会にイタリアの軍事行動を違法行為であるとして提訴したのだった。

ギリシャ政府の提訴を受け、理事会は一九二三年九月よりこの事件の審議を行った。奇しくも石井が三度目の理事会議長を務めていた時期である。その石井は、中小国であるギリシャよりも、大国のイタリアへ同情を寄せていた。もしも石井が理事会内でイタリア批判の先頭に立ち、ギリシャを支持する立場をとれば、いずれ近い将来に日本と中国との関係が悪化し、中国が連盟へ日本の行動を提訴するような事態が発生した場合に、連盟内で日本が不利な立場に置かれてしまう危険性があったためである。その意味で、今回の大国と中小国との紛争は、石井にとっては無関心でいられなかった。そのため、石井はコルフ島事件をめぐってイタリアが理事会で批判の的になることを避けるべく、そのギリシャに対する軍事行動の擁護に努めようとしたのだった。

九月一日の理事会にて、石井議長のもと、事件の本格的審議が開始した。理事会は調査を終えるまでの間、当事国双方へこれ以上の事態悪化を招くような行動を抑制するよう勧告した。ところが直後の四日にムッソリーニがイタリアの対ギリシャ軍事行動の正当性を改めて強調し、これに連盟が干渉することを拒絶する旨の声明を発表した。この声明によって、理事会内ではイタリアの一連の行動を批判する声が高まった。そして理事会でイタリアの軍事行動の正当性をめぐる意見が一致しなかったことから、一〇日からは審議の場が総会へ移されることとなった。

ベニート・ムッソリーニ

石井は総会が開催されている間にも、当事国以外の理事らと折衝を重ねていた。彼らを自らが宿泊するホテルに呼び出した石井は、そこで私的な会合を行ったのである。本会議とは別の場で、和やかな雰囲気を演出しながら率直な意見交換をすることで、平和的な解決策を見出そうとした。俗に「石井の茶会」と呼ばれたこの非公式会合には、英仏をはじめとする主要理事国の代表者たちが集い、次第に事件解決に向けたコンセンサスが形成されるようになったという（『餘録』二〇一～二〇二頁）。

だが石井の主催したこの非公式会合に対しては、少なからぬ批判もあった。特に紛争当事国のイタリアは、常任理事国である自国代表が呼ばれていないことを問題視した。石井から何の説明もないままに、イタリアを除く代表のみで会合を行うことは規約違反であると激しく反発したのである。さらに公開外交を原則とした連盟において、議事や記録の類を残すことのないこうした非公式会合は、時代遅れの秘密外交という批判も免れえなかった。だがこれらの批判に対して石井は、紛争当事国の代表を交えて議論をすることは事実上不可能と弁明したうえで、茶会はお茶を飲むために遇々理事が集まっただけにしかすぎず、規約違反には当たらないと反論し、この非公式会合を継続していったのだった（石井「國際聯盟の真相」六頁）。

その結果、石井の非公式会合は一定の成果を挙げることができた。総会はコルフ島事件に対する結論が出ないまま一二日に休会となったのだが、翌日の大使会議で石井が水面下で調整していた解決案が承認されたのである。その主な内容は、①イタリア軍のコルフ島からの撤退期日を九月二七日とし、②撤退期日までに委員殺害の犯人を発見できず、かつギリシャによる犯罪の捜索や訴追に怠慢が見られた場合には、大使会議としてギリシャ政府へ罰金五〇〇〇万リラをイタリアへ支払うよう勧告する、③この②が実行された場合、ハーグ国際司法裁判所に賠償金額の決定を求めることはしないが、コルフ島占領に関する判決を要求する、というものだった。これにイタリア政府も従うことを約し、九月末までにコルフ島からの撤退を実施することを受け入れた。イタリアが確約どおりにコルフ島からの撤退を行い、ギリシャ政府からイタリアへ賠償金支払いがなされたことで、イタリア・ギリシャ間の軍事紛争は無事に終結を見ることとなった。

この事件を振り返ると、イタリアによるコルフ島占領は、ギリシャに対する明白な侵略行為であったといわざるをえない。だがギリシャの提訴を受けた連盟理事会は、調査委員会を立ち上げたものの、大国イタリアの意向に沿う形での解決策を用意した。その過程で調整役を担った石井は、前述したように中国問題とのアナロジーもあり、大国側に有利な解決を目指していた。そしてこの事件は、石井の狙いどおり、イタリアに有利な形で平和的解決に至ることができた。

とはいえ、連盟は大国よりも中小国が数的優位にあるため、石井のような調停者がいなければ、多くのケースでは中小国側に有利な結論が導き出されかねないという問題は依然として残されたままとなった。石井が連盟から去ったあとのことだが、一九三〇年代に入って日本と中国との軋轢が激しさを増し、連盟が日中対立を審議するようになると、中国へ同情を寄せる中小国の加盟国から対日批判がなされるようになった。石井が次第に連盟に対して不満を高め、その機能に限界を感じるようになったのは、数的優位にある中小国の意向が反映されやすいという、発足当時から連盟が抱える問題に起因するものだったといえよう。

第三節　法の下の平和

紛争の平和的解決

第一次大戦末期の駐米大使の石井は、日米間の仲裁裁判条約延長でもって両国関係の改善を試みた。

それは二〇世紀に入り、二国間仲裁裁判条約は、国家間の紛争の平和的解決の有効な手段とみなされていたことを石井が熟知していたために他ならない。

戦争が終わり、国際連盟が創設されると、国際社会は多国間枠組みでの国際裁判の制度化に向けた活動を展開することになる。ただ石井にとって、二国間にせよ多国間にせよ、国際裁判制度は国家間紛争を平和的に解決する手段にとどまらず、平時における国家間協調を維持するための制度という点では大きな違いはなかった。

連盟規約には、第一節で紹介したように、国家間紛争が発生した際の仲裁裁判あるいは司法的解決に関する規定が存在したが、そのための裁判所の設置などを含めた厳格な制度化については将来的な課題として残されていた。規約では、戦争を未然に防止する必要があることと、いざ国家間紛争が発生した場合の具体的な処理方法とがそれぞれ規定されていたが、そこでは限定的に合法もしくは寛恕される例外的戦争行為が存在することが自明とされていた。その例外的戦争行為とは、①純然たる防禦戦争（自衛戦争）、②規約第一二条で認められた戦争、③規約第一五条第七項で認められた戦争、④規約第一六条で認められた戦争、である。つまり連盟理事会の審議で認められた戦争や違反国に対する制裁などは、いずれも合法的な戦争行為とあらかじめ位置づけられていた。

ここで問題となるのが①のケースである。国家間紛争が発生した場合、先制攻撃を不可能ならしめることが戦争を未然に防止しうる唯一の方法であることからして、連盟加盟国および理事会は侵犯（侵略）国の定義を明確化し、これに対する制裁措置の手続きを確定しておく必要があった。

この点に関して石井は、第一回連盟総会の席上、「連盟の現状は、先づ第一に規約の現在の規定に従ひ、其の事業の良好なる進捗を計り、其の組織を確定するの要ある事を確信します」と発言している（石井「平和議定書に對する日本の態度」一八～一九頁）。この内容からして、石井は規約に内在する問題を正しく理解していたことが読み取れる。すなわち、規約では侵犯（侵略）国を定義するための具体的方法が明記されておらず、ゆえに紛争当事国のいずれの行為が侵犯（侵略）であり、いずれが防禦（自衛）であるかの判断が困難だったのである。前節で紹介したコルフ島事件を例とすれば、イタリアのコルフ島占領を侵略行為と主張するギリシャに対し、イタリアはこれを自衛行為と反論していたが、いずれに正当性があるかを第三者が迅速かつ正確に判断することは容易ではなかった。石井は規約が抱えるこの問題を早くから読み取っていたがゆえに、それを修正しつつ、侵犯（侵略）国への制裁を可能とする制度の整備こそが連盟の発展にとって必要不可欠であると確信していたのである。そして侵犯（侵略）国を認定するための有効な手段として、石井は仲裁裁判および司法裁判の制度的完備を要請したのだった。

なお一般的に「仲裁裁判」とは、紛争の性質が専ら政治問題に属する際の裁判を指し、仲裁機関は紛争当事国双方の合意でもって活動することを原則とするのに対し、「司法裁判」は主に法律問題が対象となる事件を扱い、当事国に対する強制管轄権（compulsory jurisdiction）が含まれることを原則とする。ゆえに紛争当事国の一方が事件を司法裁判所に提訴すれば、他方は応訴義務を有するために訴訟回避は不可能となるのだが、後述のように実際の常設国際司法裁判所には強制管轄権は付与されていなかった。また仲裁裁判も司法裁判も、その判決は命令的な効力を有し、当事者を拘束することとなるのだが、現実には紛争の性質が法律的か政治的かに純然と区分されることは稀であるため、両者を同様の扱いとすることも少なくなかった。

常設国際司法裁判所の設立

さて、上述した侵犯（侵略）国の定義や司法的解決に関する欠陥を克服すべく、連盟は紛争の平和的解決を導くための国際組織の設立に着手することになる。それは規約第一二条第一項に定められた、加盟国間に国交断絶に至る恐れのある紛争が発生した際、仲裁裁判もしくは司法的解決に導くための組織の設立だった。一九二〇年一二月一三日の連盟総会は、全会一致で常設国際司法裁判所の創設を承認した。

オランダのハーグに設立された常設国際司法裁判所（PCIJ）は、一一名の正判事と四名の予備判事とで構成され、判事の選出は連盟総会と理事会とで別々に選挙が行われ、双方で多数票を得た候補者が任命されることとされた（司法裁判所規程第三、四条）。候補者の資格に制限はないが、世界各地の紛争を扱うことが想定されたため、連盟加盟国の文明・宗教・歴史などを十分に汲み取る必要があった。世界各地の異なる文明圏を代表する場であることが望ましいとの判断から、候補者の出身地について公平を期すことも規程に盛り込まれた（同第二、九条）。

常設国際司法裁判所の設立が連盟総会で承認されると、石井はすぐさま本国の内田外相に向け、日本からも判事を送り出すべきと進言した。この進言には大きく三つの狙いがあった。一つは、東西両文明圏に相違があることから、日本が常設国際司法裁判所における東洋文明圏の代表となること。第二に、日本が過去に中国へ法律顧問を派遣し、同国の立法に貢献したことのある実績を踏まえ、国際法に精通していることを世界へアピールすること。そして第三に、日本はすでに現時点で東西両文明を包摂した国家であることから、今後は世界に向けて両文明の融合や相互発展を促す天命があること、であった（『日外』大正一〇年第三冊上巻、一八五頁）。このように石井は、日本が常設国際司法裁判所の判事となるに相応しい資質を有しているため、今後の国際秩序の安定に積極的に貢献し、国際社会における声望を高めることが望ましいと考えたのである。

しかし石井の熱心な姿勢とは反対に、本国ではいわゆる大勢順応主義の消極的態度をとっていた。ヨーロッパの地から遠隔する日本にとって、常設国際司法裁判所に判事を送っても直接の利益は見出せず、むしろ不要な負担が増えると憂慮されたのである。その一方で、すでに常設国際司法裁判所設立が決定し、国際平和組織としての連盟に対する国際的な期待が高まりつつある以上、日本のみが非ヨーロッパ国であることを理由に消極的かつ否定的態度に終始することは、国際社会における日本のイメージ悪化につながる恐れもあった。そこで日本政府は、世界の大勢に順応するべく、常設国際司法裁判所を全面的に支持し、判事選定では日本に有利な結果を導くことが望ましいと判断するに至った。こうした事情から、内田外相は石井の進言に同意する形で、日本の官民から国際法に通じた専門家をハーグへ派遣することを決定した。ただし内田は、日本として大勢順応主義的に連盟の活動を支えていくこと、裁判所判事には日本から必ず一名を選出されるように準備すること、そして将来的に日本の対外政策が司法裁判所に提訴されるような事態に至ることを避けるため、その権限や機能に関して強制管轄権を付与しない（応訴義務の阻止）、などの諸点を要望した（関野『国際司法制度形成史論序説』一二五、四四頁）。あくまでこの時期の日本政府としては、自国利益、とりわけ対中政策をめぐって日本が不利な状況に立たされることを未然に防ぐという目的でもって、常設国際司法裁判所への関与を限定的にしようとしたのである。

こうして日本は、一九二〇年一二月一六日の裁判所規定署名議定書に調印し、翌年八月一三日にこれを批准、常設国際司法裁判所の正式な一員となった。一九二二年一月から常設国際司法裁判所が本格的に始動すると、前年の判事選出選挙で選出された織田萬（よろず）（京都帝国大学教授、行政法専攻）が判事として派遣されることになった。以後、外交官の安達峰一郎、長岡春一（はるかず）が判事として、日本の連盟脱退後も司法裁判所の活動に従事した。司法裁判所における日本人判事の勤勉さや公正な態度は、世界各国からの称賛を受け、石井の期待どおりに日本の声望を高めることとなった。連盟における石井ら外交官や、司法裁判所における日本人判事らの活躍は、まさしく東洋文明圏の代表であり、大戦後の国際秩序の担い手であり、理想的な国際人の姿だった。

仲裁と制裁をめぐる葛藤

常設国際司法裁判所が設立したとはいえ、これであらゆる国家間紛争が平和的に処理され、解決へ導かれる制度が整ったわけではない。なぜなら、実際に国家間紛争が発生した際、必ずしも常設国際司法裁判所へ事件が付託され、平和的解決が試みられるわけではないからである。

上述したように、連盟規約では加盟国間の紛争は仲裁裁判や司法的解決、あるいは理事会による審議で平和的解決がなされることになっていたが、これらは厳格に義務化されていたわけではなく、加盟国といえども紛争の処理を司法裁判所その他に委ねるか否かはすべて当事国の判断に委ねられていた。この義務的仲裁裁判制度の欠如こそ、国家間紛争の平和的解決の限界を示していた。
こうした仲裁機関の強制力の欠如という問題について、石井は「国際紛争の解決を第三者の仲裁裁判に託する決心を採る所に総ての困難が起る」と観察した。つまり、あらゆる国家は自国利害を左右するような重大問題を、国際機関など第三者の仲裁に託するような決断をしないという、国際政治のリアリズムから生まれた問題が残存しているとみていた。石井はこの問題について次のように述べている。

祖先伝来の国権と愛国尽忠の結晶たる国光の消長に関する国際紛争が起れば〔…〕今や此等問題の解決を武力に訴へてはならない、縁も因もなき第三者の裁定に一任せよと促さるるとき、其所に未練が起り躊躇逡巡するは蓋し人情免れざる所である。〔…〕仲裁官が大国の勢威に圧せらるることなきや、其金品に誘惑せらるることなきかとは小国側が常に抱く所の危惧である、と同時に世上の同情は兎角弱者に傾くが人情である、仲裁官も人であるから、此常癖を脱し得ずして弱国に同情することなきやとは大国側の猜疑である（『餘録』二五五頁）

この文章からは、石井の国際政治に対するリアリスティックな洞察が垣間見えよう。たとえ国際裁判の制度が定着したとしても、多くの国家は自国に有利な判決を導くべく、あらゆる手段を駆使して裁判を利用することになるだろう。大戦争を終えたばかりの世界において、「国家の大事を安心して仲裁裁判に信託するを躊躇」することは、国際政治の冷徹さを熟知する石井にとってはむしろ当然の成り行きだった。

石井が観察するように、各国が利己心や猜疑心を熾烈に闘わせる国際社会という舞台で、果たして連盟の中核である理事会はいかなる解決策を模索したのか。ここで連盟が試みたのは、すべての紛争を強制的に仲裁裁判もしくは司法的解決に付託するというものだった。一九二四年の第四回総会に提出された、明確に戦争を禁止し、侵略行為を法的に定義した相互援助条約案がそれである。

この相互援助条約案の背景には、同年に英仏で起きた政権交代があった。イギリスでは労働党のマクドナルド（James Ramsay MacDonald）が新首相に就任し、フランスでは第三共和制下で三度の政権を担当するエリオ（Édouard Herriot）が初めて首相の地位に就いたのである。社会民主主義的スタンスをとる両首相は、連盟の場で相互に協力することで、一気呵成に国際裁判の義務化と軍縮の実現を目指した。これに中小国をはじめとする他の加盟国も追随し、一種の軍縮ブームが世界各地で巻き起こるほどの盛り上がりを見せた。その中には、世界平和のための大憲章を成立させるべきといったラディカルな主張まで出現するようになり、かつてないほどのグローバルな規模で平和が希求されたのだった。

この平和ムードを利用するかのように、連盟内では上記の相互援助条約案を叩き台とし、軍縮や国際裁判等に関する加盟国間の協議が進められた。この結果、「国際紛争の平和的処理に関する議定書（ジュネーヴ議定書）」が、一〇月に採択された。ジュネーヴ議定書では、規約の趣旨を一層進め、集団安全保障に必要な制裁措置を規定することや、戦争に代わり平和的手段での紛争解決の方策が強化されるといった内容が盛り込まれた。その画期性とは、仲裁による平和的解決と、侵略行為に対する共同制裁が明文化されたことにあった（篠原『国際連盟』一一四〜一一六頁）。

ジュネーヴ議定書策定に接し、石井もその意義の大きさを認めるのに吝かではなかった。石井は侵略国の定義と制裁に関する精細な規定を含んだジュネーヴ議定書を、防禦戦争の回避を可能とすることれ以上の方策はないだろうと断言するほどに高く評価したのだった（石井「平和議定書に對する日本の態度」二一〇頁）。

ところがジュネーヴ議定書の調印と批准は各国政府の判断に委ねられたため、フランスなど一部の国家が署名するにとどまり、最終的には国際条約となることなく消滅してしまった。多くの国家が議定書を批准しなかった理由は、侵略国に対する共同制裁が義務化されることへの懸念であった。議定書を発案したイギリスでさえ、国内には制裁措置の場合に自国の負担が重くなることを懸念する意見が根強く、署名には至らなかった。そして大勢順応主義をとる日本もまた、イギリスらに同調するように、ジュネーヴ議定書の批准を回避したのだった。

ジュネーヴ議定書を高く評価していたはずの石井も、議定書の問題点を認め、各国がこれを批准しなかったことを当然視した。石井の考える議定書の問題点とは、①紛争から義務的仲裁裁判を引き離し、列国一般に承認させるために専門家委員会を設けて理事会に委嘱しようとしたこと、②紛争発生の際に調停委員会を設け、これを国際司法裁判所に付属させ、一切の法律問題を裁判所へ出訴する前に委員会で処理しようとしたこと、③軍縮案作成のための特殊機関設置方法を理事会へ委嘱しようとしたこと（オランダ提案）、④英仏が議定書に含まれる仲裁・安全・軍縮を確実な方法で実現し、平和の確立を再誓約すると同時に、一般的な安全を実現させるための軍縮会議の準備を理事会に委ねようとしている、という諸点にあった（『日外』大正一四年第一冊、一〇五～一〇六頁）。石井の見るところ、紛争発生時に司法裁判所（もしくは付属委員会）が「侵略国」を特定すること、そのうえで「侵略国」に対して加盟国が共同で制裁を行うことについて関係諸国間にコンセンサスが形成されていなかった。こうした各国の思惑の不一致によって、結局のところ集団安全保障機構としての連盟の限界を克服するには至らなかったのである。

ロカルノ条約の帰結

ジュネーヴ議定書は失敗に帰したものの、その理念は翌年のロカルノ条約へ継承された。ロカルノ条約の中核を成す英仏独伊白五カ国間の相互保障条約第三条では、ドイツ・ベルギー間や、ドイツ・フランス間に紛争が発生した場合、仲裁裁判もしくは連盟理事会へ提訴することが定められた。この規定は、大戦終結時から続いていた対独政策をめぐる英仏対立を緩和すると同時に、翌年のドイツの連盟加入の前提となるなど、戦間期の一時期の安定したヨーロッパ国際秩序の礎となった。

石井はこのロカルノ条約成立を受け、連盟理事会でこれへ高い評価を与える内容の発言を行った。それによると、ヴェルサイユ条約以降、ジュネーヴ議定書に代表される従来の各種平和維持の制度確立に向けた試みは、ロカルノ条約でようやく実現するに至っただけでなく、東欧の平和を目的とした同条約の影響は、世界各地へと波及するという。これはロカルノ条約が非ヨーロッパ圏でも地域枠組みでの集団安全保障体制を構築するうえでのモデルになりうると石井がみなしていたことを意味する。そして石井は、ロカルノ条約を日本の安全保障政策に適用しようとする構想を抱くようになり、後年になると「太平洋ロカルノ構想」という形で再現しようとした（Burkman, *Japan and the League of Nations*, 161-162）。特に満洲事変以降、日本国内の識者の一部でこの「太平洋ロカルノ構想」が持ち出される状況が生まれるのだが、石井もまたその実現によって太平洋の安定を期待したのであった。

とはいえ、ロカルノ条約の成立も紛争の平和的処理のための確固たる制度となったわけではなかった。上記相互安全保障条約の条文中には、法律的紛争は仲裁裁判に委ねるとしたものの、政治的紛争は連盟理事会に提訴することと定められていたため、提訴を受けた理事会は、連盟規約第一五条に依拠して紛争の審査にあたり、勧告を発することになっていた。だがその勧告は強制性を伴わないため、これに従うか否かはやはり各国の決定次第だったのである。

このように、当時としては画期的だったはずのジュネーヴ議定書やロカルノ条約でさえ、紛争の平和的処理においては具体的強制力を伴わないという問題を抱えていた。こうした強制力を有さないことからも、石井はこれらの協定に限界があったことを認めざるをえなかった。

ただその一方で、石井は国際社会の急速な変革をもたらしかねないような義務的仲裁裁判をすぐさま導入することには慎重だった。各国は自国の負担や責任を軽減するべく、他国同士の紛争にはできる限り関与しないよう行動する傾向があるが、こうした国家の本質を十分に踏まえたうえで、平和的解決の方策を漸進的に改良しなければ、むしろ国際平和機構としての連盟の存在維持が困難になるだろうと考えたのである。

石井の考えるその漸進的改革とは、世界各国の国民が連盟へ信頼や権威を抱くようになる日を待つというものだった。そもそも連盟の存在意義は、世界中の国民が国際平和の意義を理解し、その目標へと進むうえでの指南役という点にある。連盟が世界各国の国民の先頭に立ち、国際世論をリードしていくためには、相応の期間を経てその役割の重要さを認めさせねばならない。石井の考える国際世論とは、「五十余個国の人民即十五億五千万人の義声」であり、これを無視するかのような連盟による独善的な行動は、「自らを文明世界より破門する自殺的行為」に行き着く恐れがある(『餘録』二六七頁)。つまり石井の眼からして、一九二〇年代という時機は、義務的仲裁裁判を実現し、国際平和組織としての連盟が劇的に成長するにはあまりに早すぎたのだった。

中国問題へのアナロジー

ロカルノ条約成立の翌年、ドイツの連盟加入をめぐって関係国間で激しい対立が生じたことは、大戦後のヨーロッパ協調が依然として容易ではないことを示唆した。ポーランド、ブラジル、スペインによってドイツの連盟および理事会入りが提案されたものの、フランスを中心とする勢力がこれに反対した。反対派にとって、第一次大戦から続く対独脅威の感情はいまだ払拭されておらず、ドイツ加盟が連盟内の結束を崩壊させる恐れがあると考えられたのである。

理事会議長として石井は、この機会に理事会の大幅な改革と再編成を行うべきという提案を行った。石井案の主旨は、理事国の数を増やすことで、より安定した連盟内の大勢を構築すべきというものであり、一九二六年三月の理事会でこの案は承認された。そして五月に調査委員会が発足し、理事会改革に向けた動きが本格化していく。調査委員会の作業を経て、九月にドイツは正式に連盟に加入し、また同時に常任理事国の一員となった(Matsushita, *Japan in the League of Nations*, 93-94)。連盟加入により、敗戦国ドイツはようやく国際社会への本格的復帰を成し遂げたのだった。

このように、石井は連盟内で多様な活動を展開しながら、ヨーロッパの戦後処理と国際平和機構としての連盟の発展に大きく寄与した。一方で先に触れたように、日本国内の連盟に対する冷淡な姿勢は、石井はもちろんながら、連盟で活動した他の日本人外交官たちにも不満を抱かせた。外務省連盟派の一員であった佐藤尚武はその回顧録の中で、政府を含めて日本本国が連盟の事業に関心を持たず、その発展にまったく労力を注ごうとしない状況に不満を吐露している（佐藤『回顧八十年』二六五〜二六六頁）。連盟で活動を続ける佐藤のような外交官は、本国との意識の違いに少なからず悩まされ続けていたのであった。

彼らの認識からすれば、連盟やこれに付随する各種国際機関の活動は、決して日本の国益とは無関係ではなかった。石井においても、国家間紛争の平和的処理に関しては、連盟を通じて世界共通の制度設計がなされつつある事態を目の当たりにして、日本人の多くがこれに無関心である実情が強く憂慮されていた。上述したように、連盟規約、常設国際司法裁判所の設立、ジュネーヴ議定書やロカルノ条約など、連盟を通じて国際社会は戦争を未然に防ぐための制度を次々と構築しようと試みていたのだが、こうした状況からすれば、たとえ日本が無関心を貫いたとしても、いずれ紛争相手国から連盟へ提訴されるような事態が訪れれば、日本は応訴義務によって国際裁判所の法廷に立たされる可能性が生じる。そしていったん裁判や理事会で審査が行われれば、日本は国際社会に通用するような法解釈を準備し、その範囲内での行動を遵守しながら、自国の正当性を国際社会へ訴えることが求められる。特に日本にとって直接の利害関心がある隣国中国との関係において、果たして日本国内ではこれら新たな諸制度や諸機関の実情が十分に理解されているのか。このように石井は日本国内の閉鎖的な風潮を憂慮せざるをえなかった。

この石井の憂慮は、石井が外務省を退官した後の一九二八年五月に勃発した済南事件で現実となった。時の田中義一内閣は国民政府による北伐に際し、居留民保護を名目として山東半島への出兵を断行したが、この際に済南の市街で中国軍と激しい軍事衝突が発生したのである。連盟規約第一〇条によると、加盟国の領土保全と独立主権の尊重は遵守されねばならなかったが、中国側は田中内閣による山東出兵を中国の主権を侵害する行為であるとみなした。もし中国がこれを連盟へ提訴すれば、田中内閣の「山東出兵は内政干渉には当たらない」という主張は、連盟内で理解を得られるか甚だ疑わしいと石井は観察していた。なぜなら、田中内閣が山東出兵の目的とした居留民保護は明らかに警察任務であり、警察行政は国家主権の重要な一部を構成していることが自明視されたからである。ゆえに石井は田中内閣の楽観的ともとれる姿勢について、明らかに連盟内での日本の立場を危うくし、ひいては日本を侵略国と断定される事態を惹起しかねない無謀なものであると厳しい批判を加えたのだった（石井「國際聯盟の真相」一八〜一九頁）。

この石井による田中内閣批判は、確かな論理力と説得力がある。実際に田中内閣の度重なる中国への出兵は、日本の国際的な評判を次第に落とすようになった。それは当初は山東出兵を支持したイギリスでさえ例外ではなく、田中内閣の対中政策は強硬的であるとして、国際社会からの猜疑を呼ぶようになっていった。こうした状況を観察しながら、国際経験豊かで連盟での活動実績もある石井としては、おそらく自身の警告が日本国内でいっさい顧みられることのないことに無念さを感じていたのではなかろうか。

その石井も、一九三〇年代に入り、日中関係の雲行きがさらに怪しくなると、次第にその主張から合理性や一貫性が失われるようになっていく。それは石井の心中で、日本の国益保護と連盟による集団安全保障体制とのバランスをとることが困難になっていたからに他ならなかった。常時変化を止めず、複雑さを増していく国際関係の中で、連盟が臨機応変に対応できなくなることへの不満が石井の中で強まっていくことについては第7章で論じることとしたい。

第6章　軍縮と平和

第一節　国際的軍備制限

ウィルソン主義と軍縮

ヨーロッパの戦後処理と並び、国際連盟の重要な任務に軍備縮小の問題があった。大戦後の国際社会にとって、軍縮は国際平和を実現するための有効な手段と解されていたが、それは一方では国際平和という理想の実現であり、他方では各国の財政を圧迫していた軍拡競争を抑制するという、現実的な政治課題の解決に資すると考えられていたのである。

だがいうまでもなく、軍縮の実現は容易な作業ではない。各国は自国の安全と国際社会におけるプレゼンスを向上させるべく、他国よりも強大な軍事力を保持しようとする傾向を持つ。この国家の本質ともいうべき軍拡競争に歯止めをかけるべく、ウィルソン大統領は十四カ条の原則などで、国際規模での軍縮の必要性を提唱した。

ウィルソンの軍縮提議には、未曽有の被害をもたらした第一次大戦への反省と相まって世界的な同調ムードが起こった。総力戦という新たな戦争形態である第一次大戦を経験した欧米各国では、国内の嫌戦機運の高まりを受けつつ、ウィルソンに同調する形で急速な軍縮ムードが醸成されていった。パリ講和会議の際、現地に赴いたウィルソンが熱狂的な歓迎を受けたことは、この新たな世界のリーダーが世界平和を実現してくれるであろうというヨーロッパ諸国民の期待を反映していたといえる。

ところが結果的に戦間期の軍縮が次なる大戦争を予防できなかったことは、ウィルソンの理想主義的な国際秩序構想の限界を示すことになった。著名な国際政治学者のキッシンジャー（Henry A. Kissinger）が喝破したように、ウィルソン主義が実現に至らなかった原因は、彼が戦争という悲劇を政治リーダーら個々人の視野狭窄さや内面の邪悪さに責任転嫁してしまったことで、国民世論の力やデモクラシーを世界に広げることの正当性にばかり固執し、他の要因を国際平和の障害になるとして退けたためだった（キッシンジャー『外交』上、五〇〜五一頁）。

確かにウィルソンは国際政治上の重大な転換をもたらす新たな国際秩序構想を提示したが、そのウィルソン自身もアメリカという特定の国家を代表する存在であり、アメリカの国益と無縁ではいられなかった。そのため、彼はリベラルなイデオロギーに立脚した国際主義や反帝国主義の急先鋒でありながら、同時にアメリカン・ナショナリズムの代表でもあったのである（Levin, *Woodrow Wilson and World Politics*, 1）。

ただしウィルソンは従来の政治リーダーとは異なり、自国利益を重視しつつも、それのみで世界平和を達成することはできないと認識していた。つまりウィルソンにおいては、デモクラシーに基づく安定した政治基盤を世界各地へ普及させ、なおかつ法の支配のもとで国家間関係を確立させることとこそが、人類共通の願望である世界平和に不可欠であると信じて疑わなかった。そしてデモクラシー大国のアメリカが宣教師のごとく、この理想的政治体制へと世界を教え導いていくことこそが、大戦後のアメリカの任務であると確信していた（Smith, *America's Mission*, 87-90）。

しかしウィルソンの野望には当初から大きな弱点があった。孤立主義の傾向を有するアメリカ国内では、ウィルソンの旧世界に対する介入主義的志向は、アメリカに多大な軍事的負担を強いるものとして批判された。もしアメリカが国際連盟に加入し、大戦後のヨーロッパ国際秩序再編の中心に立てば、政治・軍事・経済など、あらゆる面でこれまでにない負担がアメリカに圧し掛かることになる。これを恐れるアメリカ国内の孤立主義者たちは、理想ばかりを追い求めようとするウィルソンを幼稚な人物と罵るようになった。ウィルソンもこうした国内の批判に抗え切れず、連盟加入を断念しなければならなかった。そして自身の掲げた十四カ条原則の実現のためには、ゆっくりと時間をかけてこれに取り組んでいくことの必要性を悟るに至ったのだった（Ruggie, *Winning the Peace*, 12）。

なお軍縮については、石井もウィルソンとは異なる立場から国際平和実現のために必須の条件であると確信していた。石井は国際社会の安定を保つためには、軍事大国が相互に協調し、秩序維持の努力を積み重ねなければならないと考えた。新たに発足した国際連盟は、平時から国際世論をリードし、戦争機会を減少させることが求められる。が、それでも止むをえないと判断された場合には、国家は自国防衛のために戦争を辞さないだろう。ゆえに戦争の機会をできる限り減らす努力とは別に、止むをえないと判断された場合にも軍事的行動をとりにくくする状況をつくり上げなければならない。その状況は、各国の軍事力をあらかじめ縮小することで形成されると考えられた。

このように、石井にとって軍縮は集団安全保障機構としての連盟の活動を補完することにつながり、連盟の存在意義を高めることにも資すると解された（石井「國際の平和は軍備縮少」一〇一〜一〇三頁）。こうした認識からも明らかなように、石井は軍縮を国際裁判と並ぶ国際平和のための両輪として構想していたのである。

ワシントン会議

一九二一年三月に発足したアメリカのハーディング（Warren G. Harding）共和党政権は、当時の国際的平和ムードを利用し、同年一一月から翌年二月にかけて首都ワシントンで一大国際会議を主催した。このワシントン会議は、先のパリ講和会議と併せ、戦間期の国際秩序の基礎となる重要な国際条約を成立させることになった。またこの会議により、大戦後の新たな国際秩序の担い手がヨーロッパ列国からアメリカへと移行したこと、そして東アジア・太平洋地域が国際政治の主要な舞台と化したことが明らかとなった。

会議招聘を受けた日本の原敬内閣は、直ちに参加を決定した。そして内閣の会議参加の方針を国際協調、とりわけ対米協調の重視にあるとした。もっとも原首相は会議開始直前に暗殺されたため、後継の高橋是清（これきよ）内閣が同様の方針で会議に臨むこととなった。

会議の主な議題は、中国問題、太平洋問題、海軍軍縮問題であった。日本の在外権益や国家安全保障にとってもこれらは重大問題であり、当然ながら積極的に協議に参加しなくてはならず、パリ講和会議時のような「サイレント・パートナー」ではいられなかった。当時駐仏大使の石井がこの会議に直接関与することはなかったが、それでも日本が積極的に関与してこの会議を成功に導くことは、日本の威信を高める好機であることは十分に認めていた。

会議の冒頭、アメリカ全権ヒューズ（Charles Evans Hughes）によって、いわゆる「爆弾提案」がなされた。これは主要海軍大国が今後一〇年間の建艦を中止し、米・英・日各国の戦艦保有比率を五：五：三にするという画期的提案だった。

爆弾提案の背景には、第一次大戦以前から行われていた各国の海軍軍拡競争があった。英独は大戦前から争うように建艦競争を繰り広げており、大戦期にはアメリカの大建艦計画や日本の八八艦隊建造案に代表される大規模な海軍軍拡の計画が各国で進められたが、それによって各国の財政は逼迫されていた。こうした状況を踏まえたヒューズの爆弾提案には、各国財政の負担軽減と同時に、次なる大戦争の可能性を減退させる効果があるとの狙いがあった。

その一方で、各国内には海軍軍縮に強硬に反対する声もあった。日本国内では特に海軍の中堅将校らを中心に、軍縮が海軍の軍隊組織としての正当性を弱体化させかねない問題とみなされた。ゆえに彼らはこうした提案をなしたアメリカに対する批判的傾向を強めていくことになった。

パリの地から会議の動向を観察していた石井は、こうした海軍将校らとはやや異なる点から会議へ批判的見解を有していた。この会議に関して石井がとりわけ注目したのは軍縮問題と中国問題だったが、爆弾提案に見られるアメリカ政府の狙いが東アジア・太平洋地域の現状変革にあると観察していた。つまり、同地における日本の優位とアメリカの劣位を克服することが、今回の会議でのアメリカの狙いであると石井は考えた。そして当然ながらこうした東アジア・太平洋の現状変革は、日本にとっては決して好ましいものではなく、大戦後のアメリカによる現状変革を警戒しなければならなかった。このように、石井はワシントン会議における日本の姿勢を現状維持とし、アメリカのそれを現状変革と位置づけていたのである。

ただし、世界的な軍縮ムードが高まっている中で、日本のみが自国利益に固執し、現状維持を主張し続ければ、会議が不成功に終わる恐れがある。その場合、各国は会議失敗の責任を日本に押しつけるような事態になりかねない。ゆえに石井は、この際日本側から積極的に軍縮問題に関する見解を各国へ提議し、中国問題についても日本として従来の対中政策から大きく方針転換を図るべきと本国政府へ提言した。そこには治外法権撤廃問題や在華駐屯軍撤退問題など、日本が各国に先んじて問題提起することで、日本が「東洋主動者」たる地位にあることを明確にするべきとの狙いがあった（『日外』ワシントン会議上、一四～一五頁）。軍縮問題と中国問題という日本にとっての重要な外交問題は、欧米列国との協調によって取り組んでいかなければならないという石井の一貫した姿勢は、ワシントン会議における日本代表の柔軟な対応を求めるという形で現れたのだった。

この石井の提言が直接会議の動向に影響を与えたとはいえないが、日本代表団は対米協調重視の立場から各種問題に対応していった。海軍軍縮問題に関しても、全権代表の加藤友三郎海相の対米協調姿勢により、上述した海軍内の反対論を押し切り、一九二二年二月の海軍軍縮条約締結に踏み切ることができた。

条約成立を受け、石井は同年九月七日の連盟総会の場で、国際平和の観点から軍縮条約を全面的に歓迎する旨の演説を行った。ここで石井は、「華盛頓会議は連盟の終局目標に向て一大歩武を進めたるものなり。余は米国の広大なる努力を称揚する」と、ワシントン会議が連盟の理念の進展に大きく寄与することになるとの評価を与えたのだった（『日外』大正一一年第三冊、四五二頁）。連盟でも軍縮に向けた活動を任務としながら、実際にはなかなか進展していなかった状況を踏まえ、石井はワシントン会議の功績を讃えたのである。

しかし日本にとってもう一つの重要な中国問題について、石井はワシントン会議の決定に不満を抱いた。会議では中国の門戸開放や領土保全を尊重する九カ国条約が締結されたが、同条約の成立と同時に大戦期に日米間で取り交わされた石井・ランシング協定は廃棄されることになった。これにより、中国における列国の勢力範囲や特殊権益の設定が門戸開放に違反することになり、石井・ランシング協定で定められた日本の中国における「特殊権益」は消滅したことになる。石井はおそらく、この点に不満を抱いたと思われる。

ただ九カ国条約は、従来の列国の勢力範囲を全面的に撤廃したわけではなく、既得権益については門戸開放や領土保全の適用範囲外として除外されており、各国が中国に有する租界などが中国政府へそのまま返還されたわけではなかった。そのため、実質的には九カ国条約は中国の現状維持を取り決めたものにしかすぎず、完全なる門戸開放は、将来的に連盟が処理すべき問題と解されていた。

ところが肝心の連盟では、ワシントン会議後も東アジア問題について本格的な議題にあげることがなかった。そのため、中国における列国の既得権益はこの後も永く維持され、中国全土の完全なる門戸開放というドラスティックな変革は実行されないままでいた。そしてこうした状況を大幅に変更するのには、奇しくも既得権益を有した日本の手で引き起こされる満洲事変を待たねばならなかった。

次章で論じるように、事変にあたって連盟は九カ国条約を根拠とし、中国問題に部分的関与を行うことになるのだが、このときの連盟の姿は少なくとも日本からすると、日本の正当な権利を認めないアンフェアな国際組織に成り下がったものと見られた。それはすでに連盟代表を退いていた石井でさえ例外ではなかったが、こうして日本国内では次第に「連盟不要論」が優勢となっていく。満洲事変による現状変革と同時に、日本の連盟協調は実質的に放棄されたといえるだろう。

第二節　ジュネーヴ海軍軍縮会議

会議の要請

ワシントン会議では、主要海軍大国間による軍縮条約の成立を見たものの、そこでは戦艦など主力艦の制限に限られていた。そのため会議終了後の各国は、主力艦の不足分を補うべく、補助艦（巡洋艦、駆逐艦、潜水艦）の建造を推し進めるようになり、再び海軍大国間に軍拡競争が発生した。この補助艦建艦競争は、主力艦のケースと同様、各国の財政を圧迫し、大戦後の軍縮ムードに逆行するものだった。ゆえに建艦競争に歯止めをかけるべく、英米を中心として、新たに補助艦を対象とする軍縮会議が要請されるに至ったのである。

一九二七年二月、アメリカのクーリッジ（Calvin Coolidge）大統領は、補助艦制限の国際会議開催を関係各国に提議した。ここで示された会議開催の目的とは、目下進行中の連盟による軍縮準備委員会に注意を払いながらも、非加盟国のアメリカとしては、より実効性のある軍縮を実現するため、連盟とは別に日米英仏伊の五大海軍国間で比較的実行容易な海軍軍縮の会議を開催し、ワシントン海軍軍縮条約で採用した比率でもって各国の補助艦制限を実施するというものだった（堀内監修『海軍軍縮交渉・不戦条約』九〜一〇頁）。

アメリカ政府の要請を受け、日本の若槻礼次郎内閣は、対米協調の観点から会議参加を決定した。そしてジュネーヴを舞台とした会議開催が決定すると、日本全権団の選定が行われた。その結果、海軍から斎藤実（まこと）朝鮮総督と連盟代表の石井がそれぞれ全権代表に選出された。ここに斎藤と石井を中心とする全権団が結成されることとなった。

政府から両全権へ伝えられた訓令では、日本にとって今回の軍縮会議参加の理由は、「我国防の安固を確保」、「世界の平和に貢献」、「国民の負担を軽減」の諸点にあるとされた。この訓令の内容からは、大戦後の対米協調を継続すると同時に、他国と同様、日本の国家財政の負担となっていた補助艦建艦競争に歯止めをかけるべきという認識があったことがわかる。

ただし、政府は問題の補助艦保有の対英米比率については、前回の主力艦の比率を踏襲することに否定的だった。それはワシントン会議の際に海軍内から激しい抵抗があったことが影響していた。もし今回も同様の比率となれば、海軍からのさらなる激しい政府批判を惹起することになりかねなかった。とはいえ、日本のみが比率に固執して、会議の進行を妨げるような事態を招くことは避けねばならない。そこで政府としては、対米協調重視の観点から、対英米比率については現地全権団の柔軟な対応に委ねることとしたのだった（『日外』ジュネーヴ海軍軍備制限会議、五一〜五四頁）。

会議の破綻

政府訓令を引っ提げた石井ら全権団は、六月二〇日からジュネーヴで始まる会議に臨むことになった。もっとも、海軍五大国のうち、フランスとイタリアは事前に会議不参加を通告したため、ジュネーヴ海軍軍縮会議は日英米の三カ国で行われることになった。

会議は六週間余りにわたって行われたが、その期間中は特に英米間の激しい対立が繰り広げられた。両国の対立の主な争点は、イギリスが提案した主力艦の排水量および口径縮小、艦齢の延長というワシントン海軍軍縮条約の修正と、英米間のパリティにあった。多数の巡洋艦を保持していたイギリスは、最大巡洋艦（一万トン級）に限ってワシントン条約の比率を採用し、それ以外は三カ国で共通の制限を設定するべきと主張した。これは世界トップの海軍力の維持に努めようとしたイギリスと、それに取って代わろうとするアメリカとの対立を背景としていた。つまり、アメリカはワシントン条約の比率をそのまま補助艦に当てはめようとしたものの、イギリスはワシントン条約の比率を修正することで優位を保持しようとしたのだった（倉松「海軍軍縮をめぐる一九二〇年代の英米関係」九一～九四頁）。

一方の日本はといえば、ワシントン条約時の轍を踏まぬよう、対英米比率七割の実現を目指していた。だがアメリカがワシントン条約時の比率に固執する以上、日本の要求をそのまま実現することは困難だった。そこで石井ら全権団は、水上補助艦の保有比率を対英米比率六割五分にまで妥協する用意をし、事前にアメリカからの了解を取りつけようと試みた。石井はあくまで会議の成功を目標としており、英米の足並みの乱れを仲介しつつ、様々な方策を模索していたのだった（『餘録』二三一～二三三頁）。それは石井と同じく全権の一人だった斎藤も同様である。斎藤はワシントン会議時の加藤友三郎全権と同じく、対米協調を重視する立場から、今回の補助艦制限にも積極的な姿勢を見せ、条約実現に向けて英米との調整を進めていった（麻田『両大戦間の日米関係』一七〇頁）

石井はアメリカ全権のギブソン（Hugh Gibson）と会談し、比率問題に関する協議を行った。石井はギブソンに対し、日本の対英米比率を七割とすれば、日本国内の世論を納得させることは容易であり、会議自体の円滑な進行ももたらすであろうと訴えた。

だがもう一人のアメリカ全権のジョーンズ（Hilary Jones）が斎藤との会談で語ったところでは、日本は対英米比率六割でも太平洋上の海軍優位は維持できるのであり、これを七割にすれば、むしろ太平洋上の日米の海軍力がアンバランスになってしまうという。ジョーンズは日本側の提案に反対したことになるが、こうした態度からはアメリカがワシントン条約時の比率を譲る意思がなかったことを示している（堀内監修『海軍軍縮交渉・不戦条約』三三～三四頁）。

ワシントン条約の比率に固執するアメリカの態度は、対英・対日交渉を難航させ、条約成立そのものをも困難にした。日英間で日本の対英米比率を六・五とすることに同意がなされたものの、アメリカは西太平洋における自国の危険が増大することを理由にこれを拒否した（Trimble, "Admiral Hilary P. Jones and the Geneva 1927 Naval Conference," 3）。

ケロッグ（Frank B. Kellogg）国務長官がギブソンへ、今回の会議はもはや無価値であると所見を伝えていたことからもわかるように、アメリカ政府としては会議自体に積極的な意義を見出せなくなっていた。アメリカ側がこうした態度に転じたのは、日英との軍備管理交渉が困難であると悟ったことに加え、ヨーロッパ安全保障問題に関するイギリスとの間のコンセンサスが存在していなかったためである。つまりウィルソン政権後の各共和党政権によって、アメリカ外交は孤立主義の傾向を急激に強めていったことが、日英らとの協調を困難にしたのだった（Leffler, *Elusive Quest*, 160-161）。

会議は最終的に各国間の一致した妥協点を見出すことができず、何らの成果のないまま物別れとなった。補助艦制限のための軍縮会議は、この後の一九三〇年に開かれるロンドン海軍軍縮会議へと持ち越されることになった。

ジュネーヴとは異なり、ロンドン会議が成功した理由は、英米間の利害が一致したことと、日本の濱口雄幸首相の英断が指摘できよう。対米協調や緊縮財政などの観点から、日英米の各国は補助艦制限に大きな利点があると見抜いていた。ワシントン会議と並び、ロンドン会議が戦間期の安定した日英米三国間協調の象徴となったことは疑いない。

その一方で、日本国内、特に海軍内では濱口内閣への対米譲歩の姿勢に不満を強め、内閣の寿命を縮めることとなった。そして一九三〇年代半ば以降、日本海軍はアメリカ海軍に対抗しうる軍備の充実を図り、軍縮条約の失効を待たずしてアメリカとの激しい建艦競争を繰り広げることとなる。こうして平和の手段であったはずの軍縮が、かえって太平洋の平和を動揺させるという皮肉な結末を迎えたのである。

第三節　不戦条約

枢密顧問官就任

ジュネーヴ海軍軍縮会議終結後の一九二七年一二月、石井は外務省を依願退官し、外交の第一線から退くことになった。そしてフランスから帰国後の一九二九年、枢密顧問官という一種の名誉職に就いた。各省庁で長年にわたって活躍したあと、枢密院に入るというコースは選ばれた者のみがなしうることである。その点で、石井はまさしく近代日本官僚制のエリートコースを歩んだのだった。

なお枢密院とは、本会議に天皇が臨席することもあり、重要な国務を諮詢する役割を有した機関である。その顧問官は、国務大臣に次ぐ重要な地位にあるとされ、明治期には内閣の施政に対して一定の制約を与えうるほどに大きな権限を有していた（中村『近代日本政治史の展開』二五頁）。小池聖一によると、明治・大正期の実力者だった山県有朋の死後（一九二二年二月一日）、枢密院は天皇不在の中で内閣を監督するのみならず、時に政策を牽制する機関へ変容していった。他方で天皇大権をも保持する枢密院は、国務に関する審査権を有しながら天皇親政を防止するという役割も担っていた（小池『満州事変と対中国政策』九三頁）。こうした「憲法の番人」たる枢密院を構成する顧問官には、必然的に政官界で長年活躍した人物から選定されるようになっていたのである。

石井が顧問官に選出された大きな理由は、当時の顧問官の中に外交官出身者がおらず、国際問題に精通したメンバーが決定的に不足していたという事情ゆえだった。複雑多様化する国際情勢に際して、枢密院内でも外交問題を正面から扱えるプロフェッショナルが求められていた。こうして顧問官としての石井は、枢密院における数少ない貴重な外交問題の専門家として、外交官とは異なる立場から日本外交に関与していくことになる。

不戦条約案の発議

枢密顧問官に就任して間もない石井が直面したのは、米仏から提議された不戦条約問題だった。石井はこの問題について、自身が連盟代表時代に関与してきた連盟の発展や、国際社会における軍縮と平和の問題の延長ととらえた。

かつて石井は、連盟が理想とする国際平和を実現するには、将来的に国際世論に平和の意識が浸透するのを待たねばならないと考えたが、今回の不戦条約問題はまさに国際社会に平和の意識がどれほど定着したかを確認する作業だった。そのため、すでに外交の第一線から退いていたとはいえ、石井はこの問題に並々ならぬ関心を払い、積極的に自説を展開していくことになる。

この不戦条約案が浮上した背景には、第一次大戦終結以来の軍縮ムードとジュネーヴ海軍軍縮会議の失敗があった。軍縮ムードの急先鋒に立っていたフランスでは、社会党のエリオ政権が、「軍縮＝世界平和」という構想を実現するべく、戦争を違法化する必要性を広く国際社会へ訴えていた。エリオ政権にとって、ジュネーヴ海軍軍縮会議の失敗の責任の一端は会議に参加しなかったフランスにあるため、これへの償いとして戦争違法化構想を提唱したのだった。また同時に、不戦条約案はロカルノ条約以来のヨーロッパ諸国間の緊張緩和、ひいては国際社会全体の平和推進の機運を反映した戦争違法化構想でもあった。具体的にエリオ政権は、米仏が提携して戦争違法化のための条約、すなわち不戦条約を締結することで、世界平和をリードすることが可能になると計画したのだった。

フランスから不戦条約の提案を受けたアメリカの国内でも、官民を越えて戦争違法化を目指すムードが高揚していた。例えば、長年にわたり国際平和や戦争の非合法化（outlawry of war）を提唱していたシカゴの弁護士レヴィンソン（Salmon O. Levinson）らの活動は、ボラー（William Edgar Borah）上院議員の支持を得て上院に戦争違法化決議案が提出されるほどにまで拡大・浸透していた。このように、第一次大戦後に孤立主義の傾向を強めていたアメリカにおいても、不戦条約を要請する声は民間レベルで確実に高まっていた。

時のクーリッジ政権もまた、国家間対立を軍事的手段で解決することを禁じる法制度を確立することに少なからぬ意義を見出した。戦争を違法化することは、アメリカの対外関与の度合いを減じるとともに、国際平和の理想を着実に前進させることが可能になると期待された（Herring, *From Colony to Superpower*. 478）。もし不戦条約成立により、一層強固で安定した国際秩序が形成されれば、アメリカが再び旧世界の戦争に巻き込まれるような事態は回避され、国内の経済発展に関心を集中することができる。こうした構想を実現すべく、クーリッジ政権はフランスからの不戦条約提案に積極的姿勢でもって応えようと動き出したのだった。

米仏の戦争違法化に向けた動きを後押しに、フランスのブリアン外相は、アメリカの第一次大戦参戦一〇周年記念となる一九二七年四月六日、アメリカ国民へ向けて一つのメッセージを発した。ここでブリアンは、連盟規約やロカルノ条約に類似した戦争違法化のための条約を米仏間で取り交わすべきと訴えかけた。ブリアンのメッセージは、不戦条約案は決して自然発生的に生まれた斬新な政策案ではなく、大戦後のヨーロッパを中心とした集団安全保障体制にアメリカを組み込もうとの論理でもって提示されたのだった。

直後、ブリアンは正式にアメリカ政府へ対しての働きかけも開始する。六月に「ブリアン原案」と称される米仏恒久友好条約案を作成し、提出したのである。この案文では、米仏両国の民主的政治体制を反映し、「両国人民の名に於て戦争に訴えることを罪悪と認め」ることを前提とした、戦争防止を取り決める旨の内容が含まれていた（堀内監修『海軍軍縮交渉・不戦条約』八一頁）。

ブリアン原案を受け、ケロッグ国務長官は、この条約を米仏二国間条約とはせず、関係各国を交えた多国間条約にすべきとした。当初のアメリカ政府の狙いは、翌年二月に失効する米仏仲裁裁判条約を補強するものというものだったが、米仏以外の主要列国を含めることでより実効性ある国際条約へ発展させようとしたのだった。

理論上、不戦条約と仲裁裁判条約は別個の問題ではない。連盟規約がそうだったように、紛争の平和的解決の手段（仲裁裁判や司法裁判）に関する規定がなくては、戦争を違法化する条約には実効力が伴わない。ただし孤立主義への志向と、国際連盟による集団安全保障体制に関与することで多大な負担が強いられることへの警戒を有するケロッグは、仲裁裁判条約と不戦条約を一本化する構想を放棄した（牧野『不戦条約』九八～一〇一頁）。一九二八年二月六日に米仏仲裁裁判条約が延長されたため、不戦条約案はこれとは別個の問題として扱われることになったのである。

四月一三日、アメリカは関係各国へブリアン原案を修正した多国間条約案を送付し、これへの賛否を求めた。各国は随時、米仏との個別協議を行いつつ、返答を行っていった。そして日本の田中義一内閣でも、特にアメリカとの交渉を重点的に行い、回答準備を進めていった。

日米協議で日本側が問題としたのは、①条約案文中の自衛権の範囲、②一般平和を保障する従来の条約（連盟規約など）と今回の新条約との関係、③条文案第一条「人民の名に於て」の解釈、の諸点であった。まず①と②に関しては、アメリカは条約案が締約国の自衛権を制限するものではないと説明したうえで、従来の国際条約との対立も生じないと回答した。日本側も概ねこのアメリカ回答に則った解釈をとることで、妥結が可能と判断した。

だが③は、日本の国内統治の核心である天皇大権とも関連する複雑な問題だった。天皇を統治権の総攬者とする大日本帝国憲法の規定からして、「人民の名に於て」条約が発効するとなると、憲法違反の恐れがあったのである。これに対してアメリカ側は、「名に於て（in the name of）」の一文は、「のために（on behalf of）」と同義であるからして、日本の国体に抵触することはないとして理解を求めた。ひとまずは日本側もこの回答に納得を示し、条約案に同意する旨を正式回答した。

その他各国からも同意を受け、八月二七日に一五カ国の代表がパリに集い、不戦条約（ケロッグ・ブリアン条約）が調印された。遅れて調印する国も増加していき、最終的には六三カ国にまで上った。

不戦条約そのものは全三カ条という短文にすぎない。ゆえにその内容も様々な解釈の余地を残すものであり、条約というよりむしろ誓約に近いものだった。特に自衛権の行使との関連については、条約がこれを妨げることはないと定義したため、「自衛戦争」と「侵略戦争」の境界が極めて曖昧にされてしまった。それゆえ、不戦条約の実際の効力のほどについては当時から疑問が呈されたことは当然だった。

日本国内では、まずもって野党の立憲民政党が不戦条約およびこれを締結した政府への批判を展開した。民政党の過剰なまでに強硬な政府批判は、条約調印直後の九月一五日に帝国ホテルで開かれた緊急総務会で開始された。ここで民政党は、「人民の名に於て」の一文に注目し、これが日本の国体と相容れないにもかかわらず、条約調印に踏み切った田中内閣を厳しく糾弾した。続く一八日の総会でも、民政党の方針として、不戦条約の内容自体には賛同するとしながらも、「人民の名に於て」の文言をめぐる田中内閣の対応を今後も厳しく批判していくこととしたのであった。

不戦条約に根本的な欠陥があったことは間違いなく、石井のような外交の専門家からしても、当然ながらこの条約が今後の戦争防止にどれほどの効果を発するのか甚だ疑わしいと解された。すでに外交の現場からは退いていたものの、石井は条約が内包する様々な問題を批判的に主張する活動を展開していく。

不戦条約批判①——仲裁と制裁の欠如

不戦条約をめぐる日本国内の批評を論じる中で、石井のそれは条約批判の代表格として取り上げられることがある（大畑「不戦条約中「人民ノ名ニ於テ」の問題」）。確かに石井は条約の締結や批准に慎重であるべきとの態度を鮮明にしていたが、条約の意義を全否定したわけではない。むしろ、不戦条約の背後にある戦争防止の理念については、これまで国際連盟で活動を展開していた石井にとっても理解できるものだった。そのため、連盟加盟国ではないものの、不戦条約の旗振り役であり、国際平和構築のために調整役を担ったアメリカへの賛辞を惜しむことはなかった（『回想斷片』八二、八九頁）。

他方で、石井の念頭に不戦条約の実効性に対する大きな疑念が存在していたことも明白な事実であった。石井の理解では、国家間戦争は突如発生するものではなく、必ずそこへ至るプロセスがある。この国際政治の現実を正面から検討することなく、いたずらに戦争行為ばかりを非難しても、実際の戦争を防止することはできないというのが石井の持論であった。こうした石井の立場からすれば、不戦条約の最大の欠陥とは、条約違反国に対する制裁規定が設けられていないという点にあった。田中内閣が枢密院本会議の場で条約に関する説明を行った際、顧問官に就任したばかりの石井が繰り返し政府へ訴えたのは、まさしくこの欠陥に関してであった。

本条約成立の上は、締約国は国際紛争解決の為、戦争を行ふことを得ざることとなるを以て、他方平和的手段を完備すること最必要にして、殊に仲裁裁判制度の発達を促進するは緊要なり

（『日外』昭和期Ⅰ第二部第一巻、三六七頁）

石井が強調するように、連盟規約など既存の国際法や条約にも戦争を違法とみなそうとする試みは存在していた。だがジュネーヴ議定書の失敗の経緯からも明らかなように、問題となるのは法を破って戦争行為を開始した「侵略国」に対する制裁が、現実の国際政治では実行困難なことにあった。今回の不戦条約においても、「侵略」の定義や、制裁に関する具体的取り決めが交わされることなく、調印されたことを石井は問題視したのである。

石井にとって真に戦争を防止するために不可欠な手続きとは、仲裁裁判もしくは司法的解決を義務化する制度を不戦条約とともに制定し、制裁に強制力を持たせることであった。これは従来の仲裁裁

判・司法裁判の制度をさらに強化する、義務的仲裁裁判・司法裁判制度導入論だった。もっともこの議論はかねてから石井が主張していたものなのだが、今回の不戦条約調印に至っても、依然として国際社会は義務的仲裁裁判・司法裁判制度の導入を実現してはいなかった。それゆえ石井はこの致命的欠陥を抱える不戦条約に対して、「仲裁乃至司法裁判条約の付随せざる不戦条約は、戦争熱の下剤としては多少効果あらむも、戦争を防止するの実力なきもの」として、厳しい批判を与えたのである（『餘録』二八八頁）。

国際連盟発足以来、国際社会が制裁に対する消極的姿勢を変化させることのない現実を、石井は遺憾に思っていたことだろう。単に戦争廃止の理想を掲げるのみでは、真の国際平和は達成されないというのが石井の冷静かつ現実的な認識だった。

世の中は理想一片では行けない、人文進歩の程度に適合するが肝要である。〔…〕不戦条約に制裁を設けないため違反国が頻出する様では立法締約の本旨を失ふこととなる（『餘録』二九二頁）

なお不戦条約の交渉過程では、フランスが制裁規定の挿入を要請していたものの、アメリカがこれを頑として受け入れなかったという事情があった。この事実を知った石井は、アメリカ国内の制裁義務化に反対する有力な団体――具体的には「不戦条約期成同盟」を想定――へ配慮した結果、制裁の義務化が実現しなかったのだろうと推測している。石井は、こうしたアメリカ国内の政治団体の過度の理想主義や、アメリカ外交の伝統であるモンロー主義といった諸要因が絡み合った結果、アメリカが制裁規定の挿入を拒絶したことを批判するに躊躇しなかった（『回想斷片』九六～九七、一〇三頁）。制裁規定を排した条約は、いかに優れた理念を有していようとも、効力を発することなく理想空想に終始してしまうという確信は石井の心中に一貫していたのであった。

不戦条約批判②──「人民の名に於て」の解釈

義務的仲裁裁判・司法裁判および制裁規定の欠如という問題に加え、石井は日本の内政との関連においても不戦条約に重大な欠陥があると指摘した。それは条約第一条中にある、「〔締約国は〕各々の人民の名に於て厳粛に宣言す（solemnly declare in the name of respective peoples）」との一文が、大日本帝国憲法第一三条「天皇は戦を宣じ和を講じ及諸般の条約を締結す」と矛盾するのではないかという、法文解釈に関する問題だった。

石井にとって、重大な対外政策を「人民の名に於て」決することは、天皇大権の干犯に該当する恐れがあり、日本の伝統的国体を傷つけかねない深刻な問題とみなされた。すでに述べたところだが、日本政府も交渉過程で「人民の名に於て」の一文の解釈についてアメリカ側に疑義を呈しており、このときはアメリカが「人民の為に」と同義であると説明したのだが、石井はこのアメリカの説明に疑問を抱いた。石井は「in the name of peoples」の英文を、「人民の為に」と解することはできず、「人民の名に於て」以外に邦訳することは不可能と断言する。よってアメリカ側の弁明やこれを受け入れた田中内閣の理解は、法解釈上の重大な過ちを犯していることになるのだった。

条約案作成の段階でアメリカが「人民の名に於て」の一文を挿入した背景には、欧米諸国で台頭していたレファレンダム（人民投票制度）思想があると石井は推定した。そしてこのレファレンダムこそが、日本の憲法や国体と両立しないばかりかこれらを脅かしかねない危険な思想に由来しているとみなすのだった。

石井はまず、レファレンダム思想が不戦条約以前から着実にアメリカ社会に浸透していたことに注目する。例えばアメリカ国内の不戦条約の推進役となっていた不戦条約期成同盟は、和戦決定の重大問題を一部の政治家の権限のみに与えることをせず、人民が直接投票でもって決しなければならないという理念のもとで活動していた。ゆえに不戦条約期成同盟は、不戦条約成立に際しても、従来のような政府間交渉のみでなく、各国人民の直接投票によって条約の採否を決定することが理想との立場をとっていた。こうした勢力からすれば、「国家（state）」や「国民（nation）」ではなく、「人民（peoples）」の文言が条文に含められる必要があった。すなわち不戦条約の推進勢力は、「人民（peoples）」の文言に「人民の親政」とのニュアンスを含めようとしていたのであり、日本のような人民親政を排除する国体には適合しえない条文であると石井は主張したのだった（『回想斷片』一〇三～一一九頁）。

こうした議論からも明らかなように、石井は不戦条約を推進した勢力の理想主義的国際政治観に対して批判と警戒の念を有していた。そもそも和戦に関わるような国家の重大問題には、人道のみならず、多種多様な利害が複雑に絡み合っているのであり、不戦条約期成同盟などがいうような「思慮単純なる民衆の速断し得る」ところとはなりえないというのが石井の信念である。これは外交の民主化という、第一次大戦以後の世界的風潮に対する石井からの批判でもあった。長年にわたる外交経験を有する石井の心中に、外交という国家の命運を左右する問題を民衆の決定に委ねることへの強い警戒があったことは間違いない。それゆえに外交の民主化を理念的背景とした「人民の名に於て」の文言に対しても、石井は批判せざるをえなかったのである。

これら重大欠陥を抱えた不戦条約をめぐり、石井は日本がいかなる形で対処すべきかについて次のように論じる。確かに不戦条約には欠陥があるものの、現実主義的な判断としては、条約批准を回避することはできない。米仏ら他の締約国との協調を重視する点からしても条約批准は致し方ないものの、憲法に抵触する部分に限って留保をつけての批准が次善の策である。もちろん、こうした留保は他の締約国から批判を呼ぶ可能性もある。だが日本の内政問題に他国が干渉する権利がない以上、たとえ日本の行動を批判する国家が現れたとしても、そうした国家も最後は黙諾することとなり、結果として日本の留保自体が条約の一部を構成することになる（『餘録』三〇八〜三〇九頁）。厳格な法解釈にこだわりつつ、現実的な国際協調を重んじる石井らしい結論だろう。

奇しくも日本国内には、石井以外からも「人民の名に於て」と憲法との矛盾を指摘する声があり、田中内閣としてはこうした国内の批判に応える必要があった。そこで条約調印の翌年六月、「帝国政府は〔…〕戦争放棄に関する条約第一条中の「其の各自の人民の名に於て」なる字句は帝国憲法の条章より観て日本国に限り適用なきものと了解することを宣言す」という、条約の一部留保宣言を発することとした。政府としては、国内の批判に応えつつ、条約失効を避けるための妥協としての留保をなしたのだった。こうして「人民の名に於て」に対する石井の批判も、ひとまずは納得する形で終結に至った。

「人民の名に於て」解釈をめぐる論争

石井の不戦条約批判をめぐっては、これに反対する国内の識者との間に論争が繰り広げられた。特に国際法学者の立作太郎（たちさくたろう）による石井の「人民の名に於て」解釈への批判は、両者の近しい関係性からしても注目に値するものだった。立の石井批判の焦点は、「人民の名に於て」の一文を、これには「人民に代わって」という程度の軽い意味合いしか含まれていないと反論したことにある。立は、石井がかつて第一次大戦期に特使としてアメリカに赴いた際、ニューヨークでの演説で同じ文言を使用したことを引き合いに出し、石井の「人民の名に於て」解釈をめぐる二枚舌を批判した。立は、石井がこのときアメリカとの間で「人民の名に於て」の文言の解釈に関する合意をすでに形成していたと主張し、不戦条約の合法性と妥当性を説いたのだった（立「不戰條約と国体擁護」一〜四頁）。「人民の名に於て」の解釈についての石井の過去の言動を取り上げることで、おそらく立は不戦条約と憲法との矛盾を殊更に強調し、条約への批判的見解を隠すことのない石井を諌めようとしたのであろう。

石井批判を展開した立ではあったが、酒井一臣が指摘するように、実際には両者の不戦条約やレファレンダム思想に対する認識に大差があったわけではない（酒井『帝国日本の外交と民主主義』九一頁）。石井と同様、立も戦争違法化や外交の民主化に対しては極めて懐疑的だった。当代随一の国際法学者でありながら、実務家としての一面も有していた立にとって、安易な理想主義を背景に生み出された不戦条約への疑念を払拭することはできなかった。条約を全面的に受け入れることのできない立ではあったが、その石井批判の理由は、あくまで国際社会における日本の立場を悪化させないための政治的言辞だった。

そもそも、国際政治学者の神川彦松が指摘したように、「人民の名に於て」の文言の解釈は決して条約の本質ではなく、枝葉末節の問題でしかなかったはずである（神川「不戦条約の国際法上に於ける意義」八一六頁）。ところが石井にとっては、この問題は決して枝葉末節といえるものではなかった。それは日本の国体に関わると同時に、外交の民主化という国際秩序の革新的な変革に対する警戒に他ならなかった。もし外交の民主化が徹底され、人民による外交政策決定が急速に常態化するような世界が到来すれば、万世一系の天皇を戴く日本の国体に対する危機が到来しかねない。また、人民による安易な政治判断が、かえって国際秩序の動揺を招く事態も十分に想定される。国際平和の重要性を認める石井としては、急進的に外交の民主化への改革を突き進むことは適切な手段ではないと考えられた。国際平和を追求するためには、各国が利害や主権を尊重し合いながら、漸進的な努力を積み重ねていかなければならないというのが石井の確固たる信念であった。それゆえに、レファレンダム思想や外交の民主化というような、第一次大戦後に急速に盛り上がりを見せる理想主義的な革新によって戦争や平和に関わる問題を解決しようとすることは、決して有効ではありえなかった。

この後の満洲事変以降の歴史を知る学者の中には、石井に代表される不戦条約への消極的評価をもってして、日本の「戦争違法化体制」への適応拒否を強調する見解もある。だがこうした後世からの見方は、おそらく結論ありきの議論に陥る危険性が孕んでいよう。不戦条約の趣旨が、のちの国連憲章や日本国憲法などに引き継がれていることから、その歴史的意義の大きさは認められねばならないが、それでも人類が国際平和や外交の民主化をそれなりに受容するためには、一九二八年という時代はあまりに早急にすぎた。何より石井が批判したように、「侵略」や「自衛」を定義する権限が各国の主権の範囲内にあると前提されており、制裁の規定も存在しない不戦条約は、旧来の戦争概念を根本から転換するまでには至らなかった。その点で石井の不戦条約への懐疑は決して時代錯誤などではなく、国際平和を維持することの困難さを熟知するプロフェッショナルならではの苦悩を読み取ることができるのである。

第7章　満洲事変前後

第一節　「啓蒙家」としての活動

日本国際連盟協会会長

外務省を退官した石井は、枢密顧問官としての活動と並行して、急速に変化する様々な国際事象に関する評論活動を開始した。枢密院という閉ざされた空間での限られた活動に終始するのではなく、積極的に国内外の人民との接触を図ろうとしたのである。その主な活動の場となったのが、日本国際連盟協会（以下、連盟協会）である。この連盟協会を介して、石井は国内外の世論に向けた、いわば「啓蒙家」としての活動を展開していくことになる。

連盟協会は、国際連盟発足と同年の一九二〇年に設立された。その目的は、連盟に関係する研究・調査や、国内外の諸団体との交流などにあった（池井「日本国際連盟協会」二九頁）。連盟協会には当時の著名な官僚や学者、ジャーナリストなど、多様なバックグラウンドをもつ有識者が集い、連盟協会の発行する機関誌にも優れた論考が多く発表された。歴代政権も連盟協会の活動を支持し、一九三一年まで多額の資金援助も行われていた（Akami. *Internationalizing the Pacific*. 80）。この事実は、政友会や憲政会（民政党）といった当時の大政党が、連盟協会を第一次大戦後の日本の国際協調を象徴するものととらえていたことを意味している。

退官後の石井はすぐさま連盟協会での活動を本格化させるようになり、この機関を通じて日本国民へ連盟の重要性と、国際社会における日本の地位の高まりを周知するべく、積極的な啓蒙活動を行った。それは一九三一年五月七日に岐阜市公会堂で開催された国際問題大講演会における次の発言からも明らかだった。

> 我が国体の精華と云ふものは国際連盟に依つて一段と高め、欧州へ行って見れば立派な尊敬を受けつゝあるのであります。それで私は立派な我が国体の精華を発揚させる理由は一に国際連盟を発揚さすことが一番近道ではないかと思ふのであります。〔…〕国際連盟協会と云ふものは我が同胞の間に国際連盟の観念を普及せしめ、一方政府を鞭撻するのであります（石井「國際政局より見たる我が日本」一三三頁）

こうした性質を有する連盟協会での石井の啓蒙活動の内容には、自身が直接関わった過去の外交問題の回顧なども含まれるが、現今の国際状況に対する石井ならではの分析や、欧米社会の新動向の紹介など、多岐にわたるテーマが扱われた。そしてこうした「啓蒙家」としての石井の活動を支えたのは、元外交官としての豊富な経験はもちろんながら、長年にわたって独自に積み重ねてきた国際法や外交史研究の成果だった。さらに満洲事変期の一九三一年一一月、財界の大物であった渋沢栄一の死去を受けて連盟協会第二代会長に就任すると、それまで以上に積極的な「啓蒙」活動を展開していくのだが、まずは事変勃発以前の連盟協会における石井の活動を見ておこう。

女性の社会貢献

連盟協会における石井の活動の一つに、第一次大戦後の世界的民主化ムードに対応した女性の政治参加に関する問題があった。同協会で一九三一年一月一七日に婦人部が設置されたことを機に、日本における女性の社会進出を奨励する活動を進めていたのだが（『渋沢栄一伝記資料』第三七巻、三三五～三三七頁）、会長に就任した石井は、欧米社会に広く謳われるような、新たな時代に適応する新たな女性の役割を重視していた。それは婦人部の発会式での石井の講演から見て取ることができる。ここで石井は次のように発言している。

> 婦人は所謂第二の国民を養成すると云ふ重大なる任務を負担せられるものでありまして、〔…〕家庭に於て慈愛を以て国際連盟の思想を第二の国民に吹込み、彼等を養成すると云ふ重大なる任務を有して居るのは御婦人であ〔る〕（石井「婦人と國際聯盟」七頁）

このように、石井は女性が男性と同等の社会的役割を担うことになることを積極的に評価し、期待した。石井は、女性の元来持つ気質が穏健かつ平和的であると語るのだが、その根拠となるのが、かつて一八世紀にポーランドの分割に涙を流したというエピソードを持つマリア・テレジア（Maria Theresa）女帝だった。一八世紀中頃のヨーロッパでは、ポーランドのような弱国が大国にその命運を握られることは珍しくなかった。だがこうした弱国の運命に同情を寄せるというのは、マリア・テレジアのような女性特有の平和的性質の表れであると石井は語る。

そして将来の日本における女性の社会的な働き方については、石井は第一次大戦後の国際平和の実現への貢献を期待した。講演の中で石井は、日本の歴史には他国に劣らぬ強力な女性の存在があり、それが戦時と平時を問わず、日本独自の文化を栄えさせたと述べる。その代表的な例として、中世日本の男性が漢学に中毒していた時代の中で、紫式部や和泉式部といった女性が、日本生粋の文学を起こすことに成功したことがあげられる。石井によると、彼女ら歴史上の日本人女性が示してきた力量や功績は、決して他国の女性に引けを取るものではなかった。これは日本人女性が先天的に有する資質を意味した。

そして現今の状況において、欧米で盛んに提唱される女性参政権をめぐる議論についても石井は言及する。石井はこうした国際的な状況を踏まえながら、将来的な日本人女性の政治参加にも期待を寄せるのだった。折しも日本国内でも、平塚らいてうの新婦人協会や市川房枝の婦人参政権獲得期成同盟会に代表される活発な婦人参政権運動などが展開されていた時期であった。こうした国内外のフェミニズム運動の高まりに関して、石井は次のような所感を述べるのだった。

夫人が参政権を得ると云ふ時になると政治がどうなりませうか、清浄化する、今日は弊害百出、代議政体と云ふものは殆んど滅亡だと叫んで居るものもあるが、婦人参政権は此政治の腐敗を清浄化する、此事に就ては多少の程度は人に依つて見様は違うひませうが、私は其効果はあるに相違ないと思つてゐます。〔…〕日本の婦人運動も此頃活発を加へ来り、近き将来に政治に参与することにはなりませうし、現に今回国際連盟協会婦人部が出来たのは女性の覚醒と申しませうか、愈々歴史上に証明せられたる婦人の実力を聊か遅蒔きながら証明し始めたのではなからうかと私は喜びを以て考へつつあるのであります（石井「婦人と國際聯盟」一四頁）

もちろん、ここで述べられている石井の発言には多少のリップサービスも含まれていよう。あるいは二一世紀の現在ではおよそ通用しないような女性観も看取されることは否定しえない。だがそれでも外交官時代に欧米社会のフェミニズム運動などを実地で観察していた石井ならではの、当時の日本において極めて革新的な女権論であったことも間違いなかった。世界規模での女権論や民主化の進展を敏感に察知し、日本国内への波及についても関心を寄せていた証左であろう。

『外交餘録』執筆事情

「啓蒙家」としての活動を開始した石井を論じるうえで、その主著『外交餘録』（初版は一九三〇年刊行）について触れないわけにはいかない。自身の四〇年近い外交官生活を振り返り、独自の視点から近代日本外交を論じた『外交餘録』は、陸奥宗光『蹇蹇録』（一九二九年）、幣原喜重郎『外交五十年』（一九五一年）、吉田茂『回想十年』（一九五七年）、といった著名な外交家たちの回顧録に匹敵する白眉といっても過言ではなかろう。

ただし『外交餘録』が他の外交家の回顧録と異なるのは、同書の前半部分が石井の関わった種々の外交問題に関する回顧であり、後半部分が歴史や同時代の国際情勢を踏まえた外交コメンタリーという構成をとっていることにある。特に後半部のコメンタリーから読み取れる石井の博識や洞察力の高さは、石井が一級の外交評論家でもあったことを示している。

石井がこの著書を執筆したきっかけは、一九二七年にジュネーヴ海軍軍縮会議を終え、帰国して間もない頃だった。外交官としての多忙な日々から解放された石井は、国際法学者坪井九馬三（くめぞう）の著作『最近政治外交史』（全三巻、冨山房、一九二七年）を読む機会を得た。そして同書中にある、「歴史は果たして繰返すものか」という問題提起に刺激を受けた石井は、坪井に反駁する形で論考を執筆する決意を固めた。さらにこれと並行して、日本の伝統文化を国際的視点から検討した独自の文武両道論に関するいくつかの短文も書き上げた。その後も石井は外交における経綸と折衝に関する論考、日英同盟に関する論考など、次々と自身の経験を踏まえた外交論を書き続けた。これら外交問題に関する様々な論文を継続的に執筆していった結果、一九二九年末には『外交餘録』の基となる一連の原稿が完成した。

この諸論考を一書にまとめて刊行しようとしたものの、官界での活動が長かった石井は出版界にコネがなく、実現は容易なことではなかった。そこで石井は親戚関係にあった東洋学者の白鳥庫吉に仲介役となってもらい、岩波書店主人の岩波茂雄と面会することになった。岩波からはすぐに出版の承諾を得ることができ、さらには出版社側からの提案で題目が「外交餘録」に決定した。退官以来の書き溜めた原稿が蓄積していたため、『外交餘録』の初版は五二八頁にも及ぶ浩瀚なものになった。石井は娘婿の久保田貫一郎らの助力を得ながら校正を終わらせ、一九三〇年五月に校了した（『外交随想』一一～一五頁）。こうして同年六月、『外交餘録』は無事出版に至った。

『外交餘録』は日本国内のみならず、海外からも注目を集めた。かつて駐米大使時代にいくつかの海外出版社から回顧録の執筆依頼が来ていたものの、当時は多忙な業務の合間に英語の書籍を準備することは困難であるとして固辞していた。そのため、今回石井がその外交官生活を振り返りつつ、様々な外交問題について体系的に論じた書物が出版されたことで、海外の識者からも関心を呼ぶことになったのだった。刊行翌年の『ニューヨーク・タイムズ』紙では、同書に関する大々的な紹介記事が掲載されたが、そこでは「石井子爵の著書は、近代日本が現在のような世界的大国の地位へと成長する過程の中で、注目すべき重要な出来事の知られざる側面に光を当てるものである」との賛辞が寄せられている（*New York Times*, Jan. 25, 1931）。アメリカでも石井・ランシング協定の立役者が、満を持して回顧録を出版したことに大きな関心を寄せられていたことがわかる。

さらに同書は、アメリカの外交官ラングドン（William R. Langdon）の手で一部が英訳され、一九三六年にジョンズ・ホプキンス大学出版から、*Diplomatic Commentaries* とのタイトルで刊行されることになった。三宅正樹による詳細な分析があるように、*Diplomatic Commentaries* はドイツの歴史学者オットー・ベッカー（Otto Becker）からも評価がなされるなど、近代日本外交の重要な記録でありながらも優れた外交コメンタリーとして、国際的に高い評価を集めたのだった（三宅『ユーラシア外交史研究』第四部第二章）。

『外交餘録』の最大の特徴は、石井自身が深く関与した国際連盟や、その背後にある大戦後の国際協調の精神を段階的に説明しようとしている点にある。記述は幕末の開国から始まるが、日本が近代国家として出発して以来、大戦によって一等国の地位に登りつめ、連盟においても重要な役割を担うようになったことの歴史的必然性が描かれる。さらに石井の筆は連盟やそれに付随する各種国際機関の制度や組織などにも及んでいるが、いずれも当時の日本人が十分な理解を有していなかったことが背景にあったと思われる。つまり石井は『外交餘録』を通じて、日本の世論へ国際協調の重要さと、そのために日本が担うべき役割や責任についても訴えようとしていたと推測されるのである。

ところが『外交餘録』出版の翌年、満洲事変が突如発生すると、石井の国際協調の議論には次第に陰りが見えるようになっていく。

第二節　満洲事変と瓦解する国際協調

国際秩序への挑戦

一九三一年九月一八日、満洲の奉天近郊で発生した柳条湖事件をきっかけに満洲事変が始まった。周知のように、柳条湖事件は現地関東軍の一部将校らによる満鉄爆破事件である。関東軍はこの爆破を中国軍の仕業として本格的な対中軍事行動を起こし、満洲占領の計画を着々と進めていくことになる。

事件勃発当時の第二次若槻礼次郎内閣や陸軍中央は、早急に不拡大方針を発したものの、関東軍の軍事行動を止めることはできず、むしろ錦州爆撃や第一次上海事変、熱河作戦など、日中間の軍事紛争は多方面かつ大規模なものへと発展していく。それは日露戦争以来日本が権益を有する南満洲を越えて、満洲全域および北支地域にまで及ぶまでになる。この過程で、満洲国建国宣言（一九三二年三月）や、日本の国際連盟脱退通告（一九三三年三月）など、日中二国間のみならず、国際的にも大きな衝撃を与えることになった。

従来、この満洲事変を契機として、日本は一九二〇年代までの国際協調路線を放棄し、孤立の道へ突き進んでいったとされる。ただ実際には満洲事変が日本の国際協調路線を完全に崩壊させてしまったわけではなく、連盟脱退後でさえも日本国内には様々な対外政策論が入り乱れていた。こうした観点からすると、満洲事変から支那事変勃発（一九三七年七月）までの時期、日本には国際協調路線へ立ち戻る可能性は少なからず存在していたのである（酒井『大正デモクラシー体制の崩壊』三頁）。

しかしながら、満洲事変時の日本軍の行動や、政府による種々の外交政策は、既存の国際条約や連盟規約とのバランスを図ることを著しく困難にしてしまったことも否定できない。実際に満洲事変の首謀者である関東軍の将校、そして関東軍の軍事行動を支持する日本国内の勢力にとって、既存の国際条約や連盟の集団安全保障体制などは、日本の主権や国益を脅かす存在と解されていた。こうした認識の背景には、第一次大戦以降、ナショナリズムの高まりで過激な排外運動が活発化していた中国国内において、日本人を含めた多くの居留民の生命や財産が危険に晒されていたという事情も大きく影響していた。日本人の生命や財産が不当に侵害されている状況を克服できない政党内閣や政財界に対して、日本国内のフラストレーションは確実に蓄積していたのである。そしてこうした日本の停滞した対中政策を改善するためには、もはや平和的方法ではなく、軍事行動でもってでしか解決不可能という認識が日本国内で一定の説得力を有するようになった。

かつて国際社会の檜舞台で活躍し、事変発生時は枢密顧問官かつ連盟協会副会長の地位にあった石井にとって、欧米列国との協調と中国における日本の権益維持とは不可分な関係にあった。こうした持論を有する石井にとって、確かに中国国内で日本人の権利が侵害されている状況は看過できるものではなかった。ただしその是正は必ず欧米列国との協調のもとで行わなければならない。いわば石井はこの事変に際して、日本と国際社会の関係をいかに再編するのかという困難な問題に取り組んだのだった。

そこで石井は、まずもって欧米列国からの対日批判を牽制すべく、柳条湖事件勃発翌月の一〇月三〇日、日本国際連盟協会理事会の名で事変に関する決議を国内外へ向けて発表した。この決議に示された連盟協会の立場とは、日本は一貫して国際平和を希求しているものの、昨今の中国における排日貨運動などの違法な活動が深刻化しており、今回の事変の原因はひとえに中国側の反日ナショナリズムにあるというものだった。つまり日本の軍事行動は中国の違法行為に対する対抗措置であるため、日本側の姿勢には正当性があるとして、次のように主張したのである。

> 十年隠忍中国側に同情し協戮せんことを努め来つた我国民が事茲に至るに及び激昂措く能はざることゝなつたのは実に已むを得ぬものがある。
>
> 〔…〕歴史的背景、接壌関係より生ずる利害の交錯、経済関係の緊密等が今日満蒙地方に関する

諸条約となって現存して居るのである。我国民は此諸条約の厳正なる履行を期する以外に新しき何物をも要求して居らぬ（「満洲事変に關する本協會理事會の決議」三〜四頁）

このように、石井が中心となる連盟協会は、日中間に存在する既存の国際条約を遵守しない中国側へ厳しい批判を与えていたが、その真の目的は欧米列国から日本の立場への理解を取りつけることにあった。ゆえに上記決議の最終箇所には、「本協会は連盟精神の発揚と東洋に於ける平和確保の為め切に連盟理事会が満洲問題の審議に当り〔…〕東洋に於ける事態の真相を了得し〔…〕現実に即する適切なる判断を為さんことを希望し且期待する」（同右）と、日本として東アジアの安定と国際協調のために、連盟が不要な対日批判を行わないよう警告したのである。

枢密院での政府批判

一方、石井にとってもう一つの活動の場である枢密院において、事変に関して初めて石井が見解を表明したのが、若槻内閣が不拡大方針を決定した直後の九月三〇日に開かれた本会議においてだった。この会議ではまず、幣原喜重郎外相から事件の経緯についての説明と、政府の対応方針について報告が行われた。これを受けて、顧問官たちからは政府に対して中国へより強硬な対応をとるよう求める声が多くあがった。例えば江木千之（かずゆき）顧問官は、今回の事変の原因は中国の長年に及ぶ排日教育にあるとして、若槻内閣へ中国国民政府に対し、より厳しい態度で臨むよう要望した。さらに江木は、国際連盟内部でも中国の排日運動の実態が広く知れ渡っているとしたうえで、連盟がこの事件に関して日本へ制裁規定を適用するような事態にはならないだろうとの楽観的な予測を付け加えた。

こうした政府と顧問官たちとのやり取りを静かに聞いていた石井だったが、会議の最後、満を持して自らの見解を語り始めた。石井は江木の指摘するように、これまで中国国内の排日運動が高まっていた事実を強調し、今回の関東軍の行動に「感謝の念」を冒頭で表明した。だが、現地軍が政府の許可を得ずして独断的に軍事行動を開始したことについては決して正当化できるものではないともくぎを刺した。関東軍による軍事行動や、朝鮮軍（林銑十郎司令官）が独自に国境を越えて満洲へ入ったことは、明らかに出先軍の越権行為であると批判したのである。そして石井は会議に出席していた南次郎陸相に向かい、この朝鮮軍の越境行動は天皇大権の干犯にあたるのではないかと問い質した。石井の質問に対して南陸相は、朝鮮軍の越境行動は、関東軍が出動していたことで空洞化していた奉天を中国軍から防衛するための正当な措置であると返答した（『樞密院會議議事錄』六六、二五四〜二五八頁）。石井はこの南の回答に納得したわけではなかったものの、この日の会議はここで終了となった。

この後の枢密院会議でも、石井はたびたび朝鮮軍越境問題を取りあげ、その違法性について政府や軍部を追及した。このことは、石井が法に基づく軍隊の統制——近代国家にとって根源的な制度——が有名無実化することを強く憂いていたためと思われる。

石井と同様、昭和天皇もまた、この朝鮮軍の独断越境を問題視した一人だった。枢密院会議には出席していなかったものの、事後に会議の内容について報告を受けると、天皇は奈良武次侍従武官長に朝鮮軍の独断越境や関東軍の満洲独立政権工作を強く憂慮する旨の言葉を漏らした。昭和天皇のこの発言の背景には、統帥権干犯という違法性の問題のみならず、政府と軍部の意思不通によって、国際社会の場で日本が不利な立場に置かれてしまうことへの警戒があったためだった（加藤「枢密院と外交」二一三頁）。そして皮肉にも、この後の事態は昭和天皇や石井が憂慮したように、日本にとって一層不利な環境へと変化するようになる。

国際連盟における日中対立

現地日本軍の対中攻撃が拡大を見せる中、中国国民政府は解決方策として、日本との二国間交渉ではなく、連盟や第三国を交えた多国間交渉を企図した。柳条湖事件勃発直後の九月二二日に開かれた連盟理事会で、中国の施肇基（しちょうき）代表は、拡大する日本軍の軍事行動を停止させ、日中関係を正常化するために国際的枠組みでの事態悪化防止および事変発生以前への原状回復、そして連盟規約に基づく賠償を求めた。これに対して日本の芳沢謙吉代表は、日本軍の行動は満鉄や在満日本人の保護を目的としたものであるため、事件解決のためには日中二国間交渉を基本としなければならず、連盟など第三者の介入を受け入れられないと応酬した。

対立する当事国双方の姿勢を受け、連盟理事会は今回の日中紛争は当事国同士の問題であり、理事会が関与すべき性質の事件ではないとの決定を下した（臼井『満州事変』六九〜七〇頁）。この連盟の決定は、明らかに日本側に有利なものだった。連盟がこうした態度をとった理由は、日本が東アジアにおける大国であり、同地域の秩序を保つためには、日本を刺激することは好ましくないというパワー・ポリティクスの論理が働いたためだった。さらにイギリスをはじめとする連盟の主要国には、中国国内の排外主義運動による被害が、日本のみならず関係各国に及んでいることへの不満が共有されていたことも重要だった。いわばイギリスらからすれば、日本の対中軍事行動は中国の主権侵害という以上に、中国の排外主義運動を鎮静化させるための有効な手段ととらえられていたのである。

ところが、連盟内における日本への有利なムードは、一〇月八日の錦州爆撃によって一変する。関東軍はこの直前、満洲地域を支配する張学良（ちょうがくりょう）政権を否認する声明を発していたのだが、その張の主導する対日反攻の拠点となっていた錦州に爆撃を仕掛けたのだった。この錦州爆撃は市街地への無差別爆撃であったことから、国際社会からの激しい対日批判を呼び起こすことになったのである。

連盟のドラモンド事務総長も、杉村陽太郎事務次長との会談で、錦州での日本軍の行動に批判を加えた。これに杉村は自国の軍事行動への支持を得るために「満洲例外論」の論理を持ち出し、ドラモンドの説得を試みた。杉村の「満洲例外論」とは、満洲はヨーロッパと異質な土地であるため、これまで連盟が行ってきた領土紛争の論理をそのまま適用することはできないというものであり、それゆえに連盟など第三者が満洲問題に介入するよりも、日中二国間協議のほうが早期解決に導くことができるというものだった（杉村『國際外交録』四六〜四七頁）。

しかし杉村の応戦も虚しく、満洲を「例外」として、連盟規約や不戦条約の適用を避けることは、もはや連盟内の対日批判ムードの高まりからして困難になりつつあった。さらにアメリカのスティムソン（Henry L. Stimson）国務長官が、連盟とアメリカが共同で対日警告を発し、そのさらなる軍事行動を抑止しようと動き始めるようになったことも、日本にとって大きなダメージとなった（Barnhart. *Japan Prepares for Total War.* 53）。連盟のみならず、アメリカさえも日本への批判を行うようになったことは、石井が憂慮した日本の孤立という状況へ向かいつつあることを示していた。

　こうした国際情勢の変化に直面し、石井もますます危機感を募らせていった。一〇月二八日の枢密院会議で、石井は錦州爆撃以来の日本政府の対応の拙さが連盟内での日本の評判を著しく損なってしまっていると、厳しい政府批判を行った。加えて、もし今後もこうした状況が続けば、連盟はいずれ中国支持へと態度を転換させることもありうると警告した。その場合、連盟が規約第一一条に基づく対日批判を実施する可能性があること、さらにはより厳しい第一五条が適用される危険性があるとした。ゆえに石井は、政府に早急な対応改善を求めたのだった。

　なおここで石井が挙げた連盟規約第一五条とは、紛争当事国の代表を除く全参加者の同意を得た報告書に基づき、理事会が正義と公正を維持するため適当な行動を執るとの規定を指している。さらに同規約第一六条では、第一五条による約束を無視して戦争行為を継続した国家に対して、通商・金融上の制裁を科すことができることが定められていた。石井は、もしこれらの制裁規定が日本に対して適用されるような事態になれば、日本は世界中から袋叩きに遭ってしまうことを強く憂慮していたのである。そしてこうした事態を招きかねない状況をつくり出した原因には、政府や参謀本部のあずかり知らぬうちに錦州爆撃が行われたことにあるとして、今後は参謀総長によって現地軍を厳格に統制しなければならないとした。さもなければ、最終的に「恐怖の時代が出現」することになるだろうと、政府や軍部による厳格な対処を求めたのである（『樞密院會議議事録』六七、一二三〜一三一頁）。

　この発言からも明らかなように、石井は軍部内の統率がとれていないことに対して強い不満と苛立ちを覚えていた。そして石井が軍部内の動向を知りえたのは、軍部との関係が深い白鳥敏夫情報部第二課長によるらしい。石井は一〇月四日に白鳥と会談していたのだが、このとき白鳥から、今回の事変の背後には数十名の佐官クラスの将校たちが連携し、陸軍幹部をトップから引きずり降ろそうとする動きがあると伝え聞いていた。白鳥いわく、彼らの目的とは、第一に国威発揚、第二に資本主義批判、第三に代議制否認というものだった。さらに白鳥は、満洲で引き起こされた一連の事件は、軍国主義打倒と資本主義打倒の外的方面へ向けた一段階にすぎず、彼らは次に内的方面への行動をとるべく、確実に準備が進められていると語った。石井はこうした青年士官たちの行動が、近年盛んな資本家搾取とプロレタリア窮状の一般理念を説く新理論に裏打ちされたものであり、彼らの経済財政問題に関する関心がファシズムとの一致を見ていると判断するに至った。そして、こうしたファッショ運動は、近いうちに日本政治の根本的な革新という新たな段階に入る可能性があるため、これを未然に防止する必要を悟ったのである（『外交随想』八二〜八六頁）。上述した石井の枢密院での激しい軍部批判は、その背後にある過激な革新思想への警戒に由来していたといえよう。

満洲新国家建設への批判

ところが石井の警告も虚しく、この後も軍部の統制は改善されるどころか、悪化の一途を辿っていく。一九三一年末、協力内閣運動をめぐる閣内不一致で若槻内閣が倒れると、新たに犬養毅政友会内閣が発足した。この政権交代の間も、関東軍は着実に次なる計画へ向けて独断行動を実行していた。それは、清朝最後の皇帝溥儀（ふぎ）を擁立し、満洲の地に新たな国家を打ち立てることであった。

その一方、日本国内では満洲における一連の事件に刺激された一部の青年将校らによって、既存の体制の革新を求める運動が盛んになった。桜会のメンバーを中心とする十月事件や、政財界の要人を暗殺した血盟団事件などは、日本国内の革新主義の高まりを象徴する事件だった。

国内外の過激な運動が加速するのを横目に、犬養内閣は前内閣と同様、後手の対応に回らざるをえなかった。こうした事態は、国際社会からすれば、日本の指導者たちの統制能力を疑わせることにつながった。元外交官の石井にとっても、軍部の無統制の状態が蔓延る事態は決して容認できるものではなかった。そして一九三二年一月二八日に日本軍と中国軍との激しい戦闘、すなわち第一次上海事変が発生し、三月に満洲国建国宣言が発せられると、石井は犬養内閣の対応を厳しく批判することになった。

それは第一次上海事変勃発直後の一月三〇日に開かれた枢密院本会議でまず行われた。ここで石井はいくつかの重要な質問を政府へ投げかけるのだが、その狙いは関東軍の将来的な目標を明確にすることだった。石井いわく、関東軍は現在、満洲の地に内外人による王道楽土を建設せしめようと工作をしている。これは満洲に独立政権を樹立して、日本政府が承認・保護することを企図しているのか、もしくは日本政府が自らの手で新政権を擁立するのか。また、関東軍の軍事行動は日本が権益を有する南満洲を越え、北満地域のハルビンにまで及ぼそうとしているが、これはかつて日露協約で定められた日露（ソ）両国の勢力範囲の境界を越えることになりかねない。ここで石井は、犬養内閣が北満地域も日本の「特殊権益」に含まれると解しているのかを問い質したのだった。

この石井の問いからは、従来の国際条約や協定で定められていた日本の権益の範囲を越えた軍事行動に対する強い憂慮がうかがえる。何より関東軍が工作中の満洲の新国家建設については、欧米列国や現地住民との間にさらなる深刻な対立を引き起こしかねない重大問題だった。そこで石井は続く二月一五日の枢密院会議の場でも、満洲に新国家を建設し、日本がこれを積極的に支援していくのか、あるいは現地住民による新政権樹立を待つのか、という選択について政府の姿勢を問うたのだった。そして、もし日本の工作によって新国家を建設し、これを公的に支援することになれば、日本にかかる経済的・軍事的負担は計り知れないほど甚大かつ巨額になるだろうと石井は警告した。さらには、日本の工作によって建設された満洲の「人工国家」は、日本に利益をもたらすどころか、かえって不利益にしかならないとして、満洲新国家の建設への反対の立場を明確にしたのである。

このとき石井は、満洲新国家建設が日本に不利益となると主張した根拠として、かつてブルガリアがオスマン帝国に併合されていた時期の一九〇九年、ロシアの支援を受けてようやく独立に成功した歴史を挙げている。独立後の新生ブルガリア王国は、ロシアとの約束を破り、ロシアの政治的干渉を徹底的に排除するようになった。ゆえにロシアは、当初期待したような利益を享受することができなかった。この歴史から石井が強調するのが、満洲国建設によって日本が得られる利益には期待が寄せられないというものだった。石井は次のように結論づける。もし日本が満洲新国家建設を強引に実行すれば、その新国家は直ちに日本へ反目するようになる。さらに新国家はソ連や中国と接近し、日本にとって大きな脅威にさえなりかねないだろう、と。

このように、豊富なヨーロッパ史の知見を基盤とする石井の満洲新国家反対論には確かな説得力があった。ゆえに犬養首相も、会議の場では石井の意見に全面的に同意するしかなかった(『樞密院會議議事録』六七、二四三〜二四六頁)。それでも軍部を統制しきれない犬養内閣にとって、三月一日に満洲国建国宣言が発せられると、同国の承認を遅らせることしかできなかった。そして昭和維新運動の一環として引き起こされた五・一五事件で犬養首相が暗殺され、内閣が倒れると、続く斎藤実内閣は挙国一致のスローガンのもと、対外政策の基本方針を修正した。すなわち、満洲国の早期承認と不承認との間で揺れ動いていた犬養内閣時代とは異なり、斎藤内閣のもとで日本が満洲国を世界に先駆けて正式承認し、その既成事実化が目指されるようになったのである。この斎藤内閣の方針転換は、同年九月の満洲国承認決定へ至る。そして日本が満洲国を承認したことで、柳条湖事件以来の日本の対外政策方針は、新たな局面へと突入することになった（酒井『大正デモクラシー体制の崩壊』二六頁）。

満洲国擁護への転回

さて、ここまでの発言からも明らかなように、石井の本心は満洲に新国家を建設することを阻止することにあった。ただ枢密院での発言とは対照的に、もう一つの活動の場である連盟協会では、むしろ日本の大陸進出を擁護する言論を展開していたことに再度注目しなければならない。これまでにも事変の原因は中国の排外運動にあると述べていた石井だったが、満洲国建国宣言がなされたことで、より徹底して日本の正当性を訴えるようになる。なぜ石井はこうした二枚舌の言説を行ったのか。

第一次上海事変や満洲国建国宣言により、国際社会のムードは明らかに日本に不利になっていた。そこで石井は、国際社会からの対日批判をかわす手段として、日本の軍事行動が既存の国際条約や連盟規約に沿った合法的かつ合理的な行動であるとする法理上の解釈を打ち立てるべく、言論活動を行っていくことになる。それは単に政府間レベルの協議のみに委ねるのではなく、民間レベルでの対日批判の鎮静化をも必要とした。石井が外交官時代から取り組んでいた、広報外交がここでも要請されたのである。

満洲国建国宣言直後の三月三日に開かれた連盟協会主催の晩餐会の席上、石井はこれまで日本が中国の排外主義運動によって多大な被害を受けてきたこと、それを受けてなされた今回の日本軍の一連の行動は、自衛権の発動という正当な権利行使であるとの内容を同席した国内外の記者たちへ向かって訴えた。それは連盟理事会の対応が、満洲に関する知識を欠いた拙劣なものであると批判すると同時に、日本の同地における特殊権益の存在を改めて強調するものでもあった（石井「國際聯盟と支那問題」一一～八頁）。

この演説からもわかるように、連盟協会会長としての石井は、枢密院でのそれとは異なる顔を見せている。おそらく石井にとって、満洲国が既成事実化した以上、日本としてはこれを撤回することは不可能と考え、国際社会からの理解を取りつけるための訴えを行ったのだろう。同年五月の連盟協会総会の冒頭でも、満洲国はあくまで満洲に住む現地住民が自発的に南京国民政府と離別し、「宣統帝〔執政溥儀〕を戴いて之を元首と仰がんと欲」した結果であることを強調するのだった（石井「國際聯盟協會總會開會の辭」一一～七頁）。明らかに石井は、日本の軍事行動によって生まれた満洲国に対し、国内外のメディアを通じて、国際社会からの理解を取りつけようとしていた。

満洲国の正当性を訴える石井の広報活動は、連盟協会のみにとどまらない。六月二一日に日米協会が開催したグルー（Joseph C. Grew）新駐日大使の歓迎会では、石井はアメリカの対日姿勢を批判する内容の演説を行った。日米両国の親善を目的とし、両国の有識者が数多く名を連ねる日米協会の場で、石井は日米が南北アメリカ大陸と東アジアへそれぞれ介入することを愚かな行為と認識すれば、日米戦争といった荒唐無稽な懸念は一掃されるであろうと述べた。さらに、かつてセオドア・ローズヴェルト政権期のアメリカは、日本が中国市場の門戸開放を侵さない限り、日本の平和的拡張に反対することはなかったし、現在も反対すべき理由はないとつけ加えた（ハインリックス『日米外交とグルー』三二一〜三二二頁）。

この演説は、石井が外交官時代の対米交渉で展開したアジア・モンロー主義の復活とも呼ぶべき性質を含んでいた。かつて自身が成立させた石井・ランシング協定が、日本の第一次大戦期の対中政策を批判するウィルソン政権への妥協の産物であったように、今回の日本の対中軍事行動を批判するアメリカに対する石井からの返答であったといえよう。だがこのときの石井の主張に対し、『ニューヨーク・ヘラルド・トリビューン』紙からは「石井主義」と命名され、アメリカ本国でも少なからぬ関心を呼んだ。かつて第一次大戦期の特使としてニューヨークで行ったアジア・モンロー主義演説がアメリカ世論から批判されたように、今回も石井の広報活動はアメリカからの理解を得ることにはならなかったのだった。

さらに石井の満洲国正当化の訴えは、これまで政府批判の場であった枢密院でもなされるようになった。すでに枢密院内では倉富勇三郎（くらとみゆうざぶろう）議長の満洲国承認論が平沼騏一郎（きいちろう）顧問官らにも共有されるようになっており、また連盟では満洲国の正当性を調査するためのリットン調査団の派遣が決定していた時期である。

リットン調査団の調査終了を待たずして、斎藤内閣は九月九日に満洲国承認を閣議決定するのだが、直後の一一日の枢密院該案件審査委員会でこの問題に関する審議が行われた。この席上、石井は満洲国が独立国家となった以上、同国の今後は満洲国自身が決定するものであり、リットン調査団の結果に左右されるべきでないとの意見を述べた。そして今回、斎藤内閣が満洲国承認を決定したことを高く評価するのだが、その理由としたのが、日本が満洲国を承認し、同国との間に同盟条約を取り交わせば、満洲国建設をめぐる問題はもはや中国の内政問題ではなくなり、満洲国の主権の問題となるため、連盟規約や九カ国条約は適用されないというものだった。またリットン調査団も、実際に現地で調査を行えば、満洲の特殊な事情を正しく理解することが期待される。こうして石井は、満洲の独立が既成事実化することが日本の対外関係の改善に資するだろうとの期待を込めたのだが、それは明らかに従来の満洲国建設反対論から全面的擁護へと移行したのだった。そして一三日の枢密院本会議では、全会

リットン調査団

一致で満洲国承認案が可決された。

石井が満洲国擁護論へと転換したのは、おそらく満洲情勢の急激な変化と、連盟協調をめぐる複雑な思いが交錯していたためと思われる。石井にとって、連盟との協調は当然ながら重要だが、それは日本が満洲に有する特殊権益にとって障害とならない限りにおいて有効だった。したがって満洲事変勃発以来、連盟が次第に中国側の主張に与するようになり、日本の行動へ批判を強めるようになると、

もはや連盟は国家間紛争を解決するための場ではなく、中小国の利害を優先する不公正な機関に成り下がったと解された。かつてウィルソン大統領の提唱で発足した連盟の理念には民族自決も含まれていたが、これに関しては当初から国家主権の侵害をもたらしかねないとの懸念があった。そして石井が連盟で活動していた時期を通じて、連盟は次第にその活動の幅を広げていったが、しばしば数的に有利な中小国の権利を強調するあまり、大国の主権が制限され、不公正さを露呈するようになっていた。かつて連盟代表としてその内情を熟知する石井は、国際平和の名のもとで、民族自決が大国の主権を侵害するという事態は、中国において最も酷く現れるようになったと考えるようになっていた。いわば満洲事変とは、こうした不公正さに由来する、戦間期国際社会の歪みがもたらした悲劇ともいえるのだった（石井「國際聯盟と支那問題」四～五頁）。

こうした石井による満洲国擁護の言説は、「国際協調主義者」であるはずの石井が満洲事変を機に自国の弁護人へと転化したとして、後年の歴史研究者からしばしば批判的評価が与えられる原因となっている。例えばイアン・ニッシュは、石井の満洲事変期の一連の発言について、明らかに「行き過ぎ」であったと評している（ニッシュ『日本の外交政策』一二五頁）。確かに石井の発言には、欧米列国を刺激しかねないような、強硬な自国正当化の論理だった面もあった。一見すれば、この時分の石井は国際協調主義者というよりも、自国の国益を優先するナショナリストであったと見られても致し方なかったかもしれない。

とはいえ、石井は満洲国の正当性を主張しながらも、連盟やアメリカとの協調を放棄したわけではなかった。上述した五月の連盟協会総会の挨拶でも、石井は日本国内で高まっていた連盟脱退論に与することはなく、あくまで日本としては連盟にとどまり、各国との協調を前提としたうえで満洲国の擁護を行っていたのである。そして日本が連盟内で孤立したり、さらには連盟からの脱退といった事態に至らないようにするためにも、日本の軍事行動は既存の国際法や条約の枠組みを逸脱するものではないことを国際社会へ説得しようと奮闘した。

日本の満洲国承認決定後、満洲問題を調査するために連盟が派遣したリットン調査団は、その調査結果を一〇月二日に公表した。このいわゆるリットン報告書では、柳条湖事件以来の日本の軍事行動は自衛措置とは言い難いとする一方、満洲の歴史的特殊性を鑑み、自治を承認するという対日配慮の内容が併記されていた。しかしすでに石井にとって、リットン報告書の内容は日本の主権や特殊権益を無視した不公正なものと解された。それはかつて国際平和の機関であるはずの連盟そのものが、日本の権利を侵害する無用の長物と化したことを意味した。

連盟が不公正な機関に成り下がった以上、もはや日本としてはこれに従うことは望ましい政策選択ではありえない。そのため石井は、リットン報告書が連盟理事会へ提出された翌月の一一月一一日、第一次大戦終結を祝う平和記念日に開かれた連盟協会会合で、連盟と日本との関係について講演した際、満洲国建国以来の連盟の対日批判の高まりに反論するべく、日本の対満洲政策の正当性を改めて訴えた。そこでは、清朝時代以来の満洲という土地の複雑な事情を明らかにすることで、国際社会からの理解を取りつけようとの狙いがあった。また直前に発表されたリットン報告書への反論という側面も含まれていた。この講演で石井がいうところでは、満洲は元来、中国本土とは異なる土地だったのだが、清朝成立によって満洲が中国と同じ皇帝を戴くことになった。ところが、辛亥革命で清朝が崩壊すると、新たに誕生した新政府は満洲の地を自国の一部に組み込もうとした。これはすなわち中国による満洲の横領に他ならなかった。そしてこの中国と満洲との特別な関係は、第一次大戦前のオーストリア＝ハンガリー帝国のそれに酷似しているとも論じるのだった。

しかし連盟は、こうした中国と満洲の特別な関係性を理解していないと石井は批判する。石井の見るところ、リットン報告書は二つの重要な結論を導いていた。第一は、「満洲問題は、予め妥協の手段を尽さずして戦争行為に出でたるが如き問題に非ず、又一国の軍隊が国境を越えて、他の領土を侵略したるが如き簡単なる問題に非ず」と断じたもので、第二は「満洲独立国は満蒙住民の意志に非ず」という結論である。第一の結論は、日本の主張している満洲の特殊性や日本の自衛行為に一定の理解を示したものであるが、にもかかわらず第二の結論のように、満洲新国家の不当を追及していることが、リットン報告書の欠陥であると石井は批判するのだった。

その一方で、石井は欠陥のあるリットン報告書を全否定したわけではなかった。石井は報告書の内容を熟読する限り、満洲問題の解決手段として、今後の連盟における調整が十分に可能と見た。日本の軍事行動が規約違反であるとの説は、報告書の第一の結論において否定されており、第二の結論である満洲新国家は満蒙民族の意思によるものではないという点も、今後の連盟を介した日満支三カ国の調停が可能だろうと期待された。ゆえに石井としては、「日本対連盟の関係は、殆ど脱すべからざる行詰り迄に達して居るといふ悲観説」を退け、「連盟は日本に満足を与へつゝ、而も連盟の威厳を損することなく、本件を解決する」ことの可能性を認めるのであった（石井「平和記念日に際して」三六九〜三七五頁）。石井はリットン報告書の問題点を認めつつも、あえて一定の留保付でもってこれを受諾することにより、日本の連盟協調を維持するための落としどころを探ろうとしていたのである。

連盟脱退と再加盟の可能性

石井は連盟への批判を繰り返しながらも、その真の目的は日本の連盟脱退や国際的孤立ではなく、あくまで国際社会に向けて日本の正当性を説得することにあった。ゆえに連盟がその認識を改めることができるのであれば、日本としては再び連盟との協調を復活させることは十分に可能であると考えていた。その石井からすれば、現在の政府や外交当局の対応は拙劣なものと映ったとしても不思議ではなかろう。

その石井に対して、内田康哉外相は対仏同盟を想定した石井のヨーロッパ派遣構想を提示した。一一月一〇日、内田は白鳥敏夫を石井の自宅へ遣わし、日仏同盟（もしくは日仏親善）のための訪欧を要請したのである。内田は石井に公式にではなく、個人資格での訪欧を要請したのだが、その狙いは悪化する国際社会の対日感情の改善にあった。内田は石井がアメリカでの評判が芳しくないことから、その活動はヨーロッパ、とりわけ連盟での広報活動を優先するように依頼したのだった（原田述『西園寺公と政局』第二巻、四〇九頁）。これに石井は、日仏同盟なるものは実現可能性がなく、日本の国益にも不利になるだろうと考えた。そして日仏同盟の件のみ留保する条件つきでの訪欧を受諾した（「石井子爵日記」第四回、六二頁）。内田の提案には、とりわけ陸軍の意向が働いていたようだが、この機に石井がヨーロッパで非公式の特使として活動することが期待された。そして石井の出発は年明け一月一九日が予定された。

だがこの石井特使派遣に強硬に反対したのが松岡洋右（ようすけ）だった。連盟首席全権として連盟総会へ出席予定だった松岡は、この時期に石井を訪欧させることは、ジュネーヴにおける日本代表の主張を弱めることになるとして、石井に訪欧の中止を要請したのである。石井は松岡の要請に苛立ちを覚えながらも、連盟代表たる松岡の意向に反して訪欧すれば、松岡が連盟での使命を果たさずして帰朝するかもしれないと憂慮した。そこで白鳥と協議し、今回の訪欧はひとまず延期することとした（高橋「外交再建策としての対米特使派遣構想」一九四〜一九五頁）。

石井の訪欧は中止になったものの、連盟の対日批判は鎮静化したわけではなかった。強硬な姿勢で連盟総会に臨んだ松岡は、自国の正当性を訴え、連盟による対日非難やリットン報告書の採択を痛烈に批判した。だが連盟総会が圧倒的多数でリットン報告書を決議したため、松岡は会場を退席した。そして日本は一九三三年三月二七日、連盟へ脱退通告をなしたのだった。

その創設以来、連盟の発展に尽力してきた石井にとって、日本の脱退は決して望ましいものではなかったことだろう。だが連盟が満洲国を正式承認しない事態へと至った以上、もはや脱退はやむをえないと認識されるようになった。石井はその日記の中に、以下の所感を綴っている。

国際連盟は〔…〕我国家自衛権を否認し、帝国政府の主張に向って正面攻撃を敢（あえ）てし、〔…〕自尊心ある帝国としては茲に連盟脱退の通告を与ふる手続に出づるは万已むを得ざる所なりと謂はざるを得ず（「石井子爵日記」第五回、八二頁）

松岡洋右〔国立国会図書館所蔵〕

このように石井は連盟脱退へ理解を示す一方で、将来的な連盟との協調復帰に期待を残した。

連盟は先づ其認識不足に目覚め其誤解を自認して我国の主張を聴容し慇懃以て我国の復帰を促がし来るの日あるべく、事一たび茲に至らば帝国も亦既往の行掛を水に流して復び連盟と提携するを辞せざるの雅量を示さざるべからず（同右）

連盟脱退通告の同日に開かれた枢密院会議でも、石井はこの日記と同じ内容の発言を行った。石井はまず、日本の自衛権発動を認めない連盟を強く批判したうえで、脱退の決定をした政府を支持した。そして今後、連盟がその認識の誤りを認め、規約を改正し、日本へ復帰や協力を要請するようになれば、日本として再び連盟との協調に立ち戻るのが望ましいと語った（『樞密院會議議事錄』七二、一三～一四頁）。

こうした石井の発言を見ると、石井は連盟との協調を一時的に脱することで、満洲における特殊権益を保護すると同時に、国際関係の再建に期待していたようにも思われる。そしてここまでに論じたように、石井における満洲国擁護論の根底には、日露戦争以来の日本の在外権益を保護することへの強いこだわりがあったと見るべきだろう。それはすなわち、石井が外交官時代から重視していた、中国における日本の特殊権益を欧米列国に承認させるという慣例に基づいた満洲国擁護論だった。当時の国内外の状況からして、日清・日露戦争で得た在外権益を縮小・放棄することなど、およそ考えられはしなかった。石井のような国際協調主義者でさえ、連盟脱退を認めてまで満洲国を擁護せざるをえなかったのは、帝国日本の――そしておそらく全世界の帝国にとっての――宿命だった。

そこで次の問題となるのが、連盟脱退以後の日本が今後、どのように欧米列国との協調を再構築するのかということである。多国間交渉の場であるがゆえ、中小国の利害を優先しがちになる連盟は、日本の国益にとってマイナスになることを痛感した石井は、各列国との二国間交渉を積み重ねることで、中国および満洲への日本の政策の正当性を訴えることが有効な手段であると考えるようになった。それは第一次大戦以前の旧外交時代における、伝統的な外交スタイルへ回帰したと見ることもできよう。こうした旧外交への回帰により、石井が日本の国際的立場の改善に取り組む機会となるのが、次節で扱うロンドン国際経済会議であった。

第三節　ロンドン国際経済会議における対英米交渉

国際経済会議の要請

日本にとっての連盟脱退とは、自国利益が関係する様々な問題や懸案事項を、多国間会議の場で解決するという政策オプションの喪失を意味した。だがこのことでもって、国際社会から日本が完全に排除されたわけでもない。むしろ脱退後も連盟や国際社会は困難な国際問題を解決するために、依然として日本の積極的なコミットメントを求め続けた。それは当時における日本の立場の大きさを示していたといえよう。とりわけ一九二九年の世界恐慌以来、国際的な経済・通商問題は、日本を含めた多国間枠組みによる解決が目指された重要事項であった。

世界恐慌がもたらした大不況の波は資本主義諸国を襲い、各国は自国中心的かつ閉鎖的な経済通商政策を志向するようになっていた。それは第一次大戦以来の国際問題でもある「持てる国」と「持たざる国」の格差をさらに加速させていくことにもなった。植民地や自治領を有する大帝国は、閉鎖的な経済通商政策でもって自国経済の復興を試みたのに対し、植民地も資源も持たない国家は他国との貿易による景気回復が不可能となり、不況の泥沼から抜け出せないでいた。こうした国家間の格差を解消し、大不況の荒波から脱するべく、連盟加盟国を中心とした諸国は、自由主義的な国際経済通商政策の復活を試みることになるのだが、そこには当然ながら、大きな経済力を有する日本を含めた大国間の協調が欠かせなかった。

一九三三年六月に開催されたロンドン国際経済会議は、不況下の資本主義諸国間の経済通商問題を調整するうえでの重要な機会と位置づけられる。この国際会議には大きく二つの意義があった。一つは、世界最大の経済大国アメリカを中心とする互恵通商主義的な自由貿易の再興を目的としたにもかかわらず、そのアメリカ自身が消極的態度に転じたことで、会議自体が空中分解したことである。これは発足したばかりのフランクリン・ローズヴェルト（Franklin D. Roosevelt）政権の国際経済への協力姿勢が極めて希薄であったことによる。そしてそのアメリカの経済力なくしては資本主義諸国全体の不況脱出が叶わないほど、国際通商経済におけるアメリカの存在の大きさが、改めて浮き彫りになったのだった。

会議の第二の意義は、日本が参加した最後の連盟主導の国際会議ということである。満洲事変をめぐって国際社会から批判を受けた日本としては、今回の会議が自国の国際的立場を改善するうえでの好機と思われた。それゆえ、会議の主目的が経済通商問題であったにもかかわらず、全権代表の一人に欧米世界でその名を知られていた石井が選出されたのである。決して経済通商問題の専門家ではないはずの石井が全権代表となった事実からは、当時の斎藤内閣が連盟脱退後の国際協調再建のための会議として位置づけていたことを物語っている。

フランクリン・ローズヴェルト

国際経済会議開催の歴史的経緯

ここでロンドン国際経済会議の内容に踏み込む前に、この会議開催が要請された歴史的経緯を整理しておこう。前述したように、会議の目的は世界恐慌以来の不況対策のための自由貿易再興にあったが、遡れば第一次大戦以来の戦債問題やヨーロッパの経済復興問題から続く、一連の国際経済通商政策に位置づけることが可能である。

大戦終結直後の一九二〇年のブリュッセル会議や、一九二二年のジェノヴァ会議などでは、ヨーロッパの戦後復興に関する国際的な議論が行われた。また孤立主義へ回帰しつつあったアメリカが、ヨーロッパ経済の回復に積極的に関与した一九二四年のドーズ・プランなどもあり、アメリカとヨーロッパ間の経済的結びつきが強固となった（Boyce, *The Great Interwar Crisis and the Collapse of Globalization*, 135）。

さらに一九二〇年代後半になると、アメリカを含めた国際的な経済通商関係の発展の必要性が一層増していた。一例として、一九二七年五月に連盟主導で開かれたジュネーヴ国際経済会議がある。この会議は、アメリカを含む約五〇カ国が参加するという大規模なものだった。ここで各国代表は、自国政府の意思に左右されない自由な意見交換を行い、進歩的かつ自由主義的な内容の勧告が採択された。この勧告を受けて、一九二九年に連盟経済委員会は、最恵国条項概要・説明・適用に関する一般原理を作成した。これら一連の取り組みの目的は、各国が採用していた高関税政策の全面化によって生じた第一次産品国と工業国間の格差を解消することにあった。

だが結果的には、こうした一九二〇年代の取り組みが各国の関税水準を低下させることにはならなかった。直後の世界恐慌の発生により、各国がより閉鎖的な経済通商政策を採用するようになったことがその直接の原因だった。一九二九年一〇月に起こったウォール街の株価暴落によって、各国政府は平価切下げと金本位制離脱を相次いで実行していった。さらに欧米の経済大国は、国内市場を保護するため、最後の貸し手となる役割を放棄した。このように、各国がそれぞれ自衛策に奔走したため、国際金融の秩序は失われてしまった（キンドルバーガー『大不況下の世界』三三一頁）。

特に世界最大の経済大国アメリカは、世界恐慌を機に急速に保護主義的政策へ移行していき、一九三〇年六月にはスムート＝ホーリー関税法を成立させた。このアメリカの保護関税政策に影響を受け、他の主要各国も保護主義への傾向を強めていくことになった。イギリスは一九三一年一一月に緊急輸入関税法を施行し、さらに翌年二月に基礎関税法を発布した。こうして自由主義経済をリードすべき英米二大国が、伝統的な貿易政策を放棄し、保護主義を決定的にしたのだった（伊藤「国際連盟と一九三〇年代の通商問題」一八五～一八七頁）。そして一九三一年九月にイギリスが金本位制から離脱すると、同年一二月に日本も同様の対応をとった。従来から保護主義的傾向が強いフランスは、輸入量割当制（コンタルジャン）を広範に実施し、ドイツも関税引き上げを行った。

こうして資本主義諸国は、既存の通貨制度維持のため、軒並みに関税を引き上げ、輸入禁止制限を実行に移すようになった。連盟が喚起した関税休日案も、この状況には無力でしかなかった。

そこに国際経済会議の開催が要請されたのは、極めて自然な流れであった。一九三二年六月一六日から行われたローザンヌ会議は、第一次大戦の賠償と戦債に関する討議を行ったが、これが翌年のロンドン国際経済会議の直接の出発点となる。ローザンヌ会議後、連盟理事会は経済会議のための予備調査を行う委員会を設立すると同時に、議題の草案を作成した。一九三三年一月に連盟理事会が注釈付議題草案を採択したことで、ロンドン国際経済会議の開催が正式に決定したのである（須藤「一九三〇年代の国際連盟と国際通貨協調」二一八～二一九頁）。そしてロンドンでの本会議の前に、ワシントンでアメリカと各国との間で予備交渉がもたれることも決定した。このとき、すでに連盟を離脱していた日本であるが、その国際的な経済力の大きさゆえに会議への招集がかかったため、斎藤内閣はその準備に取りかかることとなった。

代表団の決定

一九三三年四月に国際経済会議の招聘を受けると、斎藤内閣は早速に代表団の選定にあたった。一大国際会議になることが予想されたことと、単なる経済通商問題のみならず、満洲問題が議題に浮上する可能性があることからすると、代表団には国際舞台での豊富な経験を有する著名人を選定しなければならない。そこで内田康哉外相は、青山にある石井の自宅を訪れ、全権就任を要請したところ、石井は快諾した（「石井子爵閑談録」最終回、六一頁）。続いて高橋是清蔵相が日銀総裁の深井英五（えいご）を官邸に呼び、政府と石井の懇望であるとして、石井とともに全権に就任するよう要請した。石井が深井を全権代表にすることを望んだ理由は定かではないが、おそらく自身と異なり、経済や金融問題に精通する深井をもう一人の全権にすることでバランスをとろうとしたと思われる。こうして、石井と深井、そして松平恒雄の三名を全権代表とする派遣団が結成されることになった。

出国に先立ち、石井は日本国内に向けて現在の国際経済問題に関する自身の分析と、今回の国際会議の展望を語っている。それによると、まず国際経済問題に関して、石井は現今の世界的な不況の原因が遠くは第一次大戦後の戦債問題に由来しているとし、より喫緊では主要各国が保護主義的な経済通商政策を次々と採用していったことになると述べる。確かに石井のいうように、多額の金を保有するアメリカでさえ、世界恐慌以来の不景気風に襲われてしまい、スムート＝ホーリー関税法に代表される関税障壁の強化を志向していた。それゆえ、国際連盟がいくら各国へ関税障壁の除去を提唱しようとも、そこには何らの具体的拘束力や強制力はなく、アメリカや連盟加盟国も自国経済の保護ばかりに執着してしまっていた。前述したような連盟主導によるこれまでの国際経済会議においても、有効な手立てが打たれることはなかった。石井は明言しないものの、こうした状況下で開催されようとしている今回の国際会議もおそらくは同様の結末を迎えるであろうとして、いたって消極的な見通しをもっていたようである（『回想斷片』一六二〜一六五頁）。

だがこうした悲観の一方で、石井は今回の国際会議に経済通商問題とは別の目的を見出していた。それは柳条湖事件以来の満洲問題をめぐって、アメリカから日本への有利な姿勢を導くことにあった。アメリカ国内の主要紙においても、石井が全権に就任したことを受け、日本がワシントンの予備交渉でかつての石井・ランシング協定と同様の成果を取りつけようとしているとの憶測がなされていた（『日外』昭和期Ⅱ第二部第二巻、一八二頁）。

ただし日本国内で、今回の予備交渉および本会議で満洲問題をいかに扱うかについてのコンセンサスはなかった。内田外相ら政府は満洲問題を議論することには絶対反対との指示を出していたものの、陸軍参謀本部などはこの機会にアメリカへ「満洲国を承認する如く指導」するようにとの見解を発していた。もっとも参謀本部は満洲の門戸開放・機会均等原則遵守のため、同地へのアメリカ資本の投入を一定程度は認めるといった柔軟さを示してはいた。だが国内の一致しない態度に挟まれた石井ら代表団は、おそらくかなりの程度の苦心を強いられたことであろう。

深井英五

当事者の石井はというと、おそらくアメリカに到着する前に作成したと思われる「大統領ト内話要項（未定稿）」と題する書類を作成し、予備交渉の内容をあらかじめ準備していた。その中で満洲問題については、満洲国の存在を前提として、同地における門戸開放を採用すること、そして日本および満洲国軍は原則として長城以南には進出しないことなどが盛り込まれていた。さらに石井は、日米両国の国民レベルで相互に侵略行為を疑うような言説が巻き起こっている現状を看過することはできないとし、両国関係改善の手段として、仲裁裁判条約を再締結することこそが有効であると考えていた（『日外』昭和期Ⅱ第二部第二巻、一九五〜一九六頁）。第一次大戦期、石井が駐米大使として日米世論レベルでの「ウォー・スケア」を危惧し、両国関係改善のためとして仲裁裁判条約延長を実現したこととの類似性がここには見られる。こうした意思を有した石井らは、アメリカの地で予備交渉に臨むことになったのである。

ワシントンでの予備交渉

石井ら一行が訪米する時期のアメリカでは、直前に誕生したばかりのローズヴェルト政権により、すでに他の国際経済会議参加国代表との予備交渉が積み重ねられていた。そのローズヴェルト新政権は、まずもって国内の経済対策を優先することを宣言し、全米の銀行休業、金兌換、輸出の停止や緩和などを図っていた。ローズヴェルトの大統領就任演説では、自身の主導下で金本位制からの脱却および平価切下げによる国家経済体制の変革を目指すことが力強く訴えられた（Kennedy, *Freedom from Fear*, 388）。

こうしたローズヴェルトの言説を見ると、国際的な枠組みでの経済通商問題解決を目指そうとする今回の国際会議には悲観的観測を持たざるをえなかった。孤立主義的な志向を強めるアメリカの新指導者の目標は、外交や国際問題以上に、ニューディールに代表される国内政策にプライオリティがあったといえよう（Cole, *Roosevelt and the Isolationists*, 6-7）。それは極端な旧世界と新世界の分断を意味したわけではなかったが、現今進められている国際的枠組みでの経済通商政策には限定的な関与しか期待できなかったのである。

だがこうしたアメリカの孤立主義への志向は、石井ら日本側にとってはむしろ望ましいものだった。なぜなら石井らが最も懸念するのは、アメリカが太平洋を越えて積極的にアジアに関与することだったためである。ゆえにアメリカが国内問題を優先し、外交的に孤立主義を強めることは、日本の対中政策を黙認することにつながると期待された。そこで石井はワシントンでの予備交渉において、日中関係の問題についてアメリカから妥協を引き出そうと画策することになった。その石井ら一行は、五月二三日にワシントンの地に到着し、ローズヴェルト大統領らとの交渉に臨むことになる。

この翌日、石井ら一行を歓迎する午餐会が開かれた。至って良好なムードであったらしく、ローズヴェルト大統領は天皇の健康を祈る祝杯を挙げるとともに、石井のアメリカとの少なからぬ関係を歓迎する旨の発言がなされた。またローズヴェルトは石井の膝を叩きながら、果たして満洲国は独立国なのか、あるいは「コロニー」なのかと笑いながら問いかける場面もあった（『日外』昭和期Ⅱ第二部第二巻、一九八〜二〇〇頁）。裏を返せば、満洲問題はローズヴェルトにとってさしたる関心事ではなかったといえるだろう。

石井らとアメリカ政府首脳との会談は二五日から本格化した。同日のローズヴェルトとの「腹蔵なき話し合い」において、石井は世界経済の復興のためには、東アジアの安全保障も併せて協議しなければならないと語った。ここで石井は日米が東アジア問題を協議する理由として、日本が長年にわたって中国からの経済的脅威に晒されており、その反日ボイコットによる被害が甚大なものであるためと述べている。つまり石井は、既存の国際条約は中国に対する軍事的不可侵を定めているものの、これをさらに進めて経済的不可侵を盛り込んだ協定を多国間枠組みで締結しない限りは、日米らの関係各国が中国の排外運動による経済的被害から逃れることはできないというのだった。そしてロンドンで開催される本会議では、日本代表団から「世界経済復興の重要なる方法として、経済絶交禁止案」を審議事項として提出することとし、アメリカのこれへの同意を求めるのだった。これは日本と欧米各国との間に一種の経済安全保障条約を交わそうとする構想であった。ローズヴェルトは石井のこの構想に原則として反対はしないものの、中国に理解を有さない多数の国家も参加する今回の国際会議での協議は適当でないとし、まずは日米英仏伊の大国間のみで協議すべきと返答したところでこの日の会談は終結した。

続く翌日の会談では、日米関係改善のための方法について協議がなされた。石井は両国の世論レベルで、日米開戦論のようなファナティックな議論が横行している現状を憂慮しており、これを鎮静化するための政府間取り決めを交わすことの必要性を訴えた。そこで石井が提案したのが、日米仲裁裁判条約の再締結による両国関係の改善であった。ただしこの石井提案にはローズヴェルト大統領や同席したハル（Cordell Hull）国務長官らが消極的な反応を示した。これを受け、石井もこの提案は「自分の旅行中の思付」であるとして、これ以上の協議を避けた（『日外』昭和期Ⅱ第二部第二巻、二一七～二

日本全権団とローズヴェルト（前列左が石井菊次郎）〔*New York Times*, May 28, 1933. ／ゲッティイメージズ〕

一八頁）。

会談の結果、二七日に共同声明が発表された。それは国際経済問題解決に向けた日米協調を確認するものであったが、具体性を欠いた抽象的な文章に終始した（*New York Times*, May 28, 1933）。

こうして、日米予備交渉は石井の希望とは異なる結果となった。この直後、石井は本国へ交渉によって得られたアメリカ側の意向を報告している。そこでは、ローズヴェルトをはじめ政府首脳は決して日本を追い詰めようとしているわけではなく、東アジア問題について原則不干渉の立場を明確にしようとしていたと語られている。またローズヴェルトは満洲問題は時間による解決を待つという姿勢であるため、アメリカがすぐさま東アジアへ積極的な行動に踏み切る意思は見られなかったという。しかし、今後はアメリカも九カ国条約を根拠として、中国問題に何らかの具体的政策を実施する可能性も十分に想定される。それを防ぐためには、日満軍が長城以南に軍事行動を展開するような事態を防がねばならないと結論するのだった（『日外』昭和期Ⅱ第二部第二巻、二一九頁）。総じて石井は日米関係の改善に期待を寄せつつも、その具体化には今後の満洲情勢次第であると確信していた。

ロンドンでの本会議

ワシントンからロンドンへ移動した石井ら一行は、いよいよ本会議に臨むことになった。六月一二日から開始された国際経済会議本会議では、イギリスが世界における指導的地位を回復すること、フランスがヨーロッパ大陸での孤立状態から脱却すること、そしてドイツが大戦後のヨーロッパ国際秩序を再編することと、それぞれ相異なる目標を発表した。ヨーロッパの諸大国がこうした異なる認識を有する中で、会議の成否を分ける鍵はアメリカの協力による通貨安定にあった。にもかかわらず、孤立主義を志向するローズヴェルト政権は、経済通貨問題に関する国際協力を拒絶することを既定路線としていた。それゆえ、今回の会議の本来の目的である国際的な通貨安定政策は実現に至らず、経済通商政策における国際協調は困難に迫られた。

一方、今回の会議で東アジアの政治問題をめぐって各国と調整を試みていた石井は、会議期間中に主要各国の代表と協議を積み重ねていった。アメリカのハル国務長官とは主として関税や最恵国条款、為替ダンピング等を、イギリスのチェンバレン（Arthur Neville Chamberlain）蔵相とは経済問題の他に満洲問題をめぐる日英協調回復というように、各国代表との協議を地道に進めていった（海野『国際連盟と日本』二八七頁）。

こうした協議を行う中で、石井は主要列国が満洲問題に関して日本の立場に理解を示しつつあることを実感するようになった。かつてイギリスを含めたヨーロッパ列国は、満洲事変に際して日本へ対する感情的な反応をすることもあったが、この時期にはすでに日中間の争いはすでに解決に向かいつつあるとの認識へ変化していると思われた。ゆえに今後の日中間の問題は、連盟や第三国を介することのない、二国間での直接交渉によるしかない状況へと至った。それゆえ石井は、もはや連盟やアメリカはこの問題に関与しないだろうと確信したのだった（『回想斷片』一七六〜一七七頁）。

さて本会議のほうはといえば、既述したようにアメリカの非協力的対応で危機を迎えていた。七月三日、ローズヴェルト大統領は国際協力による為替安定政策への批判と、アメリカ国内経済の安定を優先する旨を声明したことで、会議は実質的に失敗に終わった。このときのローズヴェルト声明には、金本位制復活に反対するモーゲンソー（Henry Morgenthau）財務長官の意見などが反映されたといわれるが、ローズヴェルト政権が明確に孤立主義を志向していたことは明らかだった。世界最大の経済大国アメリカが国際経済や通貨問題に非介入の姿勢を明らかにしたことで、連盟を中心として進められていた不況対策は行き詰まったのである。

会議最終日の七月二七日、各国代表は自国の置かれた過酷な状況に関する説明を行い、近い将来の会議再開の希望を表明した。日本代表の石井は、最恵国条款と通商障害の緩和を繰り返すにとどまった。

もっとも石井が不況対策を軽視していたわけではなく、日本国内の状況を踏まえれば、各国の協調による経済通貨政策の必要性を認識していたことは疑いない。ただしアメリカの孤立主義的な姿勢は、国際的な枠組みでの不況対策を不可能にする一方で、満洲問題に関する不干渉を維持するという意味では好都合という側面もあったのである。

満洲事変やロンドン国際経済会議の失敗により、国際連盟による集団安全保障体制や、ワシントン会議の九カ国条約など、第一次大戦後の国際秩序は大きく動揺するに至った。日本としては、新たな国内・国際秩序の再編が目指すうえで、自国を中心とする新たな地域秩序の構想も生まれるようになる。石井もまた、こうした新たな国際秩序構想を捻出しようと画策していくことになるが、それは必然的に欧米列国との関係を再編することを意味した。日本が大東亜戦争（日中・太平洋戦争）へ向かう中、石井がいかなる国際秩序構想を提示したのか。最終章では、破滅に向かう日本外交に石井が苦闘する姿を見ていく。

第8章　帝国日本の終焉

第一節　連盟脱退後の国際協調の模索

衰亡するイギリス?

一九三三年五月三一日に塘沽(タンクー)停戦協定が発効したことで、柳条湖事件以来の日中軍事紛争はひとまずの区切りを迎えた。この間の日本は中国大陸における軍事行動と並行しつつ、外交面では国際社会での自国の立場改善を試みながらも、連盟脱退によって孤立を深めていった。国際的な孤立を回避しようと苦闘した石井にとっても、ロンドン国際経済会議における欧米列国との折衝が、何ら具体的成果をあげないままに終わってしまったことは不本意だっただろう。

ただし連盟の無力さを批判し、脱退もやむなしと発言していた石井は、別の手段によって国際協調の回復を模索し続けていく。この困難な課題に石井がいかに取り組んでいたのか、ロンドンから帰国したあとの講演や執筆活動を通じながら見ていくこととしよう。

石井は満洲事変後の日本外交における最重要課題として、イギリスとの協調による東アジア国際秩序の再建を想定していた。長年にわたり同地に多大な権益を有し、かつての同盟国でもあるイギリスとの関係の重要性は満洲事変後も変わりなかった。それは石井が一九三四年二月に執筆した「英米衰亡論の当否」と題する手記の中で、「我国の外に極東に於て重大利益を有する強国は何と言つても英国である」と記していることからも明らかであった。

一九三〇年代というと、すでに大帝国イギリスの威信は過去のものとなり、世界規模の覇権を喪失していたかのようにみなされていた。日本国内でもイギリス衰亡論が盛んに喧伝されており、それらは東アジアにおけるイギリスのプレゼンス低下により、日本が堂々と自国利益のための外交政策を遂行すべきとの結論へと収斂していた。

しかし石井はこうした国内のイギリス衰亡論に安易に与することはできなかった。第一次大戦以前のような国力は失ったとはいえ、イギリスは依然として東アジアにおいて大きなパワーを有し続けている。石井は一八世紀以来の歴史を掘り起こしつつ、繁栄と衰退を繰り返しながら発展してきたイギリスの国民性を軽んずるべきではないと警鐘を鳴らすのだった(『外交随想』九八〜一〇三頁)。それは日本国内のイギリス衰亡論を安易に吹聴する識者たちへの批判であると同時に、日本にとってイギリスとの協調の重要性を示唆する議論であった。

国際的孤立からの脱却

五月九日、石井は日本国際連盟協会会長として、京都商工会議所で講演を行った。それは連盟脱退以来の日本がいかにして国際的孤立から脱却するかをテーマとした。すでに連盟がその機能を喪失しつつある中で、石井はいかなる国際協調のあり方を想定していたのだろうか。

講演の冒頭、石井は「我が国は今や世界から孤立致しまして、完全なる孤立であります」と、日本が置かれた国際的状況について率直に語った。ただ続けて、日本としてこうした孤立状況を「何等憂ふる所はない」との楽観的発言をする。石井によると、現今の世界はいずれの国家も孤立状況に置かれているのであり、日本のみが例外ではない。かつては同盟や協商などの二国間条約でもって自国の安全保障を担保したが、すでにこうした同盟・協商外交は国際政治の主流ではなくなってしまっている。そしてこうしたパワー・ポリティクスに代わる手段として登場したのが国際連盟という会議外交であったが、その機能はもはや無効化されようとしている。連盟の衰退によって、現在の各国家は歴史上類例を見ないほどに孤立の状況に置かれてしまっていると石井は断言するのだった。

それではこうした連盟の衰退や各国の孤立状況をもたらした原因はどこに求められるのか。ここで石井は第一次大戦後の不況に注目する。いわく、大戦後の戦債問題に由来する大不況に直面した主要各国は、経済的混乱から脱するために平和への誓いを破棄し、それぞれが独自の路線を追求していき、国際社会の不安を醸成するようになっていった。国際平和の担い手であるはずの連盟も、こうした各国の独断的行動を抑止できず、平和を維持することが不可能となった。石井はこのような逆説的な状況を、ナポレオン戦争以来の一大事であるとする。一九世紀のヨーロッパ協調が、クリミア戦争や普仏戦争、あるいは第一次大戦といった「大国の我儘」によって崩壊したように、第一次大戦後の国際平和の試みも、まさしく同様の運命を辿ろうとしているのだった。

ただしナポレオン戦争後と第一次大戦後とでは、国際平和の崩壊の仕方に重大な相違があると石井は見ていた。それはナポレオン戦争後のヨーロッパ協調を崩壊させたのが「大国の我儘」であったのに対し、第一次大戦後の平和を脅かすのは中小国のそれであるという。第一次大戦後の中小国は、連盟規約によって自国の安全を獲得したがゆえに、今度はこれを悪用するようになった。大国が正当な外交的手続きを経て中小国から得た権益などは、中小国の一方的な意思によって奪い返されてしまい、既存の国際条約は次々と無効と化してしまった。そしてこうした中小国の「我儘」が最も露骨なのが中国であり、その被害を受けたのが日本だった。ここで石井は、第一次大戦後の中国による排外運動を厳しく糾弾し、これに忍耐強く対抗してきた日本が対中強硬政策に踏み切ったことの正当性を強調するのだった（石井「國際平和の眞意義」一一～一六頁）。

この講演の内容からは、石井が中国へ強烈な不満を抱いていたことが明らかなのだが、こうした対中批判は決して今回が最初ではなかった。満洲事変以前からも、石井はその著作や講演などで頻繁に中国の排外運動を痛烈に批判していたし、日本と同じく被害を受けている欧米列国とも対中批判を共有しようとしていた。そしてロンドン国際経済会議に出席した際、石井は英米らも中国の現状に不満を抱いており、日本との協調の再建も困難ではないことを悟ったのだった。石井は英米らとの間に共通した対中認識が存在するがゆえに、これらとの間に同盟条約の締結も含めた関係再建を期待したのである（石井「恒久的日米同盟の實例」三八～四〇頁）。

石井が対英協調の重要性を強調していたことは先述したが、アメリカとの関係についても日英同盟に類した関係を築くべきと考えていたことは注目に値しよう。石井は同盟を取り交わす条件として、相手国との間に国益が共有されていること、そして相手国が国際条約を確実に遵守する真摯な国民性を有することとしていたが、アメリカはイギリスと同様に日本にとって同盟パートナーになりうる存在だった。東アジア問題や在米日本人移民問題など、日米間には長年におよぶ懸案事項があったものの、石井はこれまでの両国の努力の積み重ねによって、同盟関係にまで深化させることは十分に可能であると確信していた。

> 我〔日本〕にして支那の両土保全（ママ）、主権尊重、支那に於ける門戸開放、機会均等を主義とするのとせば日米の対支政策に何等の扞格（かんかく）を見ぬであらう。満蒙に於ける我特殊利益の如きも彼の夙（つと）に認容する所にして彼我の関係を乱すべきに非ざるは疑なき所である（『外交随想』五六頁）

このように、石井は日本が中国本土の門戸開放・機会均等・領土保全の原則を遵守する限り、アメリカとの協調再建は決して不可能ではないと見ていた。

仏ソ提携への懸念

英米との協調再建を志向する一方、仏ソに対しては石井はむしろこれらへ警戒の念を強く抱いていた。特にソ連は帝政時代から日本とライバル関係にあったことからして、石井は安全保障上の脅威の敵意を少なからず有し続けていた。

一九三〇年代のソ連は、ヨーロッパ方面で西欧諸国との対立を解消し、協調を志向していた。そして英仏の後押しを受け、一九三四年に国際連盟に加入したことで、本格的に国際社会の一員に復帰した。さらに翌年、ソ連はフランスとの間に相互援助条約を締結した。フランスはソ連を含めた南・東欧諸国との間で同盟体制を構築し、ドイツを包囲するという「東方ロカルノ体制」の実現を目指していたのだが、そうしたフランスにとって、協調路線をとるソ連は戦略的なパートナーと位置づけられたのである。

日本と入れ替わるようにソ連が連盟に加入し、仏ソ接近が進む状況を目の当たりにした石井は、過去の仏ソ（露）接近がもたらした苦い歴史を想起していた。その最たる事例が、日清戦争後の三国干渉であった。当時、日本が下関条約で清国から遼東半島を正当な手続きでもって譲渡されるはずだったが、フランスはロシアとともに遼東半島返還を日本に勧告してきた。フランスは露独とは異なり、華中以北に直接的な権益は有しておらず、日本の遼東半島領有にもさほどの関心を寄せてはいなかったが、ヨーロッパのパワー・バランスを重視した結果、露独との共同行動に踏み切った。これは石井の眼からすると、フランスが露独との協調を優先したがために日本を犠牲にする行動であると映ったのだった。

この三国干渉の苦い経験から、石井は今回の「東方ロカルノ体制」の構想も、日本にとって決して無関係ではないと確信した。もし仏ソがドイツを包囲するために接近し、関係を深化させれば、東アジアの地でも両国が共同歩調をとる可能性は十分に考えられる。それはソ連が東アジアに再び勢力を伸長させるという、日本にとって危険な状況が訪れることを意味したのである（石井「佛蘇接近と日本」二～五頁）。

このように、石井は仏ソ接近に警戒の念を抱いていたものの、これを防ぐための具体的政策案を講じるには至らなかった。むしろヨーロッパと東アジアの情勢がこの後、さらに不穏さを増していくにつれて、石井の言説は「持てる国」と「持たざる国」との対立をいかに解消するかという、より観念的な傾向を強めていくことになる。

領土再分配論

一九三五年一〇月にナチス政権下のドイツが国際連盟を脱退すると、一九三七年一二月にはイタリアも追随した。もはや連盟は集団安全保障機構としての役割を終え、事実上の機能不全に陥った。

同時期の東アジアにおいても、日本と中国国民政府と間の軋轢が依然として続いていた。一九三五年から支那駐屯軍による華北分離工作が始まると、日中関係はさらに悪化する。これらヨーロッパと東アジアの情勢を見て、石井は新たな国際情勢の到来を予見した。それは従来の主権国家体制の大幅な再編であった。

一九三六年五月八日に連盟協会総会で行った講演で、石井は領土再分配政策による国際秩序の現状変革を訴えた。これは既存の国家間関係が不平等な領土や人口、資源などで規定されているため、これらを大幅に是正しなければならないとの主張であり、「持てる国」と「持たざる国」との格差解消の主張だった。

この講演の中で、石井はかつて駐米大使期の一九一八年七月にハウス大佐の別邸を訪れ、第一次大戦後の国際平和確立の方法について意見交換をした経験を紹介している。当時ウィルソン大統領の側近だったハウスに対して、石井はウィルソンの新外交理念を実現するためには、現在の国家間の不平等を是正しなければならないと訴えたという。特に日本のような人口稠密で領土狭小な国家は衣食に窮しており、生業の機会も年々失われているため、来る講和会議の場で各国の人口に応じた領土を分配するべきという領土再分配の提案をなしたものの、当然ながらこの提案はハウスらアメリカ側に受け入れられることはなかった。さらに実際の講和会議でも、国際連盟創設にあたって日本全権が提案した人種差別撤廃条項の提案も否決されてしまい、日本の提案はことごとく退けられてしまった。

石井はこのときのアメリカの一連の対応の背景には、日本に対する人種差別が存在していたと指摘する。一九三〇年代に入って国際社会では依然として移民問題や通商問題が未解決のままだったが、石井はこれら諸問題は人種間の不平等に由来しているという。それゆえ、人種間の不平等を是正することなく、現今の国際問題は解決しえず、それは日本の置かれた立場を理解しない欧米各国の責任であるというのが講演の核心だった（石井「領土分野再検討問題」四〜一一頁）。

それでは石井の想定する領土再分配とはいかなる政策論だったのか。それは不況下の日本の社会問題を背景とした、ラディカルな現状変革であった。

石井は日本のような領土狭小な国家では、人口増加と経済不況の結果、「強窃盗の続出、鉄道往生、海川投身、溺死、果ては一家心中」といった社会問題が頻発するようになったという。これらの社会問題は、「人民に生活を営むの機会が与へられてなきより起る不可避の現象」であり、いわば日本が「領土狭小＝国家間格差」の犠牲を強いられているがゆえの問題である。ゆえに日本のように過剰な人口増加の状況に置かれている国家が、現状を打破するべく暴発的な行動をとってしまうような事態を未然に喰い止めるためには、豊饒な領土を有する国家がこうした民族へ土地を提供し、自助努力による自活を図るしかないというのだった（「石井子爵日記」第八回、七六〜七八頁）。

もちろん、こうした領土再分配が実現困難であることは石井も十分に理解していた。だがそれでも現在の国家間格差を是正することなくしては、永続的な国際平和を樹立することはできず、新たな戦争を惹起しかねないと石井は警鐘を鳴らしている。領土が飽和状態にある国家が、領土の狭小さに悩む国家へ自発的に提供することこそが、機能不全に陥る国際連盟に代わる新たな国際平和のための政策論として提示された所以である。

こうした石井の領土再分配論の念頭には、イギリス帝国への批判を含んでいた点は指摘しておかなければなるまい。これまでの長い歴史の中で、イギリスはその「頑強敢勇」さをもってして世界規模の大帝国を築き上げ、各地に植民地や自治領を有するに至った。だが第一次大戦後、国家間の領土格差による種々の問題が顕在化したことで、イギリスはその帝国主義を再考せねばならない時代が到来したと石井はいう。すなわち、国際平和や東西文明の禍福といった理想主義の実現は、「大半は英国民の新問題〔領土再分配問題のこと〕に対する態度如何に懸る」のであり、イギリスはその大帝国を解体して各民族へ領土を分配するしかない。このように、石井は従来のイギリス帝国主義へ批判を呈しつつ、その解体による国家間格差の是正を要請するに至ったのである（『外交随想』二〇二〜二〇六頁）。

既存の国家主権やパワー・ポリティクスの概念を根底から覆しかねないような石井の領土再分配論は当時としても相当に急進的であり、また協調の可能性を残していたはずのイギリスへの批判にはやや行き過ぎの感がないわけではない。ただしこうした領土再分配論は決して石井のオリジナルではなく、すでに第一次大戦期からヨーロッパで流行していた人口論に大きく依拠していた。当時のヨーロッパでは、人口過剰に伴う領土や食糧の格差が深刻視されており、その解決策をめぐって多種多様な議論が交わされており、いわゆる新マルサス主義が言論界を賑わせていた。このときヨーロッパやアメリカの地にいた石井もまたこうした人口論の問題に強い関心を寄せており、独自の調査を行っていたのである。

例えば著書『外交餘録』で、人口問題に関する議論の分析に一章分を費やしているように、石井は将来的に日本にも到来するであろう人口過剰に伴う問題への取り組み方を長年にわたって思案していた。もっとも『外交餘録』の刊行は満洲事変勃発以前であったことから、同書の結論は人口過剰が日本の深刻な脅威にはなりえないという穏当な結論に終わっているが、事変後は逆に日本の大陸政策を正当化する根拠として人口論を利用するようになったと考えられる。つまり日本の大陸政策の正当性が国際社会において承認されない状況下で、石井は日本の抱える社会問題解決のために領土再分配論を提唱しつつ、国家間格差の是正に関心を持たないイギリスの帝国主義を批判することで、日本の大陸政策の必要性を訴えたのであった。

九カ国条約批判

「持たざる国」の立場から「持てる国」に対して、いささか攻撃的な議論を展開する石井であったが、次第に既存の国際条約へも批判を加えるようになる。特に第一次大戦後の東アジア国際秩序を維持するために設定された九カ国条約に対して、石井はこれへの批判的立場を鮮明にしていくのだった。

周知のように、九カ国条約成立には日本も重要な役割を果たしており、当時駐仏大使の石井もこれを積極的に評価していたはずだった。ところが欧米列国が日本の満蒙における正当なる権益に対して理解を示さず、次第に中国へ同情を寄せるようになった状況を石井は不満に感じるようになり、これへの批判を強めていく。そして石井は、九カ国条約に代表される第一次大戦後の多国間条約こそが中国の排外ナショナリズム運動を生み出し、日本の正当なる権益が侵害されるようになった元凶であると断じるまでに至った。加えて、大戦後の日本の歴代政権による九カ国条約、ひいては欧米への追随的な外交こそが、日本の利益を損なう悲劇をもたらしたと批判するのである。石井は日本の国益を損なうような条約を取り交わした当時の政友会内閣や外交当局の見識のなさについて、次のように辛辣な評価を与えている。

> 支那問題が一たび華盛頓会議の所管事項と定められて、其の俎上に現はれたら、蛇が出るか蝎が出るか、如何にしても我国に有利なる発展の起り得ない位は、隣邦問題に敏感なるべき我政府当局の飽くまで承知の事であらねばならない（『外交随想』一九九頁）

石井によると、九カ国条約は、アメリカが日本の中国における正当なる「特殊権益」を承認した石井・ランシング協定の効力を喪失させるのみならず、国際社会における日中両国の立場を大きく変化させた。九カ国条約成立以後の日中関係は、中国を「原告」、日本を「被告」とするイメージを固定化し、日本にとって不利な状況を到来させたのだという。

こうした石井の九カ国条約批判は、後づけの感がないわけではない。その一方で石井はこの時期、第一次大戦後の多国間枠組みによる国際協調の路線を放棄するとともに、自身が成立させた石井・ランシング協定のような、二国間条約・協定による東アジア問題の合意へと回帰することの必要性を痛感していたと思われるのである。

第二節　支那事変から大東亜戦争へ

日中動乱下の欧州視察

一九三七年七月の盧溝橋事件を皮切りとし、日中間に再び軍事紛争が起こった。はじめは北支地域に限定されていたものの、八月の第二次上海事変以後、中国全土に戦線が拡大することとなり、本格的な全面戦争へ突入していく。この支那事変（日中戦争）の展開に伴い、日本と欧米列国との間の軋轢も激しさを増していくことになる。そして事変の収束を見ないまま、一九四一年一二月からは米英ら連合国を相手とした大東亜戦争（日中・太平洋戦争）へと突き進むプロセスは、明治期以来の帝国日本の崩壊へ向かうものだった。

この期間の石井は、日中間の軍事紛争の拡大に伴う国際環境の変化を観察しながら、日本が執るべき外交政策を思案し、発言していた。ここで石井の念頭に置かれていたのは、日中紛争の解決のために、日本としてはまずもって欧米列国との関係調整が不可欠であるという一貫した認識であった。第二次上海事変勃発の翌月、石井はラジオ放送を通じてアメリカ国民へ向けた次のメッセージを発した。

我が国は公式には中国への宣戦布告をしていないが、これは間違いなく戦争であり、しかも極めて深刻なる戦争である。そもそも、現在の日中間の軍事衝突は、中国軍の長年にわたる計画的かつ準備のもと、遂行されたものに他ならない（*New York Times*, Sep. 22, 1937）

このメッセージからも明らかなように、石井は日中紛争の原因を中国軍に求め、アメリカ国民へ日本の置かれた立場を理解するよう求めている。だがこうした言説は不運にも、海外メディアから石井が日本政府のスポークスマンの役割を担っていると見られることになった。

支那事変の長期化に際し、外務省は石井へ内々に欧米諸国への渡航要請を行った。その狙いは、支那事変によって高まる国際社会からの対日批判を軽減させるという点にあり、これは時の広田弘毅外相のいわゆる「国民使節」のアイディアに基づいていた。石井という欧米各国でその名を知られる人物を派遣し、各国要人やメディアとの接触を通じて、対日世論の改善に努めさせようとしたのである。石井もこの「国民使節」の意図を理解し、外務省からの要請を受諾することとした。

出発を直前に控えた一〇月一〇日、石井は牧野伸顕の自宅を訪問し、現今の日本を取り巻く国際環境に関する意見交換を行っている。このとき石井は牧野へ、支那事変勃発以来、海外メディアの論調が日本に対する偏ったイメージを前提としていることへの不満を吐露した。ここで石井がいう偏った対日イメージとは、日本政治の中枢が一部の軍国主義者に支配されており、今回の中国大陸での軍事行動拡大もこうした過激派の主導によって進められているというものだった。これに対して石井は、日本が実際に置かれている状況とは人口過剰、食糧不足、中国の対日製品ボイコット、世界各国でなされる日本人移民の排斥など、「持たざる国」ならではの被害に喘いでいるものだとの意見を開陳した。そしてこうした「持たざる国」としての被害が拡大したことが、今回の日中紛争の原因に他ならず、この日本が置かれた真の状況を欧米各国へ知らしめる必要があるとした。この発言を聞いた牧野は、「外国人にも肯へんぜせしむる筋道の通りたる議論」と、石井の「国民使節」への不安を抱かざるをえなかったという(伊藤ほか編『牧野伸顕日記』六九〇頁)。

牧野との会談を終えたあと、石井は日本を発ち、欧米各地を訪れた。そして予定どおり、現地では各国の要人や民間向けの講演活動などを積極的にこなし、上述した日本の置かれた状況への理解を求めていった。

イギリスを訪問した際、石井はチェンバレン首相やカドガン(Alexander Cadogan)外務事務次官らと会談し、日英関係の改善に努めた。このとき石井は、現地の新聞や書籍によって、支那事変拡大や日独防共協定(一九三七年一一月)がイギリスの対日イメージ悪化をもたらしていると懸念していたことから、チェンバレンらとの接触においては慎重な姿勢をとっていた(『加瀬俊一回想録』上、九五〜九九頁)。ただしカドガンとの会談では、イギリスによる日中紛争の中立斡旋を拒否するなど、イギリスの干渉を拒否する発言を行っている。こうした石井の「国民使節」は、決して十分な成果をあげるには至らなかった(宮杉「情報活動と日本外交」一〇〇〜一〇一頁)。

さらに『サンデー・タイムス』紙記者の取材では、支那事変拡大に対する見解を語ることとなった。ここで石井は、日本軍が南京の蔣介石政権を打倒することになれば、それ以上に軍事行動が拡大することはないと断言した。これはイギリスの対日イメージ改善を狙っての発言と思われるが、取材直後には本国外務省によってあっさりと否定されることになる。つまり、外務省が南京入城後も日本は対中軍事行動を継続すると宣明したため、石井の発言と本国との政策に明らかな矛盾が生じてしまったのである。こうした日本の一貫しない姿勢は、おそらくはイギリスら列国からのさらなる対日不信を高める一因となったことだろう。

この後、イタリアを訪問した石井は、当時駐伊大使の任にあった甥の白鳥敏夫を介して、旧知のムッソリーニ首相と会談を行った。両者の会話は終始和やかに進行し、日伊関係に関してはその良好さをアピールすることが可能となった。石井もムッソリーニやチアノ（Galeazzo Ciano）外相らイタリア政府首脳の友好的な態度が、日本の国際的立場の改善につながることを期待したのであろう。帰朝後は石井の進言で、日本政府からムッソリーニへ大勲位菊花大綬章が贈呈されることになった。

「国民使節」としての任務を終えて帰国した石井は、一九三八年五月四日の枢密院会議でその成果を報告した。ここでまず石井は、イタリアの親日的ムードを紹介し、ムッソリーニ首相らが日本の対中軍事行動に理解を示したことを述べた。だが一方、イギリスではチェンバレン首相やイーデン（Anthony Eden）外相らの態度は決して日本に好意的とはいえないと語った。特に揚子江で発生したレディバード号事件やパナイ号事件により、イギリスの対日イメージは急速に悪化していると石井はいう。中には面会を約束していたにもかかわらず、当日になって急遽キャンセルした者さえいたらしく、石井はこうしたイギリスの対日イメージを改善するためには、日本の軍事行動を抑制するしかないと訴えた。

確かに石井のいうように、日英関係改善には中国における日本軍の行動の範囲を狭めるか、完全に停止するしか方法はなかっただろう。ところがこうした合理的な訴えを行った石井でさえ、決して支那事変そのものを否定し、対中軍事行動を不要とみなしていたわけではなかった。

石井にとって対中軍事行動は、単に中国の反日運動を止めるためのみならず、対ソ安全保障政策（防共政策）を貫徹するうえでの重要な戦闘だった。石井によると、ソ連は盧溝橋事件以前から蔣介石率いる国民政府を支援していたが、その狙いは中国を共産化し、コミンテルン勢力を東アジアの地で拡大させることにあった。こうしたソ連の水面下での動きは、日本にとっての脅威であるがゆえ、日本としては蔣介石政権との対決によってソ連と中国の共産主義勢力との提携を打倒する必要があった。こうした日本の防共のための軍事行動に対して、同じ立場の英米らは日本に理解を示し、積極的に日本と共同行動をとらねばならないはずである（『外交随想』二四三～二四四頁）。ところが石井が実際に欧米各国で体験したのは、イギリスらからの冷淡な反応でしかなかったのである。

石井は今回の「国民使節」の経験を受け、イギリスらと共同で防共政策を実施することの困難さを悟った。そして今後はイギリスが東アジア問題に干渉することを回避しなければならないと確信するに至った。それはイギリスのみでなく、国家間紛争を調停するための機関である国際連盟に対しても同様だった。前述したように、石井は日本の連盟脱退以降もこれとの協調を完全放棄したわけではなかったが、支那事変長期化につれて、次第に連盟の干渉をも忌避するようになった。表面的には中立的な立場であるが、その内部では各国の私利が入り乱れている連盟に、東アジアの平和を託すことはもはや不可能だった。こうして石井にとっての連盟、あるいは不戦条約のような既存の国際条約も、単に国際正義を虚飾した不要の存在でしかなくなったのだった（石井「眞正國際平和機構」三～五頁）。

日独提携論への批判

支那事変の長期化により、さらなる国際的孤立を強めていく日本にとって、自国の政策を円滑に進めるうえでパートナーとなる国家は喉から手が出るほどに必要だった。従来のような英米との提携が困難になりつつある以上、日本国内では、独伊ら枢軸国との提携強化を要請する声が急速に高まっていた。

日本と独伊との間には、国際社会における現状打破勢力という共通点があった。それぞれ東アジアとヨーロッパに新秩序を打ち立てることを目指していた。ゆえに日本国内で有力となっていた日独（伊）提携論は、ソヴィエト共産主義と英米自由主義への対抗勢力に他ならなかった。日本としては、ヨーロッパで勢力を伸長させるナチス・ドイツとの共闘関係を築くことで、東アジアの新秩序建設の実現可能性を高めることになると期待されたのである。

外務省内でこうした革新外交論の急先鋒だったのが、石井の甥の白鳥敏夫だった。満洲事変以降の白鳥は、激しい英米批判の主張を盛んに展開しており、英米に対抗するための手段としてドイツとの提携、そして日本の指導下での東アジアの新秩序建設を煽動するようになっていた（戸部『外務省革新派』第四章）。

石井はこうした革新外交論に基づく対独接近に強い不安を抱いていた。長年にわたって反独感情を有する石井にとって、ナチス・ドイツとの提携は英米との対立を惹起しかねない危険な選択でしかなかった。石井からすれば、ドイツの国民性には信用を置くことができず、日本の提携相手として相応しい国家ではなかった。たとえナチス政権下のドイツが既存の国際秩序への挑戦を謳っていようとも、いずれ日本の期待があっさりと裏切られる結果に終わることを石井は予想していた。一九三五年の時点で石井は、ドイツとの提携に対して次のような批判を行っている。

余は〔…〕他国と同盟を結ぶとせば、先づ対手国の国民性を審査し、之を歴史に徴照して熟慮するを絶対必要事とする。〔…〕日独同盟に就き、対手たる独逸国民の性格及既往の行跡を顧みれば、〔…〕吾人の注意を促して居るのを見る。フレデリック二世以来、古の普魯西、今の独逸は時に臨むで国際約束を軽視し無視せる事例を有して居ること（『外交随想』一七七頁）

ここからもわかるように、石井はプロイセン以来のドイツの外交がしばしば国際条約を履行しなかった事例を挙げながら、国内の革新外交論者による日独提携論に警鐘を鳴らすのだった。

さらに石井は、もし日独同盟が締結されるようなことになった場合、日本がドイツの戦争に巻き込まれる可能性をも危惧していた。そこで一九三六年一一月に日独防共協定が成立すると、翌月の枢密院本会議で有田八郎外相に向かって、今後のさらなる日独関係の強化の可能性を問うた。有田はこのとき、もし将来的に防共協定が強化されたとしても、それによって日本がドイツの行う戦争に何らかの協力を強いられる事態にはならないと返答しているが、石井は日独接近への警戒を緩めることはなかったのだった（深井『枢密院重要議事覚書』二一一～二一六頁）。

一九三九年九月一日、ヨーロッパで第二次世界大戦の火蓋が切って落とされると、ドイツ軍は英仏ら連合国を相手に快進撃を続けた。すると日本国内では、ドイツ有利な戦況に熱狂する声が大勢となった。一方で石井は冷静に今後の情勢を分析していた。

石井は今回の大戦が短期のうちに終結することはないと観察し、ゆえに今後は大規模な経済戦争に至るであろうと予測した。その場合、総合的な経済力で連合国に劣るドイツは、最終的には悲惨な結果を見るしかないと石井は確信した。他方、もしドイツが経済戦争で連合国に敗れたとしても、第一次大戦の際と同様に、終戦後の国際社会は戦勝国と敗戦国の双方に多大なダメージを残すことになり、英仏独らのパワーが衰退した戦後ヨーロッパでは、ソ連の一人舞台になると考えられた。そうなれば戦後世界は「西半球に米国」、「東半球に蘇連」、「亜細亜に日本」という三大国が対峙する状況が到来することになる。このとき日本は、独伊を頼りにした外交・安全保障政策を考案することはできず、独力で自国の独立と安全を維持しなくてはならない。こうした状況は日本にとって決して望ましいものではなく、むしろソ連やアメリカに呑み込まれる恐れさえ生じる。それゆえ石井は、今次大戦には「我国が此戦争に英独孰(いず)れが勝つとも我不関焉(われかんせず)の観を装ふて不介入の態度を持続せねばならない」と、局外中立の立場をとることを主張したのだった。もし日本がヨーロッパの大戦に介入しなければ、日本は「漁夫の利を占め得る地位」を得ることが期待される。このように石井は、戦後を見据えた合理的方法としてドイツとの同盟論を排し、ヨーロッパの戦争からの局外中立こそが日本の国益を最大化するとの結論に至ったのだった（『外交随想』二八七〜二八九頁）。

石井の日独同盟論批判は、日本国内の対独傾斜に水を差そうとするものだったが、現実の日本の国策に反映されることにはならなかった。一九四〇年七月に第二次近衛文麿内閣が発足し、新たに松岡

東京日日新聞

日獨伊三國同盟成立

相互の指導地位承認
世界新秩序建設に協力

ベルリンで條約調印

畏し・大詔渙發さる

詔書

條約

ガッチリ組んで十年の驀進

社説 詔書渙發

日独伊三国軍事同盟締結を報じる新聞報道〔『東京日日新聞』1940年9月28日〕

洋右が外相に就任すると、日本は独伊との同盟交渉を一気に進展させ、九月二七日にベルリンで日独伊三国同盟が締結された。これにより日本は枢軸国の一員として、イギリスらを想定敵国と定めた。三国同盟の成立によって、それぞれ異なる地域で展開されていた支那事変とヨーロッパ大戦とが政治レベルで密接にリンクし、新たな世界戦争の段階へ突入することになった。

石井はこれまで批判し続けた日独同盟論が現実化したことに対し、枢密院本会議の場で激しい批判を展開した。

> 外交の難かしきは同盟国に対する外交より甚だしきはなし。何となれば、一方は他の犠牲に於て条約を利用せんとすればなり。殊に独逸と同盟し

たるものは大概損失に了れり。〔…〕一旦約束したることも都合が悪ければ之を破棄するを憚らず。独ソ不可侵条約は其の一例として我国の体験せる所なり。〔…〕今是等の国〔独伊〕を相手として軍事同盟を結ばんとするは、頗る警戒を要することとなるに、之を賛成する理由如何。日独伊は何れも持たざる国にして現下利害の一致するものあればなり。政府当局は本条約の運用に付慎重戒心して誤なからんことを望む（深井『枢密院重要議事覺書』九一〜九二頁）

この発言でもって、石井は三国同盟へ賛成の立場へ回った。本会議は全会一致でもって、三国同盟を可決した。

日米協調の破綻

支那事変とヨーロッパ大戦の激化、そして日独伊三国同盟の成立など、日本外交は確実に英米との関係破綻に向かっていた。それに伴い、国際連盟に代表される第一次大戦後の国際平和のための諸制度もまた、その本来の役割を果たせぬまま潰えてしまう。

とはいえ、三国同盟成立後も、日本にとって対英米開戦は現実的な政策オプションではなく、新たな方法でもってこれらとの関係性をギリギリに喰い止めておかねばならなかったことも確かである。にもかかわらず、石井のような国際協調を重視する論者でさえ、ますます自国利益擁護の一辺倒の主張へ傾斜していき、英米らからの不信を一層高めてしまう。

石井は三国同盟成立後の国際社会について、デモクラシーを自称する国家が最も「専政専断の国」

へと成り下がっており、その侵略行動も珍しくなくなったと発言するようになった。その一例として石井があげるのが、アメリカではローズヴェルト大統領が国内選挙のために、ヨーロッパや東アジアの戦争に中立を維持することを国民に約束しておきながら、裏ではジョンソン法の廃棄や二度の中立法改正、レンド＝リース法の成立などを次々と実行に移していたことである。石井からすれば、これらローズヴェルト政権の諸政策はアメリカ国民に対する公約違反というだけでなく、連合国への支援を目的とした不公正なものであり、ローズヴェルトが公言するアメリカの中立や国際正義から大きく背反するものに他ならなかった。それに比すれば、日本の中国における軍事行動などは、「おとなしい、静かな、さうして思ひやりのある正義に近い行動」にすぎないと石井はいう。すなわち、非デモクラシーの日本こそが、アメリカとは異なり、真の平和国家であると強調するのである（石井「超非常時局所感」一〜三頁）。

いささかファナティックにさえ思えるアメリカ批判だが、何より石井にとって重要なポイントは、日本の対中軍事行動が正当な権利の行使であり、日本の在華権益を侵害する中国こそが国際正義に違反する国家であるということである。ところがデモクラシーや正義を標榜するアメリカは、日本を一方的に断罪するばかりか、経済制裁でもって具体的な対日圧力を加えるという暴挙に出ている。日本の置かれた立場を正しく理解しようとしないアメリカの姿勢こそが、石井からすれば真の国際問題に他ならなかったのである。

だからといって、アメリカと日本とが軍事的に直接相まみえるような事態は到底考えるべくもない。仏印進駐や三国同盟以降においても、アメリカの動向は支那事変の行方を左右するものであり、日本としてこれとの直接対決は絶対に回避しなければならないという認識を石井は放棄していなかった。日本は石油や屑鉄をはじめとして、戦争遂行に必要な物資の多くをアメリカからの輸入に依存していたが、もしアメリカからの制裁が強化されれば、日本が目指す東アジアの新秩序建設も不可能になる恐れがある。その一方で石井は、ローズヴェルト政権の目下の外交課題は、ヨーロッパの戦局と友好国イギリスへの支援に向けられているため、中国のために自国軍を東アジアへ派遣することにはならないだろうと見ていた（『外交随想』二四九頁）。それはすなわち、日米が中国問題をめぐって最悪の事態に至ることはないだろうとの楽観があった。

このように、石井はアメリカが東アジアにおいて孤立主義から介入主義へ転換する可能性は極めて低いと見ていた。確かに石井のいうように、アメリカの国内世論には伝統的な孤立主義が強く残存していたし、ローズヴェルト政権の目下の政策課題も国内の景気回復とイギリスへの間接的な支援に力点が置かれていた。その点で上述したような連合国支援のための中立法改正なども、直接にヨーロッパへ介入することのできないアメリカのジレンマの現れという面もあった。

実際に日米両国は、これ以上の事態悪化を防ぐために、一九四〇年末から翌年にかけて水面下の協議を積み重ねていった。もっともそこでは、対日経済制裁の解除と東亜新秩序承認を要求する日本と、中国や東南アジアへの軍事行動を停止すべきとするアメリカとの妥協が困難であることが露呈した。最終的には一九四一年末に日米交渉は破綻を迎え、ついに一二月八日、日本はアメリカとの開戦に踏み切ったのである。

この時点で、石井の日米協調再建の望みは完全に断たれてしまった。そして日本は東條英機内閣の

東條英機〔国立国会図書館所蔵〕

もと、自存自衛と大東亜共栄圏建設を名目とした、さらなる大戦争を展開していくことになる。

こうして日本が国家としての命運を賭けた大東亜戦争に突入する過程で、石井は日米交渉が破綻に終わった要因を分析している。それによると、交渉時にアメリカが日本へ提示した主な要求は、①日独伊三国同盟からの脱退、②蔣介石の国民党政府を中国の唯一の正統政府として承認する、というものだったが、石井はこれらをアメリカの「乱暴なる要求」であると痛烈に批判した。そしてこうした乱暴なる要求を突きつけたアメリカに対して、日本が「憤然蹶起」したことは、「国際交渉の常識」にすぎないものだった。つまり日本としては、アメリカの乱暴に対して正当に自衛権を発動したのである。いわばアメリカの「欺瞞」と呼ぶべき姿勢が日本側の誠意ある努力を無に帰してしまい、日米開戦を引き起こしたと結論づけるのだった（石井「謂ゆる巧妙なる欺瞞」五四〜五七頁）。

大東亜共栄圏構想と小村外交

日米開戦直前の一一月二六日、石井はラジオ放送のインタビューで日本が戦争目的とする東亜新秩序（大東亜共栄圏）構想に関する自説を披歴した。アジアに日本を盟主とする共栄圏を設定しようとするこの地域主義的構想は、第一次近衛内閣による「東亜新秩序声明」から日米開戦後の東條内閣による「大東亜共栄圏建設」の根本方針へと発展的に国策化するのだが、石井はこうした一連の共栄圏構想を国際正義の理念に適うものとして全面的擁護の主張を行うのである。

ここで石井が共栄圏構想を正当化する根拠としたのが、かつて日本の帝国化を推進した小村寿太郎の外交だった。石井が外交家としての小村を高く評価し、多大なる尊敬の念を寄せていたことはすでに述べたところだが、石井の解するところ、小村外交の目標とは、日露戦争後に獲得した南満洲をはじめとする在外権益の保護であった。これは現下の日本が目指しているアジア諸民族との共存共栄、すなわち「東亜共栄圏の設定」と同義であると石井は語る（石井「小村侯薨去三十周年追憶」六八～七三頁）。つまり石井は、東亜新秩序（大東亜共栄圏）構想を小村外交の延長と位置づけることによって、これを日露戦争以来の日本の一貫した正当なる外交目標であることを国内外へ訴えかけたのである。

現在の感覚からすれば、この石井の主張には論理の飛躍があることは否定できない。小村を亡霊のように甦らせ、欧米列国との軋轢を激しくし、既存の国際秩序への挑戦としての共栄圏構想に小村外交との連続性を見出すことは極めて困難であろう。こうした石井の発言からは、もはやかつての国際協調主義者の面影は失われたかのようにさえ思われる。すでに日米開戦が不可避となり、国内世論も英米打倒へと傾斜する中で、石井もまたそうしたムードに影響を受け、冷静な言動ができなくなったのだろうか。

いずれにせよ、小村を利用してまで共栄圏構想を擁護したことは、結果的に日本の平和と繁栄に反するものであった。すでに外交の現場から離れて久しいとはいえ、満洲事変以降も一貫して英米らとの協調再建に知恵を絞ってきたはずの石井自身が、結局のところ帝国日本の崩壊を後押しすることになってしまった側面は否定しきれないだろう。

大東亜省への批判

大東亜戦争勃発以後、果たして石井はどれほど大東亜共栄圏の実現可能性に確信を抱いていたのだろうか。上述したように、表向きには政府のスポークスマンのように大東亜共栄圏構想の正当性を主張していた石井だが、枢密顧問官という別の立場では、戦時中にも政府や軍部の推進する大東亜共栄圏建設のための諸政策に厳しい批判を与えることもあり、むしろ行き過ぎた大東亜共栄圏構想を抑制しようと奮闘することもあった。それは一九四二年に浮上した大東亜省設置問題をめぐり、石井が東條内閣へ反対の論陣を張ったことからうかがい知ることができる。

大東亜省は戦局の進展著しい同年一一月、日本軍による占領地行政を一括的に統括するための機関として設置されたものである。大東亜省発足により、占領地行政は大東亜共栄圏内の各地に対して政治・経済・文化等の一切の施策を一元的に統括されることになった。この強力な権限を有する大東亜省の誕生によって、外務省の権限は著しく減退するという効果をもたらした。

この点については、大東亜省設置前の審議過程の段階で、すでに石井は政府へ批判を与えていた。九月二四日に枢密院で行政簡素化実施諸勅令案の審議が開始され、翌月九日から鈴木貫太郎枢密院副議長を委員長とする委員会が発足すると、石井はこの場で繰り返し政府案への批判を繰り広げる。

まず石井はこの委員会で、「大東亜省」という名称がアジアの同盟各国へ悪印象を与えてしまう恐れがあるため、変更の必要性を訴えた。そして外交に関しては、大東亜省の管轄ではなく、従来どおりに外務省の所管とすべきとの修正案を提示した。明治期以来、日本の外交は外務省とその他諸機関による二元外交や多元外交の弊害が指摘されていた経緯もあり、おそらく石井としては外務省の権限が弱体化することを極度に懸念したものと思われる。

この石井の修正案には、同じ外務省出身の小幡酉吉顧問官などが賛同したが、伊沢多喜男顧問官は、もし枢密院が政府案に反対すれば、大きな政変を惹起しかねないとして賛否を保留した。対する石井は、枢密院は元来、天皇の諮詢（しじゅん）に応え、良心に沿って所信を述べるべき機関であり、政局を考慮してその所信を変更すべきではないと伊沢に反論した。

そして二八日の第八回審査委員会では、東條首相同席のもと、さらに激しい議論が交わされた。委員会側が政府案に対する修正案を提示したものの、東條はあくまで原案に固執する態度を頑なにした。翌日の第九回審査委員会で、鈴木委員長が委員へ本案修正の要否について問いかけると、石井は政府側の提示する大東亜省設置の諸要件に絶対反対するとの強硬な姿勢を見せた。だが石井の反対意見は委員会内の大勢とはならず、そのため石井は続く枢密院本会議で自由に意見を開陳するため、二四日の最終審査委員会には欠席し、決議に加わらなかった。

一〇月二八日に枢密院本会議が開催されると、ここでも政府案をめぐる激しい論戦が交わされた。反対側の論点は、大東亜省が外交を二元化する危険性を孕んでいること、そして大東亜地域における独立国家の威信を傷つけ、アジア諸民族の独立心を奪う恐れがあるという点にあった。石井もこうした点から、政府案が大東亜共栄圏建設にとって障害となる恐れがあることを四、五分にわたって力説した。その様子は、同席していた深井英五をして、「大処高処よりの所見あり、外交技術上の考査あり、新味多からずと雖、言辞堂々、理義明白、老成外交家として枢密院の為めに気を吐きたる」との印象を抱かせるほどの迫力だったという。

一方の東條首相も強硬な姿勢を崩さなかった。現下の日本外交が実質的に大東亜地域とその他地域との二方面に分裂していることから、東條は大東亜省と外務省とによる外交二元化の正当性を主張した。また東條は、外交の相手とは「必ず対等者として処遇せざるべからずとするが如きは古き観念」と、外交の長老である石井の主張を批判した。結局、東條は「卓をたゝきて叱咤」するというパフォーマンスでもって強引に政府案を承認させようとした（深井『枢密院重要議事覚書』二六四頁）。会議の最後は石井一人が政府案への不賛成を表明したのみで、原案どおりに大東亜省設置案が可決されることとなった。

本来外交とは、その分野の見識と経験を有する専門家によって行われるべきであり、いたずらに国論を分裂しかねないような制度設計は、国家運営を誤らせる恐れがある。実際に新設された大東亜省が大東亜共栄圏建設に有効な働きを見せなかったことは、このときの東條内閣の行き当たりばったりの制度設計が大いに影響していたのではないか。また、少なくとも表面的には大東亜諸国との連携とそれらの独立を尊重するとしつつ、明らかに東條は日本と大東亜諸国との間に優劣があることを前提としていた。こうしてみれば、日本の戦時期アジア政策が破綻に至ったことは、石井の警告が大部分で誤っていなかったことを意味する。そして日本が大東亜戦争に敗北したことで、帝国日本の外交が崩壊すると同時に、石井の外交家としての最後の格闘も終わりを迎えたのだった。

おわりに

石井の故郷の千葉県茂原市には、現在、市営の茂原公園がある。その遊歩道には茂原出身の偉人たちの石碑が置かれている。同市出身の石井の似顔絵が彫り込まれた石碑もあるのだが、なぜかひときわ訪れにくい草木の生い茂った中に佇んでいる。手入れも十分にされていないようで、石碑を見つけることも、近づくことにも多少の困難が伴う。草木をかきわけてようやく石碑の前に立つと、そこに描かれた石井の似顔絵の横には、大正・昭和期日本の外務省顧問などを務めたトマス・ベイティ(Thomas Baty)の似顔絵が添えられていることがわかる。そして両者の似顔絵の下には、両者の間に深い関係性があったことを伝える文章が刻まれている。ベイティは前任の外務省顧問デニソン(Henry W. Denison)が一九一四年に死去したあと、有力な国際法学者として一九一六年から日本に滞在することとなった人物である。

デニソンは一八八〇年から一九一四年までの期間、外務省顧問として黎明期の日本外交を陰で支え続け、近代外交のイロハを日本人外交官に教えた伝道師であった。外交に関する能力の高さと人格の高潔さから、多くの日本人エリートから尊敬を集めた存在でもある。例えば幣原喜重郎は、若かりし時期にデニソンから外交官としての素養を学んだことを深い感謝の念を込めて回顧している(幣原

茂原公園に建つ石井菊次郎の石碑

『外交五十年』二四八～二五五頁）。幣原という近代日本における卓越した外交家も、デニソンからの教えを受けたことでそのキャリアを形成していったことを物語っている。幣原の先輩であり、幣原より早く外務省内のエリートコースを歩み始めた頃の石井もまた、デニソンと親しく交わり、並々ならぬ敬意を寄せていた。北清事変時の籠城を終え、電信課長として本省勤務となった石井は、日々デニソンと電報類を横に置いたまま様々な会話を交わし、交流を深めていったのである。

デニソンが単に日本人外交官たちへ英語や外交文書作成のノウハウを教授しただけでなく、条約改正や日露開戦・終戦外交などの重要な場面で八面六臂の活躍をしたことは、間違いなく帝国日本の発展に大きく寄与するものだった。いわば明治外交とは、デニソンによって支えられていたといっても過言ではなかろう。そのことを熟知する石井はデニソンについて、「天が日本の外交に幸いして天降らせた」と賛辞を送っている（石井ほか「外交座談會」第二回）。他方のデニソンも、ある日の石井との会話で、「日本政府に聘せられて以来茲に約二十年なるが全く心措きなく話せる友人を得たのは君に於てである」と語り、石井へ対する深い友情の念を伝えたという（『外交随想』三二五頁）。

デニソンとの貴重な交流を通じて、石井は意識的、あるいは無意識的に近代的な外交家としての能力を磨いていったのであろう。第一次大戦期の外相や特命駐米大使としての対外交渉や、国際連盟日本代表としての活動は、日本外交の習熟を石井自身が体現していたことを思わせる。日本が帝国へ成長する過渡期に生きた石井は、外交の近代化の必要性をデニソンとの交流や、その後の自身の様々な経験から学んでいったのだろう。

そのデニソンの後任であるベイティは、オックスフォード大学とケンブリッジ大学からそれぞれ法学博士を授与されたイギリスのトップエリートであり、まさしく専門的な法律顧問であった。一九二七年のジュネーヴ海軍軍縮会議には石井ら日本全権団に同行していた。また外務省のみでなく、日本の国際法学者とも積極的な交流をしており、戦前・戦後を通じて日本の国際法学の発展を支えた人物であった（一又「故トーマス・ベィティ博士の生涯と業績」八七～九一頁）。

デニソンやベイティとの交流を経て、実務家として着実にキャリアを積み重ねていく中で、日本外交の近代化の必要性を感じていた石井は、外務省退官後に枢密顧問官としてしばしば時の政府へ提言を行った。その中の一つに、外交記録の保存がある。戦前期の日本官僚システムにおいて、資料の保存はさほど重視されておらず、特に国家機密が数多く含まれる外務省の記録類は一括して管理するような制度がなく、廃棄されることもしばしばだった。外交史研究者の細谷千博や服部龍二が指摘するように、こうした現状を憂慮する石井は一九三三年一一月二七日の枢密院審査会議において、「書類整備の完否は結局、外交の勝敗を決するものなり」と発言している（細谷「歴史の教訓」一頁、服部『外交を記録し、公開する』八三～八五頁）。

石井がこの発言をしたのは、一九三二年から一九三三年にかけての時期、外務省官制の改正に伴い、枢密院で外務省の様々な改革案が議論されていた最中のことである。この時の一連の会議の中で、石井は外交資料の保存以外にも、外務省における調査事務の欠陥や外交官の採用・養成方法の改善なども訴えている。つまり石井をはじめとする顧問官たちは、外務省の組織や人材の現状を強く憂慮し、大幅な改革の必要性を検討していたのだが、その改革案の中に外交資料の保存・管理も含まれていた。ここで石井があえて優先順位の低いと思われる外交資料の保存・管理について言及したのは、従来から歴史の重要性を認め、歴史こそが外交の指南車であるとの持論を有する石井にとって、この問題が日本外交の近代化にとって必要な要素と見られたためであろう。

ところが、資料の保存という問題は戦後日本においてどれほど重視されていただろうか。一九四五年八月、敗戦を受け入れた日本は、各省庁や軍部らの手によって重要な機密書類の多くを焼却した。それは機密書類が連合国の手に渡った場合に、敗戦日本が不利な状況に置かれることを懸念してのことだったというが、結果的には後世の研究・調査に大きな障害となってしまっている。

日本が英米をモデルとしたアーカイブズ学に関心を寄せるようになったり、外交の民主化という観点から公文書の保存・管理に本腰をあげるようになったのは極めて最近のことである。また日本における国際的舞台で活躍する人材が慢性的に不足していることが嘆かれる現況を踏まえれば、石井の前述の発言は、民主国家日本にとっての普遍的な問題への取り組みであったともいえる。

資料保存の一事に限らない。石井が終生をかけて目指した日本外交の近代化とは、外交の最前線に立って在外権益の保護や列国との安定した協調の維持を目指すことだけではなく、国民レベルで日本の外交・国際問題に対する関心と素養を向上させることでもあった。本書「はじめに」で記したように、石井は外交における小村寿太郎の遺産を継承する立場にあったが、石井が活動した大正・昭和期は世界的にも国内的にもデモクラシーの高まりの時代だった。それゆえに石井は外交を単なるエリートの専有物とはせず、国民レベルでの外交・国際問題への関心を呼び起こそうと努めたのであろう。それはデモクラシー国家としての先輩格であるイギリスやアメリカらとの協調のもと、日本の国益の維持・拡大につながるはずだった。その石井にとって、アメリカら連合国との大戦争は、表向きは日本の正当性を強調しながらも、内心はさぞかし不本意であったことだろう。

大東亜戦争末期、まさしく帝国日本が終焉を迎えようとしていた一九四五年五月二五日、アメリカ軍によって東京市街は大爆撃に襲われた。石井の自宅周辺も火災に見舞われ、妻の玉子とともに避難したものの、大規模な空襲に伴う混乱の中に石井夫妻は消えてしまった。その後、二人の姿を見た者はいない。終戦後、夫妻の墓は親族によって、青山霊園に建てられた。同霊園には、ベイティの墓も建てられている。

石井菊次郎関係略年譜

年（和暦）	年齢	石井菊次郎関連事項	内外事項
1866（慶應2）	0	**4月24日** 大和久家の次男として千葉県上総国長柄郡真名村に生まれる（旧暦3月10日）	**6月** 改税約書
1889（明治22）			**2月** 大日本帝国憲法発布
1890（明治23）	24	**7月** 帝国大学法科大学法律学科卒業、石井邦猷に養子入り、外務省試補として入省（年俸600円下賜）	
1891（明治24）		**2月** 朝鮮国元山に出張	**1月** 日朝間に月尾島地所借入約書調印
			5月 大津事件
	25	**7月** 会計局に勤務、大臣官房会計課に勤務	
		10月 交際官試補、パリ在勤を勅命	
		12月 従七位	
1892（明治25）		**3月** 在パリ公使館出納官吏代理	
1893（明治26）	27	**11月** 在パリ公使館三等書記官、叙高等官六等	
		12月 正七位	
1894（明治27）			**7月** 日英新通商航海条約
			8月 日清戦争勃発

年	年齢	事項	出来事
1895（明治28）			**4月** 下関条約、三国干渉
1896（明治29）	30	**9月** 在パリ公使館一等領事、高等官五等、在仁川領事館へ異動 **10月** 従六位	
1897（明治30）	31	**9月** 在鎮南浦領事館兼勤 **11月** 在仁川兼任公使館二等書記官、高等官五等	
1898（明治31）	32	**4月** 勲六等　旭日単光章 **11月** 在北京公使館へ異動、高等官四等 **12月** 正六位	
1900（明治33）	34	**10月** 外務省書記官に任命、高等官四等、政務局勤務 **12月** 総務局電信課長	**6月** 北清事変勃発
1901（明治34）	35	**1月** 高等官三等 **4月** 従五位 **8月** 勲五等及び勲五等双光旭日章	**9月** 北京議定書
1902（明治35）	36	**2月** 総務局人事課長・取調課長を兼任 **3月** 勲四等及び旭日小綬章 **5月** 明治三十三年従軍記章を授与 **8月** 外交官及領事館試験臨時委員 **10月** 総務局人事課長を免職、総務局取調課長を兼任	**1月** 日英同盟 **4月** 満洲還付に関する露清協約 **9月** 英清通商航海条約（マッケイ条約）

1904（明治37）	37 38	**11月** 通商局長、高等官二等、外務書記官を兼任、高等官三等、大臣官房電信課長兼取調課長 **12月** 外務省所管事務政府委員	**2月** 日露戦争勃発 **8月** 第一次日韓協約
1905（明治38）	39	**1月** 正五位 **11月** 人事課長代理 **12月** 外務省所管事務政府委員	**8月** 第二次日英同盟 **9月** ポーツマス講和条約 **10月** 桂・ハリマン協定 **11月** 第二次日韓協約 **12月** 韓国統監府設置、満洲に関する日清協約
1906（明治39）	40	**4月** 勲二等旭日重光を授与 **6月** 博覧会開設臨時調査会委員 **7月** 南満洲鉄道株式会社設立委員 **12月** 外務省所管事務政府委員	
1907（明治40）	41	**6月** 港湾調査会委員 **7月** 移民問題調査のため米国およびカナダへ出張 **12月** 日本大博覧会理事官、外務省所管事務政府委員	**6月** 第二回ハーグ万国平和会議、ハーグ密使事件 **7月** 第三次日韓協約、第一回日露協約
1908（明治41）	42	**5月** 条約改正取調委員（委員長・珍田捨巳） **6月** 外務次官　高等官一等、日本大博覧会評議員、外交官及領事館試験委員長	**5月** 日米仲裁裁判条約

年	年齢	事項	関連事項
		7月 従四位 **10月** 条約改正準備委員会委員 **12月** 外務省所管事務政府委員	**11月** 高平・ルート協定
1909(明治42)	43	**4月** 日英博覧会評議員 **10月** 政務局長代理 **12月** 外務省所管事務政府委員	**9月** 満洲五案件に関する日清協約
1910(明治43)	44	**4月** 生産調査会委員 **12月** 外務省所管事務政府委員	**7月** 第二回日露協約 **8月** 韓国併合条約
1911(明治44)	45	**6月** 勲一等瑞宝章 **8月** 男爵 **12月** 臨時制度整理局委員、外務省所管事務政府委員	**2月** 日米通商航海条約 **7月** 第三次日英同盟 **10月** 武昌蜂起→辛亥革命
1912(明治45)	46	**5月** 在フランス特命全権大使 **6月** 正四位	**7月** 第三回日露協約 **10月** 第一次バルカン戦争

年	年齢	石井菊次郎関係	一般事項
1913（大正2）	47		**6月** 日米仲裁裁判条約延長、第二次バルカン戦争 **7月** 中国第二革命
1914（大正3）	48		**1月** ジーメンス事件の発覚 **6月** サラエヴォ事件→**7月** 第一次世界大戦勃発 **8月** 日本の第一次大戦参戦 **9月** 対独単独不講和のロンドン宣言
1915（大正4）	49	**6月** 従三位 **10月** 外務大臣 **11月** 大礼記念章を授与	**1月** 対華二十一カ条要求提出
1916（大正5）	50	**1月** アレクサンドル・ネフスキー大綬章 **7月** 子爵、旭日大綬章 **10月** 貴族院議員、依願免本官、正三位	**1月** ミハイロヴィッチ大公一行の入京 **3月** 連合国外交会議 **6月** 連合国経済会議 **7月** 第四回日露協約
1917（大正6）	51	**6月** 在米国特命全権大使→**11月** 石井・ランシング協定	**3月** ロシア二月革命 **4月** アメリカがドイツへ宣戦布告 **6月** 臨時外交調査委員会の設置 **11月** ロシア十月革命

年	年齢	事項	社会の出来事
1918(大正7)	52	**2月** 在米国特命全権大使	**12月** ブレスト・リトフスク講和条約 **1月** ウィルソン大統領、十四カ条原則を発表 **8月** 日米仲裁裁判条約再延長 **11月** ドイツが連合国と休戦条約締結
1919(大正8)	53	**9月** 外務省事務の臨時従事	**1月** パリ講和会議→**6月** ヴェルサイユ条約調印
1920(大正9)	54	**6月** 在パリ大使館駐箚 **9月** 国際連盟総会第一回総会日本代表、平和条約実施委員	**1月** 国際連盟発足
1921(大正10)	55	**4月** 国際連盟理事会日本代表 **8月** 国際連盟第二回総会日本代表	**11月** ワシントン会議開催
1922(大正11)	56	**1月** カンヌ連合国最高会議日本代表 **4月** ジェノヴァ経済財政会議全権委員 **8月** 国際連盟第三回総会日本代表	
1923(大正12)	57	**8月** 国際連盟第四回総会日本代表	**4月** 石井・ランシング協定廃棄 **8月** 日米仲裁裁判条約第三回延長 **9月** 関東大震災

年	年齢	石井関係事項	一般事項
1924（大正13）	58	**8月** 国際連盟第五回総会日本代表 **9月** 従二位	**7月** 排日移民法施行 **10月** ジュネーヴ議定書可決
1925（大正14）	59	**8月** 国際連盟第六回総会日本代表	**1月** 日ソ基本条約 **12月** ロカルノ条約
1926（大正15（昭和元））	60	**3月** 国際連盟総会臨時会議日本代表 **8月** 国際連盟第七回総会日本代表	**9月** ドイツの国際連盟加盟
1927（昭和2）	61	**4月** ジュネーヴ海軍軍縮会議全権委員→**6月** ジュネーヴ海軍軍縮会議開催 **12月** 依願免本官	
1928（昭和3）	62	**11月** 大礼記念章	**6月** 張作霖爆殺事件 **8月** パリ不戦条約署名
1929（昭和4）		**2月** 枢密顧問官	
1930（昭和5）	64	**5月**『外交餘録』出版	**1月** ロンドン海軍軍縮会議 **3月** ジュネーヴ国際経済会議
1931（昭和6）	65	**5月** 帝都復興記念章	**9月** 柳条湖事件（満洲事変勃発）

年	年齢	事項	社会の出来事
1932（昭和7）	66	**11月** 日本国際連盟協会会長 **11月** 正二位	**1月** 第一次上海事変 **3月** 満洲国建国宣言 **5月** 五・一五事件 **9月** 日満議定書
1933（昭和8）	67	**4月** 日本政府特派委員 **5月** ロンドン国際経済会議全権委員→**6月** ロンドン国際経済会議本会議開催	**3月** 国際連盟脱退通告 **5月** 塘沽停戦協定
1934（昭和9）		**3月** 大満洲国建国功労章	**4月** 天羽声明
1935（昭和10）	69	**11月** 教学刷新評議会委員	**12月** 第二次ロンドン海軍軍縮会議
1936（昭和11）	70		**2月** 二・二六事件 **5月** イタリア、エチオピア併合 **11月** 日独防共協定 **12月** 西安事件
1937（昭和12）	71	**10月** ヨーロッパ外遊	**7月** 盧溝橋事件（支那事変勃発） **8月** 第二次上海事変

年	年齢	石井菊次郎関係	一般事項
			11月 日独伊三国防共協定
1938（昭和13）	72		**1月** 第一次近衛声明 **7月** 張鼓峰事件 **9月** ミュンヘン協定 **11月** 第二次近衛声明 **12月** 第三次近衛声明
1939（昭和14）	73	**3月** 補議定官	**7月** 日米通商航海条約破棄通告→翌年1月失効 **9月** 第二次世界大戦勃発
1940（昭和15）	74	**8月** 紀元節祝典記念章	**6月** パリ陥落 **9月** 日独伊三国同盟
1941（昭和16）	75	**12月** 満洲国建国神廟創建記念章	**4月** 日ソ中立条約 **6月** 独ソ戦勃発 **9月** 御前会議で「帝国国策遂行要領」決定 **12月** 真珠湾奇襲→英米へ宣戦布告
1945（昭和20）	79	**5月** 東京大空襲で行方不明、旭日桐花大綬章、従一位	

石井菊次郎関係系図

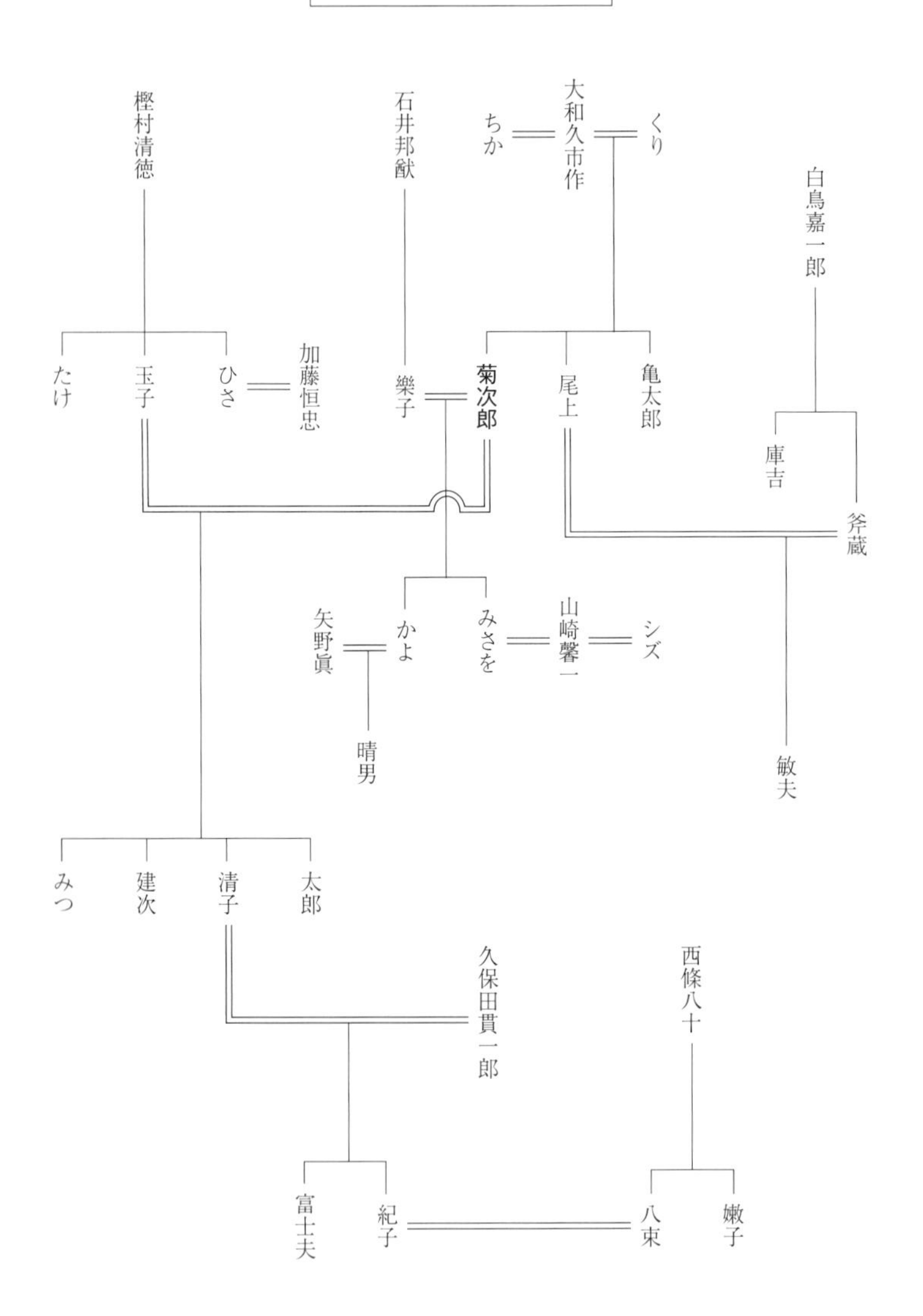

樫村清徳
石井邦猷
ちか
大和久市作
くり
白鳥嘉一郎
たけ
玉子
ひさ
加藤恒忠
樂子
菊次郎
尾上
亀太郎
庫吉
斧蔵
矢野眞
かよ
みさを
山崎馨一
シズ
晴男
敏夫
みつ
建次
清子
太郎
久保田貫一郎
西條八十
富士夫
紀子
八束
嫩子

主要参考文献

未刊行史料

外務省記録（アジア歴史資料センター〈https://www.jacar.go.jp/〉）

「岡市之助関係文書」国立国会図書館憲政資料室所蔵

「阪谷芳郎関係文書」国立国会図書館憲政資料室所蔵

「原田熊雄関係文書」国立国会図書館憲政資料室所蔵

Papers of the League of Nations, the United Nations Library, Geneva.

State Department File, Record Group 59, National Archives II, College Park.

Stanley K. Hornbeck Papers, Hoover Institution, Stanford University.

刊行史料

『樞密院會議議事錄』各巻、東京大学出版会

伊藤隆編『大正初期山県有朋談話筆記 政変思出草』山川出版社、一九八一年

伊藤隆・広瀬順晧編『牧野伸顕日記』中央公論社、一九九〇年

外務省編『日本外交文書』各巻

外務省編『日本外交年表竝主要文書』上下、原書房、一九六五～一九六六年

外務省政務局第三課編『日露交渉史』下、原書房、一九六九年

外務省百年史編纂委員会編『外務省の百年』上下、原書房、一九六九年

渋沢栄一伝記資料刊行会編『渋沢栄一伝記資料』第三七巻、同刊行会、一九六一年

東京大学百年史編集委員会編『東京大学百年史 部局史二』東京大学出版会、一九八六年
原奎一郎編『原敬日記』第六巻、乾元社、一九五一年
深井英五『枢密院重要議事覚書』岩波書店、一九五三年
茂原市史編さん委員会編『茂原市史』茂原市、一九六六年
山本四郎編『第二次大隈内閣関係史料』京都女子大学、一九七九年
山本四郎編『寺内正毅関係文書 首相以前』京都女子大学、一九八四年
山本四郎編『第二次大隈内閣関係史料』京都女子大学、一九七九年
山本四郎編『寺内正毅日記――一九〇〇～一九一八』京都女子大学、一九八〇年
Carnegie Endowment for International Peace. *The Imperial Japanese Mission, 1917: A Record of the Reception throughout the United States of the Special Mission Headed by Viscount Ishii*. Carnegie Endowment for International Peace, Division of Intercourse and Education, 1918.
Department of State. *Foreign Relations of the United States*. each volume. Government Printing Office.
Link, Arthur S. ed. *The Papers of Woodrow Wilson*. each volume. Princeton University Press.
Trotter, Ann, ed. *British Documents on Foreign Affairs*. each volume. University Publications of America.

新聞・雑誌資料

『外交時報』、『時事新報』、『太陽』、『中央公論』、『東京朝日新聞』、『東京日日新聞』、『二六新報』、『読売新聞』
New York Times; *Washington Post*

石井菊次郎の個人記録および関連文献

「満洲事変に關する本協會理事會の決議」『國際知識』一一巻一二号、一九三一年一二月
石井菊次郎「最恵國條欵辨」『法學協會雜誌』九巻一号、一八九一年一月
石井菊次郎「倶樂部法」『法學協會雜誌』九巻五号、一八九一年五月

石井菊次郎「シドニキ號事件ニ付巴里法科大學教授ルノウ氏ノ意見」『法學協會雜誌』一四巻六号、一八九六年六月
石井菊次郎「米國移民狀況」『經濟評論』七巻一一号、一九〇七年一一月
石井菊次郎「本邦移民と排日熱の眞相」『商工世界太平洋』六巻二六号、一九〇七年一二月
石井菊次郎「米國渡航者取締の方針」『東西南北』二巻二号、一九〇八年二月
石井菊次郎「日獨同盟の臆說と倫敦宣言の加盟」『大觀』一九一九年一〇月号
石井菊次郎「世界平和の光輝ある機關――（侵略から協力へ）」『國際知識』三巻一号、一九二三年一月
石井菊次郎「平和議定書に對する日本の態度」『國際知識』五巻二号、一九二五年二月
石井菊次郎「國際の平和は軍備縮少 國家の興隆は禁酒斷行」門間正訓編『青葉師團の異彩』イデア書院、一九二八年
石井菊次郎「北京籠城記――忘れ得ぬ義和團事件當時の回顧」刀禰館正雄編『その頃を語る』朝日新聞社、一九二八年
石井菊次郎「大戰争外交の一節」『外交時報』一九二八年一月（新春倍大号）
石井菊次郎「ジエネヴアの空氣」『世界と我等』三巻一号、一九二八年一月
石井菊次郎「國際聯盟の真相」『國際知識』八巻八号、一九二八年八月
石井菊次郎『外交餘録』岩波書店、一九三〇年
石井菊次郎「聯盟十年」『世界と我等』五巻五号、一九三〇年五月
石井菊次郎「婦人と國際聯盟」『國際知識』一一巻四号、一九三一年四月
石井菊次郎「ポーランドの話」『世界と我等』六巻五号、一九三一年五月
石井菊次郎「國際政局より見たる我が日本」『時事問題講和資料』三号、一九三一年五月
石井菊次郎「故澁澤子爵を憶ふ」『國際知識』一二巻二号、一九三二年二月
石井菊次郎「満洲國及満洲問題」『國際知識』一二巻二号、一九三二年二月
石井菊次郎「國際聯盟と支那問題」『國際知識』一二巻四号、一九三二年四月
石井菊次郎「國際聯盟協會総會開會の辭」『國際知識』一二巻六号、一九三二年六月
石井菊次郎「國際聯盟と日本」『國際知識』一二巻一二号、一九三二年一二月
石井菊次郎・牧野伸顕・秋月左都夫・林権助・松井慶四郎・幣原喜重郎・芳澤謙吉・下村宏「外交座談會」（全一一回）

『東京朝日新聞』一九三四年三月九日～二九日
石井菊次郎「國際平和の眞意義」『國際知識』一四巻七号、一九三四年七月
石井菊次郎「佛蘇接近と日本」『國際知識』一四巻一二号、一九三四年一二月
石井菊次郎「武士道と北條時宗」近藤晴郷編『邦文武士道 附、武士道と北條時宗』慶文堂書店、一九三五年
石井菊次郎「恒久的日米同盟の實例」『國際知識』一五巻三号、一九三五年三月
石井菊次郎「領土分野再檢討問題」『國際知識』一六巻六号、一九三六年六月
石井菊次郎「領土並に資源再分配問題」『國際知識』一七巻六号、一九三七年六月
石井菊次郎述『外交回想斷片』金星堂、一九三九年
石井菊次郎「眞正國際平和機構——創立二十年の回顧」『國際知識及評論』二〇巻五号、一九四〇年五月
石井菊次郎「超非常時局所感」『國際知識及評論』二一巻六号、一九四一年六月
石井菊次郎「序」木村惇『米國政治外交史』日本国際協会、一九四二年
石井菊次郎「小村侯薨去三十周年追憶」『外交評論』二二巻一号、一九四二年一月
石井菊次郎「謂ゆる巧妙なる欺瞞」『外交評論』二二巻四号、一九四二年四月
石井菊次郎「平和記念日に際して」渋沢青淵記念財団竜門社編『渋沢栄一伝記資料』第三七巻、一九六一年
石井菊次郎稿「日英同盟談判中二六新報事件」広瀬順晧編『近代外交回顧録』第一巻、ゆまに書房、二〇〇〇年
伊集院彦吉「眞摯、穏健、明晰」『中央公論』三一巻二号、一九一六年二月
鹿島平和研究所編『石井菊次郎遺稿 外交随想』鹿島研究所出版会、一九六七年
久保田貫一郎「石井子爵閑談録」『国際問題』六三・六五・六六巻、一九六五年六・八・九月
久保田貫一郎編「石井子爵日記」『国際問題』六七～七七巻、一九六五年一〇月～一九六六年八月
髙吉勤之助編『世界の外交家石井菊次郎翁』長生郡郷賢顕彰会、一九五三年
長岡新次郎「石井菊次郎と中国問題」『中央公論』八〇巻五号、一九六五年五月
狖猴冠「男振を揚げた當り屋の石井菊次郎君」『日本之關門』二巻二六号、一九一七年一二月
Ishii, Kikujiro. "How Japan Meets Its Food Problem." *Annals of the American Academy of Political and Social Science*

74 (November 1917).
Ishii, Kikujiro. "The Permanent Bases of Japanese Foreign Policy." *Foreign Affairs* 11:2 (January 1933).
Morris, Roland S. "The Memoirs of Viscount Ishii." *Foreign Affairs* 10:4 (July 1932).

その他自伝・評伝・回顧録等

秋山雅之介伝記編纂会編『秋山雅之介伝』同会、一九四一年
有末精三『有末精三回顧録』芙蓉書房、一九七四年
井上公伝記編纂会編『世外井上馨公伝』第五巻、原書房、一九六八年
今井庄司「「日英同盟秘話」と石井菊次郎」『日本歴史』一八一号、一九六三年六月
大西比呂志『伊沢多喜男――知られざる官僚政治家』朔北社、二〇一九年
尾崎行雄『近代快傑録』中公クラシックス、二〇一四年
大山梓編『北京籠城記他』平凡社、一九七八年
外務省編『小村外交史』原書房、一九六六年
加瀬俊一『加瀬俊一回想録』上下、山手書房、一九八六年
片山慶隆『小村寿太郎――近代日本外交の体現者』中公新書、二〇一一年
加藤高明伯伝編纂委員会編『加藤高明』上下、原書房、一九七〇年
加藤房蔵編『伯爵平田東助傳』平田伯傳記編纂事務所、一九二七年
川村優『房総人物伝――千葉ゆかりの先覚者たち』崙書房出版、二〇〇三年
菊池武徳編『伯爵珍田捨己傳――明治・大正・昭和外交史料』共盟閣、一九三八年
熊本史雄『幣原喜重郎――国際協調の外政家から占領期の首相へ』中公新書、二〇二一年
故阪谷子爵記念事業會編『阪谷芳郎傳』同會、一九五一年
佐藤尚武『回顧八十年』時事通信社、一九六三年
澤田壽夫編『澤田節蔵回想録――一外交官の生涯』有斐閣、一九八五年

幣原喜重郎『外交五十年』中公文庫、二〇〇七年
幣原平和財團編『幣原喜重郎』同財團、一九五五年
白鳥庫吉「文學博士三宅米吉君小傳」『白鳥庫吉全集』第一〇巻、岩波書店、一九七一年
杉村陽太郎『聯盟十年』國際聯盟協會、一九三〇年
杉村陽太郎『國際外交録』中央公論社、一九三三年
高橋勝浩「石井菊次郎――歴史を指南車と仰いだ知性派外交官」佐道明広・小宮一夫・服部龍二編『人物で読む近代日本外交史――大久保利通から広田弘毅まで』吉川弘文館、二〇〇九年
種稲秀司『幣原喜重郎』吉川弘文館、二〇二一年
永島広紀編『木内重四郎伝』ゆまに書房、二〇一〇年
服部龍二『広田弘毅――「悲劇の宰相」の実像』中公新書、二〇〇八年
服部龍二『増補版　幣原喜重郎――外交と民主主義』吉田書店、二〇一七年
馬場恒吾『政界人物評論』中央公論社、一九三五年
原田熊雄述『西園寺公と政局』第二巻、岩波書店、一九五〇年
牧野伸顕『松濤閑談』創元社、一九四〇年
茗溪会編『文學博士三宅米吉先生追悼録』茗溪会、一九三〇年
山下芳允『新人國記　名士の少年時代（關東篇）』平凡社、一九三〇年
Drummond, Eric. *Ten Years of World Cooperation*. Secretariat of the League of Nations, 1930.
Lansing, Robert. *War Memoirs of Robert Lansing, Secretary of State*. Bobbs-Merrill Company, 1935.

二次文献

明石岩雄『日中戦争についての歴史的考察』思文閣出版、二〇〇七年
秋富創「二〇世紀における「自由貿易帝国主義」――「第一次世界大戦期イギリス通商政策構想」を素材として」『青山学院女子短期大学紀要』六二号、二〇〇八年一二月

麻田貞雄『両大戦間の日米関係――海軍と政策決定過程』東京大学出版会、一九九三年
有馬学『「国際化」の中の帝国日本――一九〇五～一九二四』（日本の近代 四）中央公論新社、一九九九年
飯塚一幸『日清・日露戦争と帝国日本』（日本近代の歴史 三）吉川弘文館、二〇一六年
伊香俊哉『近代日本と戦争違法化体制――第一次世界大戦から日中戦争へ』吉川弘文館、二〇〇二年
池井優「日本国際連盟協会――その成立と変質」『法学研究』六八巻二号、一九九五年二月
石井修『世界恐慌と日本の「経済外交」――一九三〇～一九三六年』勁草書房、一九九五年
一又正雄「故トーマス・ベィティ博士の生涯と業績」『国際法外交雑誌』五三巻一・二号、一九五四年五月
伊藤昌太「一九一六年連合国巴里経済会議とロシアの通商政策（上）」『福島大学教育学部論集』二九号の一、一九七七年一一月
伊藤昌太「一九一六年連合国巴里経済会議とロシアの通商政策（中）」『福島大学教育学部論集』三〇号の一、一九七八年一一月
伊藤正直「国際連盟と一九三〇年代の通商問題」藤瀬浩司編『世界大不況と国際連盟』名古屋大学出版会、一九九四年
伊藤之雄『立憲国家と日露戦争――外交と内政 一八九八～一九〇五』木鐸社、二〇〇〇年
井上寿一『危機のなかの協調外交――日中戦争に至る対外政策の形成と展開』山川出版社、一九九四年
入江昭『極東新秩序の模索』原書房、一九六八年
入江昭「転換期の日米関係――一八九六～一九一四」細谷千博編『日米関係通史』東京大学出版会、一九九五年
岩月直樹「紛争の「平和的」解決の意義――復仇と対抗措置の非連続性」『本郷法政紀要』七号、一九九八年
植田捷雄『東洋外交史』上下、東京大学出版会、一九六九・一九七四年。
臼井勝美『日本と中国――大正時代』原書房、一九七二年
臼井勝美『満州事変――戦争と外交と』中公新書、一九七四年
臼井勝美『中国をめぐる近代日本の外交』筑摩書房、一九八三年
臼井勝美『満洲国と国際連盟』吉川弘文館、一九九五年
臼井勝美『日中外交史研究――昭和前期』吉川弘文館、一九九八年

内山正熊『現代日本外交史論』慶應義塾大学法学研究会、一九七一年
海野芳郎『国際連盟と日本』原書房、一九七二年
大井涼「石井外交の対露政策に関する一考察（一）～（三）――ロンドン宣言加入問題及び第四回日露協約締結交渉を中心に」『政治経済史学』四七六～四七八号、二〇〇六年四～六月
大畑篤四郎「不戦条約中「人民ノ名ニ於テ」の問題」『早稲田法学』四四巻一・二号、一九六九年三月
大畑篤四郎『日本外交の発展と調整』成文堂、一九八九年
尾﨑庸介「一九世紀末の東アジア国際政治とイギリス――日清戦争後から威海衛租借までの日英関係を中心に」『政治経済史学』六二一号、二〇一八年九月
尾﨑庸介「一九世紀末の東アジアにおける戦略拠点の獲得とイギリス――巨文島占領と威海衛租借との比較から」『大阪学院大学国際学論集』二八巻一・二号、二〇一七年一二月
織田萬『常設國際司法裁判所』國際聯盟協會、一九二六年
帯谷俊輔『国際連盟――国際機構の普遍性と地域性』東京大学出版会、二〇一九年
鹿島守之助『第一次世界大戦参加及び協力問題』〔日本外交史 一〇〕鹿島研究所出版会、一九七〇年
鹿島守之助『支那問題』〔日本外交史 一二〕鹿島研究所出版会、一九七三年
加藤聖文「枢密院と外交――「大政諮詢ノ府」の限界」由井正臣編『枢密院の研究』吉川弘文館、二〇〇三年
金子堅太郎述『日本モンロー主義と満洲』啓明會、一九三二年
神川彦松「国際連盟政策論」『神川彦松全集』第一巻、勁草書房、一九六六年
神川彦松「不戦条約の国際法上に於ける意義」『神川彦松全集』第九巻、勁草書房、一九七一年
川島真・千葉功「中国をめぐる国際秩序再編と日中対立の形成」川島真・服部龍二編『東アジア国際政治史』名古屋大学出版会、二〇〇七年
川手圭一「第一次世界大戦後「自由市ダンツィヒ」のポーランド人マイノリティをめぐる政治的・社会的位相」『東京学芸大学紀要 人文社会科学系』六〇号、二〇〇九年一月
河村一夫『近代日中関係史の諸問題』南窓社、一九八三年

北岡伸一『日本陸軍と大陸政策――一九〇六～一九一八』東京大学出版会、一九七八年
北岡伸一『日本政治史――外交と権力』有斐閣、二〇一一年
北岡伸一『門戸開放政策と日本』東京大学出版会、二〇一五年
北川忠明「第一次世界大戦期の石井菊次郎――石井菊次郎の国際連盟外交と日仏外交の検討のために」『広島法学』四一巻三号、二〇一八年一月
北川忠明「国際連盟外交と日仏外交における石井菊次郎」『山形大学人文社会科学部研究年報』一五号、二〇一八年三月
北川忠明「一九三〇年代の石井菊次郎」『山形大学大学院社会文化システム研究科紀要』一六号、二〇一九年九月
北川忠明「石井菊次郎の外交思想に関する一考察――国際連盟外交と日仏外交における石井菊次郎」科学研究費基盤研究（C）研究成果報告書（研究課題／領域番号：18K01460）、二〇二一年三月
キッシンジャー、ヘンリー・A（岡崎久彦監訳）『外交』上、日本経済新聞社、一九九六年
木畑洋一『第二次世界大戦――現代世界への転換点』吉川弘文館、二〇〇一年
木村昌人「ロンドン国際経済会議（一九三三年）と日米協調」『国際政治』九七号、一九九一年五月
キンドルバーガー、チャールズ・P（石崎昭彦・木村一朗訳）『大不況下の世界――一九二九～一九三九』東京大学出版会、一九八二年
具島兼三郎『近代日本外交小史――日本外交の足跡と展望』評論社、一九七二年
倉松中「海軍軍縮をめぐる一九二〇年代の英米関係――一九二七年ジュネーヴ海軍軍縮会議を中心として」『国際政治』一二二号、一九九九年九月
栗原健編『対満蒙政策史の一面――日露戦後より大正期にいたる』原書房、一九六六年
來栖三郎「國際經濟會議の休會及諸國の通商政策」『外交時報』六八巻一号、一九三三年一〇月
小池聖一『満州事変と対中国政策』吉川弘文館、二〇〇三年
コーエン、ポール・A（佐藤慎一訳）『知の帝国主義――オリエンタリズムと中国像』平凡社、一九八八年
小林龍夫「臨時外交調査委員会の設置」『国際政治』二八号、一九六五年

小林幸男『日ソ政治外交史――ロシア革命と治安維持法』有斐閣、一九八五年
斎藤聖二『日独青島戦争』ゆまに書房、二〇〇一年
斎藤聖二『北清事変と日本軍』芙蓉書房出版、二〇〇六年
酒井一臣『帝国日本の外交と民主主義』吉川弘文館、二〇一八年
酒井哲哉『大正デモクラシー体制の崩壊――内政と外交』東京大学出版会、一九九二年
酒井哲哉『近代日本の国際秩序論』岩波書店、二〇〇七年
坂本健蔵「満州事変期における国際協調外交の模索――石井菊次郎を中心に」中村勝範編『満州事変の衝撃』勁草書房、一九九六年
櫻井良樹『辛亥革命と日本政治の変動』岩波書店、二〇〇九年
櫻井良樹『華北駐屯日本軍――義和団から盧溝橋への道』岩波現代全書、二〇一五年
佐々木隆「挙国一致内閣期の枢密院――平沼騏一郎と斎藤内閣」『日本歴史』三五二号、一九七七年九月
佐々木隆『明治人の力量』〔日本の歴史 二一〕講談社、二〇〇二年
佐々木雄一『帝国日本の外交 一八九四～一九二二――なぜ版図は拡大したのか』東京大学出版会、二〇一七年
佐藤尚武監修『国際連盟における日本』〔日本外交史 一四〕鹿島研究所出版会、一九七二年
塩川幸子「国際連盟常設軍事諮問委員会にみるダンツィヒ防衛問題――日本外交資料館資料より」『東京都立大学法学会雑誌』二九巻一号、一九八八年七月
塩川幸子「パリ条約の締結――ダンツィヒ自由市成立の一側面」『史論』四五集、一九九二年
篠原初枝『国際連盟――世界平和への夢と挫折』中公新書、二〇一〇年
信夫淳平『不戦条約論』書肆心水、二〇一九年
シュラトフ、ヤロスラブ「日露戦争後のロシアの日本観――外務省と軍部、中央と地方（一九〇五年～一九一六年）」『ロシア史研究』八六号、二〇一〇年
ジョル、ジェームズ（池田清訳）『ヨーロッパ一〇〇年史』みすず書房、一九七五年
杉村陽太郎『國際聯盟の理想と現實』國際聯盟協會、一九二一年

須藤功「一九三〇年代の国際連盟と国際通貨協調」藤瀬浩司編『世界大不況と国際連盟』名古屋大学出版会、一九九四年
関静雄『日本外交の基軸と展開』ミネルヴァ書房、一九九〇年
関静雄『大正外交――人物に見る外交戦略論』ミネルヴァ書房、二〇〇一年
関野昭一『国際司法制度形成史論序説――我が国の外交文書から見たハーグ国際司法裁判所の創設と日本の投影』国際書院、二〇〇〇年
曾村保信『近代史研究――日本と中国』小峰書店、一九五八年
田岡良一『國際法學大綱』上、巖松堂書店、一九三四年
高橋勝浩「外交再建策としての対米特使派遣構想――満州事変期を中心に」『國學院大學日本文化研究所紀要』九一号、二〇〇三年三月
高橋勝浩「日中開戦後の日本の対米宣伝政策――「正義日本」の宣明から文化事業へ」服部龍二・土田哲夫・後藤春美編『戦間期の東アジア国際政治』中央大学出版部、二〇〇七年
高橋秀直「寺内内閣成立期の政治状況」『日本歴史』四三四号、一九八四年七月
高原秀介『ウィルソン外交と日本――理想と現実の間 一九一三～一九二一』創文社、二〇〇六年
武田知己「日独伊三国同盟への道」筒井清忠編『昭和史講義――最新研究で見る戦争への道』ちくま新書、二〇一五年
立作太郎「不戦條約と国体擁護（石井子爵の不戦条約論を読む）」『外交時報』五九九号、一九二九年一一月
田中荊三「第二次世界大戰に導ける英國外交」『史学』二二巻二・三号、一九四四年七月
田中直吉「日露協商論」植田捷雄ほか編『神川先生還暦記念 近代日本外交史の研究』有斐閣、一九五六年
田村幸策『世界外交史』上下、有斐閣、一九五九年
田村幸策『外交史家の国際政治観』鹿島研究所出版会、一九七二年
千葉功『旧外交の形成――日本外交 一九〇〇～一九一九』勁草書房、二〇〇八年
千葉功「列強への道をたどる日本と東アジア情勢――日清・日露戦争」川島真・服部龍二編『東アジア国際政治史』名古屋大学出版会、二〇〇七年

千葉功「日清・日露戦争」『岩波講座一六　日本歴史　近現代二』岩波書店、二〇一四年
筒井清忠『満州事変はなぜ起きたのか』中公選書、二〇一五年
手塚豊「南鳥島先占前後の一考察」『法学研究』三六巻一号、一九六三年一月
寺本康俊『日露戦争以後の日本外交――パワー・ポリティクスの中の満韓問題』信山社、一九九九年
戸部良一『外務省革新派――世界新秩序の幻影』中公新書、二〇一〇年
中谷直司『強いアメリカと弱いアメリカの狭間で――第一次世界大戦後の東アジア秩序をめぐる日米英関係』千倉書房、二〇一六年
中西寛「近衛文麿「英米本位の平和主義を排す」論文の背景――普遍主義への対応」『法学論叢』一三二巻四・五・六号、一九九三年三月
中村菊男『近代日本政治史の展開』慶應義塾大学法学研究会、一九七〇年
奈良岡聰智『対華二十一カ条要求とは何だったのか――第一次世界大戦と日中対立の原点』名古屋大学出版会、二〇一五年
ニコルソン、ハロルド（斎藤眞・深谷満雄訳）『外交』東京大学出版会、一九六八年
西平等『法と力――戦間期国際秩序思想の系譜』名古屋大学出版会、二〇一八年
西田敏宏「幣原喜重郎の国際認識――第一次世界大戦後の転換期を中心として」『国際政治』一三九号、二〇〇四年一月
ニッシュ、イアン（宮本盛太郎監訳）『日本の外交政策　一八六九～一九四二――霞が関から三宅坂へ』ミネルヴァ書房、一九九四年
ニッシュ、イアン（関静雄訳）『戦間期の日本外交――パリ講和会議から大東亜会議まで』ミネルヴァ書房、二〇〇四年
ハインリックス、ウォルド・H（麻田貞雄訳）『日米外交とグルー』原書房、一九六九年
秦郁彦『太平洋国際関係史――日米および日露危機の系譜　一九〇〇～一九三五』福村出版、一九七二年
波多野勝『近代東アジアの政治変動と日本の外交』慶應通信、一九九五年

波多野勝『満蒙独立運動』PHP新書、二〇〇一年
服部聡『松岡洋右と日米開戦――大衆政治家の功と罪』吉川弘文館、二〇二〇年
服部龍二『外交を記録し、公開する――なぜ公文書管理が重要なのか』東京大学出版会、二〇二〇年
英修道『明治外交史』至文堂、一九六〇年
馬場明『日中関係と外政機構の研究――大正・昭和期』原書房、一九八三年
馬場明『日露戦争後の日中関係――共存共栄主義の破綻』原書房、一九九三年
馬場明『日露戦争後の満州問題』原書房、二〇〇三年
ハフナー、セバスティアン（山田義顕訳）『ドイツ帝国の興亡――ビスマルクからヒトラーへ』平凡社、一九八九年
濱口学「上部シレジア定境紛争（一九二一）の射程」『國學院法政論叢』一三巻一三号、一九九二年三月
濱口学「国際連盟と上部シレジア定境紛争」『國學院大学紀要』三一号、一九九三年三月
濱口学「フランス＝ポーランド同盟と上部シレジア紛争」『國學院法学』三〇巻四号、一九九三年三月
バールィシェフ、エドワルド『日露同盟の時代　一九一四～一九一七年――「例外的な友好」とその真相』花書院、二〇〇七年
番定賢治「戦間期における国際司法制度の形成と日本外交――常設国際司法裁判所の応訴義務と仲裁裁判条約を巡って」『国際関係論研究』三一号、二〇一五年三月
日高南甫『波瀾重疊修養立志　歴代大臣物語』カオリ社、一九三一年
深井英五『金本位制離脱後の通貨政策』千倉書房、一九三八年
深見秋太郎『二十世紀の外交史――集団安全保障の史的研究』創元社、一九五三年
藤井崇史「連合国経済会議（一九一六年）と日本」『史林』一〇〇巻五号、二〇一七年九月
藤岡健太郎『戦間期日本の〈国際主義〉と〈地域主義〉』花書院、二〇一九年
フランケル、ジョセフ（田中治男訳）『国際関係論〔新版〕』東京大学出版会、一九八〇年
古屋哲夫『日露戦争』中公新書、一九六六年
ベスト、アントニー（武田知己訳）『大英帝国の親日家――なぜ開戦は避けられなかったか』中公叢書、二〇一五年

細谷千博「歴史の教訓」『外交史料館報』創刊号、一九八八年三月
堀内謙介監修『海軍軍縮交渉・不戦条約』〈日本外交史 一六〉鹿島研究所出版会、一九七三年
本多熊太郎『人物と問題』千倉書房、一九三九年
牧田幸人『国際司法裁判所の組織原理』有信堂高文社、一九八六年
牧野雅彦『不戦条約——戦後日本の原点』東京大学出版会、二〇二〇年
牧原憲夫『民権と憲法』〈シリーズ日本近現代史 二〉岩波新書、二〇〇六年
升味準之輔『日本政党史論』〈新装版〉第三巻、東京大学出版会、二〇一一年
松井芳郎・佐分晴夫・薬師寺公夫・松田竹男・田中則夫・岡田泉『国際法』〈新版〉有斐閣、一九九四年
三谷太一郎『大正デモクラシー論』中央公論社、一九七四年
三谷太一郎「大正デモクラシーとワシントン体制——一九一五〜一九三〇」細谷千博編『日米関係通史』東京大学出版会、一九九五年
三牧聖子『戦争違法化運動の時代——「危機の二〇年」のアメリカ国際関係思想』名古屋大学出版会、二〇一四年
三宅正樹『ユーラシア外交史研究』河出書房新社、二〇〇〇年
宮杉浩泰「情報活動と日本外交——一九三八年を中心として」『東京大学日本史学研究室紀要』二四号、二〇二〇年三月
本橋正『アメリカ外交史概説』東京大学出版会、一九九三年
横田喜三郎『国際法論集Ⅰ』有斐閣、一九七六年
横田喜三郎『国際判例研究Ⅲ』有斐閣、一九八一年
吉村道男『日本とロシア——日露戦後からロシア革命まで』原書房、一九六八年
鹿錫俊「満洲事変と日中紛争」川島真・服部龍二編『東アジア国際政治史』名古屋大学出版会、二〇〇七年
渡邉公太「戦間期における石井菊次郎の言説と大陸政策の論理——その人口論をめぐって」『神戸法学年報』二七号、二〇一一年
渡邉公太「石井菊次郎と満州事変」『帝京大学文学部紀要 日本文化学』四九号、二〇一八年

渡邉公太『第一次世界大戦期日本の戦時外交——石井菊次郎とその周辺』現代図書、二〇一八年
渡邉公太「外務省「連盟派」と第一次世界大戦後のヨーロッパ安全保障——ダンツィヒ自由市問題を事例として」『帝京大学文学部紀要 日本文化学』五二号、二〇二一年

Akami, Tomoko. *Internationalizing the Pacific: The United States, Japan and the Institute of Pacific Relations in War and Peace, 1919-1945*. Routledge, 2002.
Barnhart, Michael A. *Japan Prepares for Total War: The Search for Economic Security, 1919-1941*. Cornell University Press, 1987.
Barros, James. *Office without Power: Secretary-General Sir Eric Drummond, 1919-1933*. Clarendon Press, 1979.
Boyce, Robert. *The Great Interwar Crisis and the Collapse of Globalization*. Palgrave Macmillan, 2012 [2009].
Buehrig, Edward H. *Woodrow Wilson and the Balance of Power*. Indiana University Press, 1955.
Burkman Thomas W. *Japan and the League of Nations: Empire and World Order, 1914-1938*. University of Hawai'i Press, 2008.
Calhoun, Frederick S. *Power and Principle: Armed Intervention in Wilsonian Foreign Policy*. Kent University Press, 1986.
Chay, Jongsuk Chay. "The Taft-Katsura Agreement Reconsidered." *Pacific Historical Review* 37:3 (August 1968).
Chisholm, Geo. G. "The Free City of Danzig." *Geographical Journal* 55:4 (April 1920).
Chung, Henry. *The Oriental Policy of the United States*. Fleming H. Revell Company, 1919.
Clinard, Outten Jones. *Japan's Influence of American Naval Power, 1897-1917*. University of California Press, 1947.
Cole, Wayne S. *Roosevelt and the Isolationists, 1932-1945*. University of Nebraska Press, 1983.
Conroy, Hilary. *The Japanese Seizure of Korea, 1868-1910: A Study of Realism and Idealism in International Relations*. University of Pennsylvania Press, 1960.
Dickinson, Frederick R. *War and National Reinvention: Japan in the Great War, 1914-1919*. Harvard University Asia Center, 1999.

Doenecke, Justus D., and Mark A. Stoler. *Debating Franklin D. Roosevelt's Foreign Policies, 1933–1945*. Rowman & Littlefield Publishers, 2005.

Esthus, Raymond A. "The Taft-Katsura Agreement: Reality or Myth?" *Journal of Modern History* 31:1 (March 1959).

Esthus, Raymond A. "The Changing Concept of the Open Door, 1899–1910." *Mississippi Valley Historical Review* 46:3 (December 1959).

Esthus, Raymond A. *Double Eagle and Rising Sun: The Russians and Japanese at Portsmouth in 1905*. Duke University Press, 1988.

Ferrell, Robert H. *Peace in Their Time: The Origins of the Kellogg-Briand Pact*. Yale University Press, 1952.

Ferrell, Robert H. *Woodrow Wilson and World War I, 1917–1921*. Harper & Row, Publishers, 1985.

Gould, Lewis L. *The Presidency of Theodore Roosevelt*. University Press of Kansas, 1991.

Grayson, Richard S. *Austen Chamberlain and the Commitment to Europe: British Foreign Policy 1924–1929*. Routledge, 1997.

Herring, George C. *From Colony to Superpower: U.S. Foreign Relations since 1776*. Oxford University Press, 2008.

Hodgson, Godfrey. *The Myth of American Exceptionalism*. Yale University Press, 2009.

Iriye, Akira. *Pacific Estrangement: Japanese and American Expansion, 1897–1911*. Harvard University Press, 1972.

Kennedy, David M. *Freedom from Fear: The American People in Depression and War, 1929–1945*. Oxford University Press, 2001.

Kohn, George F. "The Organization of the Work of the League of Nations." *Annals of the American Academy of Political Science and Social Science* 114 (July 1924).

LaFeber, Walter. *The American Search for Opportunity, 1865–1913*. Cambridge University Press, 1993.

Leffler, Melvin P. *Elusive Quest: America's Pursuit of European Stability and French Security, 1919–1933*. University of North Carolina Press, 1979.

Levin, N. Gordon, Jr. *Woodrow Wilson and World Politics: America's Response to War and Revolution*. Oxford

University Press, 1968.

Matsushita, Masatoshi. *Japan in the League of Nations*. AMS Press, 1968 [1929].

McJimsey, George. *The Presidency of Franklin Delano Roosevelt*. University Press of Kansas, 2000.

Metzler, Mark. *Lever of Empire: The International Gold Standard and the Crisis of Liberalism in Prewar Japan*. University of California Press, 2006.

Minger, Ralph Elden. "Taft's Missions to Japan: A Study in Personal Diplomacy." *Pacific Historical Review* 30:3 (August 1961).

Morley, James W. *The Japanese Thrust into Siberia, 1918*. Columbia University Press, 1957.

Neu, Charles E. "Theodore Roosevelt and American Involvement in the Far East, 1901–1909." *Pacific Historical Review* 35:4 (November 1966).

Nish, Ian. *The Anglo-Japanese Alliance: The Diplomacy of Two Island Empires 1894–1907*. Athlone Press, 1966.

Nish, Ian. *Alliance in Decline: A Study in Anglo-Japanese Relations 1908–23*. Athlone Press, 1972.

Northedge, F. S. *The League of Nations: Its Life and Times, 1920–1946*. Leicester University Press, 1986.

Ostrower, Gary B. *Collective Insecurity: The United States and the League of Nations during the Early Thirties*. Associated University Press, 1979.

Perkins, Dexter. *A History of the Monroe Doctrine*. Little, Brown and Company, 1963 [1941].

Pratap, Dharma. *The Advisory Jurisdiction of the International Court*. Clarendon Press, 1972.

Robinson, Greg. *By Order of the President: FDR and the Internment of Japanese Americans*. Harvard University Press, 2003.

Ruggie, John G. *Winning the Peace: America and World Order in the New Era*. Columbia University Press, 1996.

Smith, Tony. *America's Mission: The United States and the Worldwide Struggle for Democracy*. Princeton University Press, 2012 [1994].

Steiner, Zara. *The Lights that Failed: European International History, 1919–1933*. Oxford University Press, 2007

[2005].

Stevenson, David. *The First World War and International Politics*. Clarendon Press, 2001 [1988].

Taylor, Sandra C. "The Ineffectual Voice: Japan Missionaries and American Foreign Policy, 1870-1941." *Pacific Historical Review* 53:1 (February 1984).

Trimble, William F. "Admiral Hilary P. Jones and the 1927 Geneva Naval Conference." *Military Affairs* 43:1 (February 1979).

Walters, Francis P. *A History of the League of Nations*. Oxford University Press, 1952.

Watanabe, Kota. "Challenging the 'Kasumigaseki Diplomacy' : Ishii Kikujiro and Japan's Quest for an Alternative Foreign Policy"『帝京大学文学部紀要　日本文化学』四六号、二〇一五年

Widenor, William C. *Henry Cabot Lodge and the Search for an American Foreign Policy*. University of California Press, 1980.

あとがき

石井菊次郎という人物に関心を持ち、研究の真似事を始めたのが大学院に進学して間もない頃であったから、本書刊行までにはや一五年の年月が経ったことになる。この過程では石井以外の研究に従事することもあったものの、これだけの年数をかけて一人の人物を追い求め、一書を著すことができたことはやはり感慨深いものがある。一方、本書で書けなかったこと、書かなかったことも少なくない。不十分な点は今後のさらなる研究で克服したいと考えているが、まずは読者諸氏からの御批判・御叱正を賜りたい。

今にしてみると、本書の基となる原稿を執筆することは、国際平和を維持することの難しさを幾度となく実感する作業だったように思う。これまで国際社会は平和を維持するため様々な方策を講じてきたものの、二一世紀の現在になっても未だ成功してはいない。我々は平和の崩壊に遭遇する際、その原因をわかりやすいものに求める傾向にあるかもしれないが、実際には単純なものではない。そもそも平和は多様かつ複雑な要因によって成立した状況であり、これを維持するには不断の努力が求められる。こうした当たり前といえば当たり前の事実を、石井はよく理解していたのだろう。筆者自身、石井の様々な言動を通じて、平和の脆さと重要さをあらためて考えさせられたことを記しておきたい。

本書刊行までの間、直接・間接にお世話になった方々は数知れない。ここでは紙幅の関係から、ごく一部の方々の御名前をあげさせていただくことを御容赦願いたい。

石井の兄である大和久亀太郎の後裔にあたる大和久しげ子さんと千代子さんは、突如として御自宅に押し掛け、不躾な質問をする筆者を温かく迎え入れ、貴重な資料やお話を提供してくださった。この場を借りて深謝したい。また実質的な仲介役となり、多くの情報を御教示くださった市野宗彦氏にも御礼申し上げる。

服部龍二先生（中央大学）は折に触れて筆者のことを気にかけ、激励してくださっている。本書の刊行のために多大な労力を費してくださったのも先生である。月並みな表現ではあるが、日頃からいただいている先生からの御恩に対してこの場で厚く御礼申し上げる次第である。

吉田真也氏は卓越した編集手腕でもって本書の刊行を実現してくださった。もし本書に見るべきところがあるとすれば、それはひとえに吉田氏から受けた御指導によるものである。無論、依然として本書中に残されているであろう誤りの責はすべて筆者一人に帰せられる。

なお本書は科学研究費補助金（特別研究員奨励費：11J03217、若手研究：19K13343、21K13105）による研究成果の一部である。

令和四年一一月

渡邉　公太

【ま行】

【や行】

主要人名索引

・石井菊次郎は本書の全編にわたって登場するので本索引の対象から外している。
・人名が含まれる固有名詞（「…内閣」「…政権」など）も適宜拾っている。

【あ行】

著者紹介

渡邉 公太（わたなべ・こうた）

帝京大学文学部専任講師　博士（政治学）

1984年生まれ、京都府出身。筑波大学第一学群社会学類卒業後、2014年に神戸大学大学院法学研究科博士後期課程修了。

日本学術振興会特別研究員（DC2）、ワシントン大学ジャクソン・スクール客員研究員、（公財）ひょうご震災記念21世紀研究機構研究員、帝京大学文学部助教などを経て現職。専門は日本政治外交史。

著書に、『第一次世界大戦期日本の戦時外交——石井菊次郎とその周辺』（現代図書）、『昭和史講義』『大正史講義』（以上、共著、ちくま新書）、『大震災復興過程の政策比較分析』（共著、ミネルヴァ書房）などがある。

石井菊次郎

戦争の時代を駆け抜けた外交官の生涯

2023年1月11日　初版第1刷発行

著　者　渡 邉 公 太

発行者　吉 田 真 也

発行所　合同会社 吉 田 書 店

102-0072　東京都千代田区飯田橋2-9-6 東西館ビル本館32

TEL：03-6272-9172　FAX：03-6272-9173

http://www.yoshidapublishing.com/

装幀　小野寺健介

印刷・製本　藤原印刷株式会社

DTP　閏月社

定価はカバーに表示してあります。

ISBN978-4-910590-08-0